제2판

실천현장과 가까워지는

노인복지론

이원주

KNOWLEDGE COMMUNITY 공동체

머리말

한국사회는 고령화의 물결 속에서 힘든 항해를 해야 하는 시대를 맞고 있다. 우리나라 고령사회의 도래는 평균수명의 연장과 세계에서 가장 낮은 출생률에 기인한다. 평균수명의 연장은 건강수명의 연장이 뒷받침된다면 인류의 꿈이 실현되는 반가운 일이다. 그러나 우리나라에서의 고령사회 도래 원인은 낮은 출생수준으로 인한 측면이 강하며 노인 인구의 증가는 어느 사회보다도 빠른 속도로 진행되고 있다는 점에서 우려된다. 노인은 후손의 양육과 국가 및 사회의 발전에 기여하여 온 사람으로서 존경받으며 건전하고 안정된 생활을 보장받고, 그 능력에 따라 적당한 일에 종사하고 사회적 활동에 참여할 기회를 보장받아야 하지만 노인이 되면서 나타나는 다양한 특성으로 인해 행동에 많은 지장이 따라올 수밖에 없다. 따라서 여기에는 노인이 되면서 나타나는 성격특성과 노인복지에 대한 이해가 선행되어야 한다. 성격은 한 사람의 내면을 들여다볼 수 있는 창과 같아서 삶 전체를 통해 큰 변함없이 유지되고 지속되는 특성이 있기는 하지만, 노년기에 여러 변화를 겪으면서 성격 변화가 나타나게 된다. 신체적인 노화현상처럼 지위와 역할의 변화와 인간관계의 변화, 경제적 의존 관계의 변화, 생활양식의 변화 등 다양한 이유로 인하여 성격 변화를 수반하는 심리적인 노화 현상이 자연스럽게 나타나게 된다. 그래서 PART 01에서는 다음을 다루었다.

- PART 01 : 노인과 노인복지에 대한 이해, 고령사회의 도래

노인복지를 연구하고 실천에 힘쓰다 보니 필자도 어느덧 예비 노인으로 나아가고 있는 듯하다. 나이가 든다는 생각을 하니 고등학교 때 암송하던 우탁(禹倬)이 지은 탄로가(歎老歌)라는 시조가 생각난다. **한 손에 막대 잡고 또 한 손에 가시 쥐고 늙는 길 가시로 막고 오는 백발 막대로 치려터니, 백발이 제 먼저 알고 지름길로 오더라.** 이 시조는 시적 표현이 매우 참신하여 감각적이다. 세월(늙는 길)과 늙음(백발)을 구상화(具象化)한 공감각적(共感覺的) 이미지를 통해 늙음에의 안타까운 심정이 간결하고도 선명하게 표현되었다. 소박한 표현으로 어떻게 보면, 회화적(繪畵的)인 느낌까지 준다. 그러나 잘 음미해 보면, 사람의 힘으로는 어찌할 수 없는 늙음, 나아가 인생무상을 달관(達觀)한 경지를 엿보게 한다. 그래서 PART 02에서 다음을 다루었다.

▪ PART 02 : 인간의 노화, 생물학적, 사회 · 심리학적, 사회학적 노화이론

국가의 사회복지제도는 정부가 국민의 복지를 실현하기 위한 정책의 한 방향으로 행정적 방향인 모든 기능을 활용하여 이루어지고 있다. 경제적 발전에 따른 평균수명의 연장은 노인 인구의 증가를 가져왔고 노인 문제는 사회적 문제로 나타나기 시작하였다. 이러한 노인 문제를 해결하기 위한 노인복지는 인간의 노후 생활을 물질적 또는 정신적으로 안정되게 만들기 위한 사회정책과 사회체계와 그 제도를 뜻한다. 그래서 **PART 03**에서는 다음을 다루었다.

▪ PART 03 : 노인복지정책, 노인소득, 의료, 재가, 장기요양, 건강, 주거, 여가복지정책

노인은 자신의 노년기와 사회에 잘 적응할 수 있도록 도움을 제공받음은 물론 스스로가 필요한 자원에 접근할 수 있도록 하고 문제해결을 위해 잠재적으로 가지고 있는 역량을 발휘할 수 있도록 강화시켜 주어야 한다. 노인복지실천은 노인을 위한 복지를 이룩하려는 개인과 가족, 집단, 조직 그리고 지역사회 수준에서 원조를 제공하여 노인의 사회적 기능을 향상시키려는 통합적인 노력이라고 말할 수 있다. 이는 인간이라면 가장 기본적인 건강한 삶과 문화적인 생활로 존경받고 경제적으로 욕구의 축적이 보장되는 것으로 표현된다. 그래서 **PART 04**에서는 다음을 다루었다.

▪ PART 04 : 노인복지실천의 이해와 과정 그리고 기술

노인복지의 이슈가 될 수 있는 노년기 정신질환 중 하나로 유병률이 증가하는 치매는 일부 가역성 치매를 제외하면 대부분의 경우 만성적으로 악화되는 경과를 보이며 인지기능의 저하로부터 시작하여 불안, 우울, 무감동의 다양한 행동심리 증상과 신체적 문제점들을 동반하게 되므로 여러 측면에서 노인자살의 위험요소를 내포하고 있다고 할 수 있다. 또한 노인의 학대경험이 자살생각에 영향을 줄 수도 있다. 노인학대는 노인의 신체적, 정서적 건강에도 악영향을 미치고, 학대에 자주 노출되게 되면 스트레스와 우울 정도는 증가하게 되며, 이는 자살의 주요 위험요인으로 작용하게 된다.

노인 인구의 자살률 상승은 최근 보건의료계의 관심사가 집중되는 부분으로 노인자살과 관련된 요인을 규명하고 예방 활동을 해야 한다는 데 공감대를 형성하고 있다. 그래서 **PART 05**에서는 다음을 다루었다.

- PART 05 : 노인복지의 이슈로서 노인성 치매, 노인학대와 노인자살

특히, 필자는 대학에서 다년간 강의를 하면서 학생들의 요청에 따라 이 책에서는 **실천현장과 가까워지는** 이라는 타이틀을 가지고 노인복지의 다양한 정책의 일환 중에서 노인장기요양서비스정책으로서 재가 6종을 구체적으로 접근하려고 시도하였다. 더불어 재가장기요양기관 등 창업을 준비하는 분들에게도 도움이 되도록 세밀하게 노력하였다. 또한 본문을 더 풍부하게 이해할 수 있도록 깊이 있는 각주를 달아 설명을 하고자 하였다.

끝으로 이 책을 활용하여 학습하는 모든 분들께 미미하게나마 보탬이 되었으면 한다.

2024년 3월

봄이 오는 길목에서

이원주

PART

3 노인복지정책의 이해

표 차례

그림 차례

PART 1

노인복지의 이해

CHAPTER 01

노인과 노인복지에 대한 이해

제1절 노인의 개념

1. 노인의 개념

노인은 어의상으로 **'늙은이'** 또는 **'나이 많은 자'**로서 흔히 평범하게 사용되는 용어이며, 생리적 및 신체적 기능의 퇴화로 심리적인 변화가 일어나 개인의 자기 유지 기능과 사회적 역할 기능이 약화되고 있는 사람이라고 개념지을 수 있다. 즉, 노인은 유전적, 신체적, 심리적인 영향에 의한 노화로 경제·사회적 역할의 수행이 어렵고 사회·문화적인 인식과 합의에 의하여 행정적으로 규정된 나이에 속하는 사람을 말하며 한국사회의 사회·문화적 인식과 합의에 의하여 행정적으로 규정된 65세 이상의 사람이다.

모든 인간은 성장과 성숙 그리고 노화라는 세 가지 단계의 발달을 거치게 된다. 일반적으로 사람들은 노화를 발달이 아닌 퇴행, 즉 퇴화하는 것으로 생각하지만, 성장, 성숙, 노화의 전 단계를 합쳐 인간발달로 정의하는 것이 노인복지학계의 입장이다. 그러면 우리가 생각하는 노인이란 무엇인가? 대체로 노인에 대해 영어권 국가는 늙은 사람(older person), 나이 든 사람(aged), 연장자(elderly), 선배시민(senior citizen), 황금연령층(golden age)이라 표현하며 우리나라는 나이 드신 분, 연세가 많은 분이라 표현한다. 결국 노인은 일반적으로 **'나이가 들어 늙은 사람'**이라 표현될 수 있다. 그러나 국가나 사회적, 경제적, 문화적 배경 및 시기에 따라 노인의 기준은 달라질 수 있으므로 노인의 개념을 명확하게 정의하기란 쉬운 일이 아니다. 따라서 노인과 노화의 개념을 보다 더 명확히 하기 위해 노화현상에 따른 노인의 정의와 노인에 대한 조작적 정의로 구분하고 있는데 이 두 개념을 나누어서 살펴보고자 한다.

참고 ❙ 노인

- 말뜻 : 나이 들어 늙은 사람, 나이가 들어 제반 기능이 저하된 사람
- 노인 : 나이 든 사람에 대한 일반적 호칭
- 노년 : 노년기라는 발달과정상의 시간적 의미가 강함
- 고령자 : 장년-노년층보다 넓은 인구계층(특히 55세 이상의 자)
- 일상용어 : 할머니, 할아버지, 어르신(존칭), 한아비(古語)
- 영어 : older person, aged, elderly, senior citizen, golden age
- 프랑스 : 제3세대
- 일본 : 실버세대
- 중국 : 長年(60+), 尊年(70+)
- 학술연구 : 노인
- 실천과 일상 : 어르신

2. 노화현상에 따른 노인의 정의

브린(Breen, 1976)은 노화의 세 가지 영역을 생물적, 심리적, 사회적으로 고려하며 노인을 다음과 같이 정의했다.

첫째, 생물적 및 생리적 측면에서 퇴화기에 있는 사람
둘째, 심리적 측면에서 정신기능과 성격이 변화하고 있는 사람
셋째, 사회적 측면에서 지위와 역할이 상실되어 가는 사람

결국 노인이란 노화로 인하여 생물적, 심리적, 사회적 기능이 감퇴한 사람으로 규정한 것이다. 그리고 국제노년학회(1951)에서는 노인을 '인간의 노화과정에서 나타나는 생물적, 심리적, 환경적 변화 및 행동적 변화가 복합적으로 상호작용하는 과정에 있는 사람'이라고 규정하였다. 결과적으로 브린과 국제노년학회의 정의에 따르자면, 노인이란 "**노화의 과정 또는 그 결과로서 생물, 심리, 사회적 기능이 약화되어 자립적 생활능력과 환경에 대한 적응능력이 약화되고 있는 사람**"이라고 정의할 수 있다. 따라서 이를 다섯 가지로 세분하여 ① 환경변화에 적절히 대응할 수 있는 자체조직에 결함을 가진 사람, ② 자신을 통합하려는 능력이 감퇴되어 가는 시기에 있는 사람, ③ 인체의 기관, 조직 기능에 감퇴현상이 일어나고 있는 시기에 있는 사람, ④ 생(生) 자체의 대응이 정신적으로 결손되어 가고 있는 사람, ⑤ 인체의 조직 및 기능 소진으로 인하여 어떤 일이나 사태에 맞추어 태도나 행동을 취할 수 있는 기능이 감소된 상태에 있는 사람이라고 설명할 수 있다.

3. 노인에 대한 조작적 정의

1) 역연령에 따른 노인

역연령(달력상의 연령)에 의한 노인은 가장 쉽게 정의하는 개념이다. 이는 세월의 흐름에 따라 나이를 먹어가는 것으로 다른 말로는 골연령이라고도 하며 달력상 계산으로 60세 이상이나 혹은 65세 이상을 노인이라고 한다. 이러한 개념 역연령에 따른 기준은 가장 보편적으로 적용하는 정의이다. 이는 출생 이후부터 달력상의 나이로 계산한 만 나이가 일정 연령 이상에 도달하면 노인이라고 정의하는 것이다. 예를 들어, 노인복지법에서는 65세를 노인이라 규정하고 있고, 국민기초생활보장법에서도 노인복지법에 의

거한 나이를 노인으로 규정한다. 또한 고용상연령차별금지 및 고령자고용촉진에 관한 법률에서는 55세 이상을 노인으로 규정하고, 국민연금법상에서는 노령연금 급여대상자로서의 노인을 60세로, 기초연금법과 노인장기요양보험법상에서는 65세 이상인 자로 하고 있는데, 이 모든 것이 역연령(만 나이)에 의한 노인에 대한 조작적 정의를 적용한 것이다. 우리나라에서는 연소노인(60~69세), 중고령노인(70~75세), 고령노인(76~84세), 85세 이상은 초고령노인으로 구분하는 경향이 있다.

- 장점 : 비교적 객관적(입법, 정책, 행정 기준으로 활용)
- 한계 : 노인의 개인차 무시(30~40년의 연령차에도 동일집단 간주)

> 영어권 국가에서는 55세를 기준으로 노인연령을 네 가지 범주로 나눈다.
>
> - 55~64세 : 연소노인(young-old)
> - 65~74세 : 중고령노인(middle-old)
> - 75~84세 : 고령노인(old-old)
> - 85세 이상 : 초고령노인(super old).

2) 개인의 자각에 의한 노인

개인의 자각에 의한 노인은 개인 스스로 주관적으로 판단하여 노인이라고 생각하는 사람이다. 개인이 가지고 있는 주관적인 평가에 따라 노인의 개념이 달라지기에 객관성이 결여되어 보편적으로 사용하기는 어렵다. 개인의 자각에 의한 기준은 개인 스스로가 주관적 자각에 의해 노인이라고 생각하는 경우를 노인이라고 정의하는 것이다. 우리나라의 경우 역연령에 따른 노인의 연령을 70세로 늘리자고 하는 분위기인 만큼 60대를 노인이라 생각하는 사람의 비율이 줄어들고 있는 상황이다.

- 장점 : 일상생활, 대인관계, 노인상담 등에서는 바람직함
- 한계 : 주관적이고 추상적이며 연구나 정책에 활용하는 데 한계

3) 사회적 역할 상실에 따른 노인

사회적 역할 상실에 따른 기준은 사회적 시계(Social Clock)[1] 또는 사회적 연령의 개념을 적용하여 사회적 지위와 역할의 획득과 상실을 기준으로 노인을 정의하는 것이다. 이는 생산활동으로부터 은퇴한다거나 중요한 사회적 역할과 지위가 감소하거나 이를 상실한 경우를 노인이라 규정한다. 예를 들어, 직장에서 퇴직한 사람과 가정에서 주부나 가장의 지위를 상실한 사람 등을 노인이라 규정하는데, 문제는 사회적 지위와 역할이 불분명한 사람이거나 일생 동안 특별한 사회적 지위나 역할을 갖지 못한 사람에게는 적용하기 어렵다는 것이다.

- 장점 : 사회적 지위와 역할을 중시하여 생산적 노후생활 지향
- 한계 : 사회적 지위와 역할이 불분명하거나 없었던 사람에게 적용 불가능

4) 기능적 연령에 따른 노인

기능적 연령에 따른 기준은 특정 연령범주에 속한 개인의 외모나 신체적 기능, 생산성, 자아통제력, 정신기능 등의 기능 수준을 근거로 하여 노인을 규정하는 방식으로 산업노년학 분야에서 관심을 가지고 발전시킨 정의다.

---

1) 사회적 기대에 비추어 개인의 성장과 발달을 평가하는 기준을 뜻한다. 각 사회는 교육, 결혼, 취업, 자녀 출산 등과 같이 인생의 주기에서 겪는 사건들에 대해 적령기가 있다고 보고, 이 시기보다 빠른 경우는 조숙했다거나 인생의 주기가 빨리 왔다는 말을 듣게 된다. 반면 사회적 기대보다 주기가 늦게 오면 '결혼이 늦었다', '공부가 늦었다', '출산이 너무 늦었다' 등의 말을 자연스럽게 듣게 된다.

사람마다 개별적 차이가 있을 수 있다는 점을 고려하여 기능적 연령에 따른 노인의 정의는 '개인이 특정한 업무나 일을 수행할 수 없을 정도로 기능이 저하된 경우'를 노인이라 정의한다.

- 장점 : 노인의 개인 차이를 고려할 수 있음
- 한계 : 기능적 연령을 사정할 수 있는 기준과 영역이 매우 복잡함

5) 발달단계에 따른 노인

인간의 발달단계는 유아기, 초기아동기, 학령전기, 학령기, 청소년기, 성인기, 중년기, 노년기 등으로 나눌 수 있고, 그중에서 60대부터 생물적 노화와 심리적 노화 그리고 사회적 노화가 함께 진행되는 노인기를 기준으로 노인을 정의하는 것이다. 인간 발달단계상 노화가 일어나는 삶의 마지막 시기에 속한 사람으로 본다. 보통 60대가 되면 사회적 지위와 역할이 감소되거나 상실하고 사회참여가 줄어들며 자녀가 있는 노부모는 자녀를 모두 떠나보내고 빈둥지 시기를 경험하게 된다. 그리고 70대 후반에는 신체적으로 매우 취약해지고, 특히 고혈압이나 만성질환을 앓는 경우가 대부분이며 인지기능 역시 저하되고 사회적 관계망과 사회활동 참여가 축소됨과 동시에 타인에 대한 의존성이 증가된다. 발달단계에 따른 노인은 50대 후반부터 초기노인기, 60세 또는 65세부터 노인기로 분류하고, 75세 이후를 후기노인기로 구분하는 경우도 있다.

6) 가족 내에서의 노인

가족 내에서의 노인의 기준은 손자와 손녀를 얻음으로써 할아버지, 할머니의 역할이 새롭게 생길 때 본인뿐 아니라 가족 내에서 노인으로 대접해준다. 이는 나이가 많지 않더라도 자녀가 결혼하여 자식을 낳음으로써 자

동으로 할머니, 할아버지가 되면 사회생활에서와는 달리 가족 내에서는 노인으로 인정된다.

참고 | 노인의 정의(밴 크로치, Van Crouch)

- 스스로 늙었다고 느낀다.
- 배울 만큼 배웠다고 느낀다.
- "이 나이에 그깟 일 뭐하려고 해"라고 말하곤 한다.
- 젊은이들의 활동에 아무런 관심이 없다.
- 내일을 기약할 수 없다고 느낀다.
- 듣는 것보다 말하는 것이 좋다.
- 좋았던 그 시절을 그리워한다.

제2절 노인의 특성

에릭슨(Erikson, 1963)이 말하는 노년기의 심리사회적 위기인 자아통합 대 절망(ego integration vs despair)은 중・장년기의 생산성 대 침체의 위기를 어느 정도 성공적으로 극복하였는가에 따라 그 결과가 달라진다고 하였다. 자아통합은 자신의 과거 및 현재의 인생을 바라던 대로 살았다고 받아들이고 만족스럽고 의미 있게 생각하여 다가올 죽음을 인정하고 기다리는 태도를 갖는 것이다. 이에 반하여 절망은 자신의 과거와 현재의 인생을 후회스럽고 불만스럽게 생각하고 죽음 앞에 남은 시간을 너무 짧게 생각하여 어떻게 할 수 없기 때문에 불안과 함께 초조해하는 것을 의미한다. 이렇듯 노인이 자아통합에 이르게 되면 자신이 살아온 인생을 수용하고 두려움 없이 죽음에 직면하는 능력이 높아진다. 그러나 절망에 이른 경우에는 죽음을 수용하지 못하고 타인을 원망하며 우울증의 경향을 보인다.

1. 신체적 특성

1) 신체 계측상의 변화

신체 계측상의 변화는 연령이 증가함에 따라 외형적으로도 확연히 확인할 수 있듯이 신장이 감소하고 체지방이 증가하게 된다. 더불어 세포를 연결해 주는 조직이 약해지고 탄력성이 떨어져 비틀거리다가 넘어지며 벽이나 방바닥에 부딪히거나 신체조직이 파손되기 쉽다. 근섬유의 수와 크기 감소로 근량이 감소되고, 순환기계, 내분비계, 신경계와의 복잡한 상호작용으로 지구력과 민첩성이 감소되어 팔과 다리의 근육은 힘이 없고 약해지며 전반적으로 키가 약간 작아진다.

2) 외모의 변화

연령이 증가하면서 가장 먼저 노화를 감지할 수 있게 하는 것은 외모의 변화일 것이다. 피부 탄력이 저하되고, 얼굴 윤곽도 변하며 흰머리가 늘어난다. 이러한 외모의 변화는 노화에 대한 거부감을 가장 많이 느끼게 하거나 저항하도록 한다. 외모의 변화는 노인의 연령을 두발, 눈, 피부, 자세 등의 변화를 통해 가늠할 수 있다. 머리와 고개가 앞으로 구부러지고 등이 휘며, 허리, 손목과 무릎은 약간 굽어져 있다. 피부의 탄력성이 저하되며 현저하게 주름이 많이 생기게 된다. 피하조직의 손실과 피부의 신경세포 등의 감소로 인해 노인은 체온을 일정하게 유지할 수 있는 능력이 감퇴되어 추위를 많이 타게 된다. 최근에 밝혀진 노화의 비밀은 평생 세 번 늙으며 그 변곡점은 34세, 60세, 78세라는 것이다.

3) 골격의 변화

노인은 노화에 의한 근골격계의 변화로 골질량의 감소와 골밀도가 감소되는 것이 특징적이며, 그 원인으로는 활동성의 결여와 칼슘의 섭취량이 부족하거나 칼슘의 체내 이용의 장애와 폐경 및 노화에 따른 호르몬 분비의 변화이다. 골격의 변화는 외관상으로는 등과 목의 변형으로 나타나게 된다. 그리고 골밀도가 저하되면 추간판의 탄력성이 현저하게 감소하게 된다. 나이의 증가와 함께 뼈 광물질의 소실과 골격량의 감소로 골절의 위험이 증가하고 중년기 이후 골다공증의 발생 빈도가 높다. 특히 노년기에는 골격계의 전반적인 약화와 평형 장애가 있는 경우가 많아 골절이 생기기 쉽고 치유과정도 느려지게 된다. 고관절은 가장 골절이 잘 일어나는 부위이다.

4) 감각기관의 기능 저하

인간은 깨어있는 동안 거의 모든 것을 전적으로 시각에 의존한다. 이 감각체계에 대한 강한 의존성 때문에 시력손실은 암에 이어 두 번째로 노화에 따른 가장 위협적인 결과물이다. 비록 시각적 손상의 정도가 사람에 따라 다양하다 할지라도 치료가 필요하거나 혹은 일상생활을 방해하는 시각적 손상을 경험한다(Kline & Schieber, 1985). 시각기능에서의 주요 변화는 두 가지로 나누어진다. 구조적 변화는 중년기 동안(대략 40세) 시각기능에

영향을 미치기 시작한다. 가장 중요한 구조적 변화는 첫째, 눈을 통과하는 빛의 양(투과성)과, 둘째, 적응하고 초점을 맞추는 눈의 능력(시각조절)의 감소이다. 노인들은 젊은 성인들이 어떤 것을 탐지하기 위해 필요로 하는 것보다 더 높은 강도의 빛을 필요로 한다(Kline & Schieber, 1985). 이 변화의 가장 중요한 실제적 결과로 나이가 들면서 일상적 과제를 수행하기 위해 더 밝은 조명이 필요하다. 뿐만 아니라 노인은 어둠 속에서 잘 보지 못하는데 이것은 부분적으로 밤에 어딘가에 가는 것을 꺼리는 이유를 설명해 준다.

정상적 노화에서 노인의 청각 능력 쇠퇴는 또 다른 변화 중의 하나이며, 생애 전반에서 흔히 일어난다(Olsho, Harkins, & Lenhardt, 1985). 노인들이 거주하는 곳의 음향 볼륨이 크게 설정되어 있는 것을 쉽게 볼 수 있는데, 이를 통해 청력손실이 노인에게 일반적으로 나타나는 현상이라 짐작할 수 있다. 청각손상은 정상적인 노인의 약 50%가 겪고 있으며(P.D. Thomas et al., 1985), 남성들이 여성들보다 청각손상이 높은 수치를 나타낸다고 연구된 바 있다(Olsho, Harkins, & Lenhardt, 1985). 청각손상은 고음 영역대에서 많은데, 이는 저음은 비교적 잘 청취할 수 있지만 고음 영역대는 잘 알아듣지 못한다는 것을 의미하며 40대가 되면서 심해진다(Corso, 1984). 따라서 노인들과 대화할 때는 저음을 많이 사용하면 의사소통이 잘 이루어질 수 있다.

노인에게는 미각과 후각의 능력 또한 감퇴가 진행된다. 미각에서 신맛은 강하게 느끼나 짠맛은 둔감하게 느끼게 되어 나이가 듦에 따라 점차 짠 음식을 찾게 된다. 미각의 경우 50대까지는 유지되다가 그 이후 저하되는 경향을 보인다. 반면에 미각에서의 연령에 대한 차이점은 미미하다는 연구도 보고되고 있으며 미각의 변화가 후각의 변화와 다른 질환과의 상관관계가 있다는 연구결과도 있다(Whitbourne, 1985). 후각은 우리의 삶에 중요한 또 하나의 영역이다. 후각은 60세 이후로 급격하게 떨어지며(Murphy, 1986), 미각의 변화보다 크게 나타난다(Stevens & Cain, 1985). 미각은 일차적으로 섭취하는 음식의 냄새가 큰 영향을 미친다. 후각능력의 변화는 알츠하이머병과 많은 연관성이 있다고 보고되고 있다. 알츠하이머병에 걸린 노인은 같은 연령대의 정상 노인에 비해 냄새의 종류를 60%만 확인할 수 있었으며 알츠하이머병이 계속 진행되면서 40%까지 냄새 변별력이 감소하였다(Meisami, 2003).

5) 몸의 회복력 약화

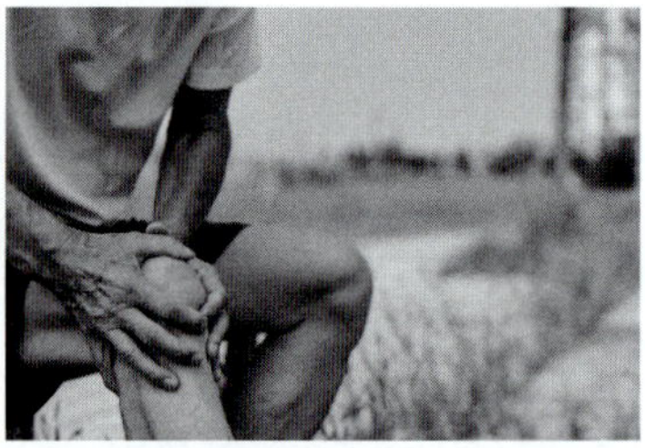

몸의 회복력 약화로는 생체조절기능이 떨어지고 대사능력이 떨어짐으로 인해 피로회복이 더디고 상처가 아무는 데 시간이 많이 걸리며 더위나 추위에 취약해진다. 또한 흡기, 순환기 등 여러 가지 생리기능면에 체력적인 여유가 떨어진다. 또한 만성질환을 가진 노인은 다른 합병증도 쉽게 올 수 있어서 사소한 원인으로도 중증 상태에 빠질 수 있다.

6) 질병의 증가

노인의 70% 이상은 노환이나 질병으로 잔병치레를 하며 신체기능이 약해져 활동이 둔해지고 만사가 귀찮아지며 자신의 몸이 뜻대로 움직여지지 않는다. 노화와 밀접한 관련을 가지고 발생하는 신체적, 정신적 질병을 말하며 크게 두 가지로 나뉜다. 하나는 젊어서 생긴 질병이 지속된 것들로 고혈압, 당뇨병, 관절염, 만성폐질환, 암, 만성위염, 만성간질환 등이 여기에 속한다. 또 하나는 노인 특유의 병적 상태인 노인성 난청, 노안, 노인성 백내장, 노인성 치매, 노인성 우울증, 노인성 골다공증, 노쇠 등이다.

노인 질병의 특징은 다음과 같다.

첫째, **증상이 거의 없거나 애매하다.** 열이 없는 염증, 복통이 없는 맹장염, 침묵의 심근경색증, 증상이 없는 갑상선기능항진증 등 두드러진 증상을 보이지 않는 경우가 흔하다. 따라서 자칫 오진하기 쉽다.

둘째, **노화와 구분하기가 어렵다.** 즉, 고령에 따른 생리적 노화현상인지 질병인지를 가려내기가 쉽지 않다.

셋째, **대부분의 노인병은 단독으로 발생하는 경우가 드물다.** 평균적으로 네 가지 이상의 질병이 함께 온다.

넷째, **심리적 요인이 크게 관여한다.** 경제적 부담으로 가족들의 눈치를 보며 질병을 감추려 하는 경우도 종종 있다.

다섯째, **약물을 사용할 때 더 많은 주의가 필요하다.** 70대 노인은 20대에 비해 약물 부작용이 일곱 배나 많다.

여섯째, **치아의 문제가 심각하다.** 전체 노인의 45%가 틀니를 끼고 있다.

일곱째, **기존 병명으로는 구별이 안 되고 단지 기능 이상으로만 나타나는 병이 흔하다.** 예를 들면, 노쇠는 기능이 많이 떨어졌음에도 불구하고 노쇠라는 표현 외에 달리 뾰족한 진단명이 없다.

여덟째, **청장년의 검사기준을 적용할 수 없는 질병이 많다.** 혈중 칼슘, 알부민, 갑상선 기능검사의 경우 정상치가 청장년과 다르다.

아홉째, **만성적이고 퇴행적인 경과를 보인다.** 노인병은 오랜 기간을 두고 서서히 발병하고 진행한다.

열째, **의사의 지식과 경험만으로는 치료가 어렵고 사회사업가, 간호사, 물리치료사, 재활의학 전문가 등이 협조하여 팀워크를 이루어 치료해야 한다.**

7) 혈압의 증가

노인이 되면 다른 장기뿐만 아니라 혈관도 늙게 된다. 나이가 들면 혈관의 탄력을 유지해 주는 탄성섬유의 양이 줄어들어 혈관이 딱딱해진다. 결국, 심장에서 나오는 혈액의 압력이 고스란히 혈관벽에 전달되면서 혈압이 상승하게 된다. 나이가 들수록 대동맥 등 중심동맥도 탄력이 떨어져 경직된다. 중심동맥은 심장에서 뿜어내는 압력을 직접 접하는 동맥이면서 반사파가 돌아와 전향파(forward wave)와 만나는 압력의 접합점인데 이곳의 탄력이 떨어지면서 맥압(pulse pressure)과 수축기혈압은 증가하고 확장기혈압은 감소하게 된다.

고혈압의 병인은 일반적으로 유전적 요인과 노화, 식이, 비만, 운동 부족, 스트레스 등의 상호작용에 의해 초래되는 것으로 알려져 있으며, 이 중에서 노화는 혈압 조절과 관련된 많은 생리적 기전에 영향을 미쳐 노년기에 고혈압 발생률을 높인다. 동맥이 굳어져 탄력성이 떨어져 심장을 통해 나오는 피의 양이 조금만 많아져도 혈압이 높아진다. 그러므로 고혈압 노인들이 지속적으로 자가간호를 수행할 수 있도록 지지하고 생활조절을 유지시켜 줄 수 있는 구체적인 중재전략이 필요하다. 자가간호를 증진시키는 가장 기본적이고 일차적인 중재방법은 환자교육으로, 이는 관련된 지식의 변화가 자가간호 수행에 영향을 주는 기본 요소가 되기 때문이다.

8) 소화기능의 약화

소화기관의 변화는 입, 식도, 위로 나누어 살펴볼 수 있다. 입은 먹은 음식물을 일차적으로 씹어서 침과 섞이게 하여 간단한 소화가 되게 하는 기능을 한다. 건강한 노인의 경우 침의 생산과 분비 및 구성성분에는 별 변화가 없다. 그러나 만성 질병이나 특정 약물 등의 원인으로 침의 분비가 감소되어 입안이 건조하게 되고 음식을 씹기가 힘들어진다. 이것을 구강 건조증이라고 한다.

식도는 입으로부터 위로 식품을 이동시키는 기능을 한다. 대부분의 경우 노화가 되어도 식도 기능은 잘 보존된다. 그러나 식도 아래에 있는 괄약근이 약해졌을 때는 위식도 역류가 일어나서 식도의 점막을 손상시키며 속쓰림을 일으키게 된다. 그러나 이것은 노화현상 자체가 원인이라기보다는 다른 질병(뇌, 목 부위 암의 방사선 치료 시, 신경질환 등)에 의한 것으로 보고 있다.

위는 먹은 음식물의 모든 소화가 일어나는 곳이다. 위벽에서 염산이 나와 음식물을 죽의 상태로 만들어 소화시킨다. 소화기관의 기능에 노화가 미치는 영향 중 가장 두드러진 영향은 위에서 일어난다고 한다. 위의 변화는 위를 둘러싸고 있는 점막의 변화와 위 운동성의 변화, 위산분비의 변화로 나눌 수 있다. 소화기능이 약해 먹는 양이 줄어들며 뒤돌아서면 배고파 조금씩 자주 먹어야 한다. 노인은 배고플 때가 식사할 시간이다.

참고 ❙ 건강한 노인이 노쇠 환자가 되는 과정

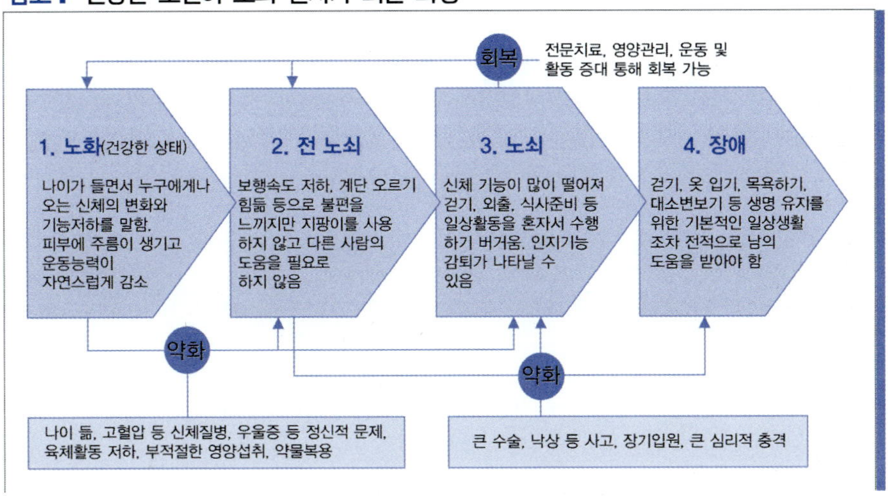

노쇠 의심증상 체크리스트		
1	계단을 10개 이상 올라가는 것이 어렵다.	□
2	400m 운동장 한 바퀴를 혼자 걷는 게 어렵다.	□
3	의자에서 5회 연속해서 일어났다 앉았다 하는 것이 불가능하다.	□
4	걷거나 바깥 출입하는 경우가 1주에 1회 이하다.	□
5	종아리 둘레가 32cm 이하다.	□
6	손아귀 힘(악력)이 현저하게 약해졌다.	□
※ 이런 증상이 있으면 노쇠 전조일 수 있으니 노인병 전문의사에게 진료를 받는 것이 바람직하다.		

2. 심리적 특성[2)]

1) 친근한 사물에 대한 강한 애착

노인은 오랫동안 자신이 사용해 오던 **친근한 사물**[3)]이지만 그러나 자식들에게는 고물로 보이는 사물에 대하여 강한 **애착**[4)]을 가지고 있다. 이렇게 친근한 사물에 대해 애착을 보이는 현상은 지나온 과거를 회상하거나 마음의 안락을 찾기 위해 나타난다. 자기 자신과 주변이 변하지 않고 일정한 방향을 유지하고 있다는 정서적 안정감과 세월의 흐름 속에서 자아 정체감을 유지하려는 것이다. 집, 가재도구, 사진, 골동품, 일용품 등, 즉 오래 사용해 온 물건에 대한 애착심이 많다. 노인은 이사를 싫어하며 쓰지 않는

2) 이러한 특성이 모든 노인들에게 적용되는 것인지는 논란거리이다.
3) 물건에 대한 애착을 따라가다 보면 언제나 만나는 건 그 사람 마음 깊이 웅크리고 있는 불안이다.
4) '애착'과 '집착'은 언뜻 쉽게 구분이 될 것 같다. 애착은 밝고 긍정적인 에너지가 강한 반면, 집착은 부정적이고 어두운 느낌이 강하기 때문이다. 하지만 이 둘은 쉽게 분리할 수 없다. 심리학에서도 집착은 사랑과 관심을 받지 못해 '손상된 애착'으로 본다. 결국 이 둘은 '착(着)'이라는 하나의 뿌리에서 시작된 것이다.

물건도 버리지 않는다. 시집올 때 가져온 옷을 한 번도 입어보지 않고 아까워서 계속 보관하는 경우도 있다.

2) 죽음의 필연성을 인식하고 유산을 남기려는 경향

노인은 죽음의 필연성을 인식하고 생명이 유한하다는 것을 지각하면서 자신이 이 세상에 다녀갔다는 흔적을 후세에 남기고자 한다. 또한 자신이 가치 있는 삶을 살았다는 것을 인정받고자 한다. 이러한 생각의 결과로 노인들은 혈육, 물질적 재산, 창조적 업적, 전통과 가치 등을 남기고자 한다. 노인들은 이 세상에 다녀갔다는 흔적을 남기려는 욕망을 가지게 되며 유산을 남기려고 하는 것이 노인 심리학상 정상적이다(그림 1-1).

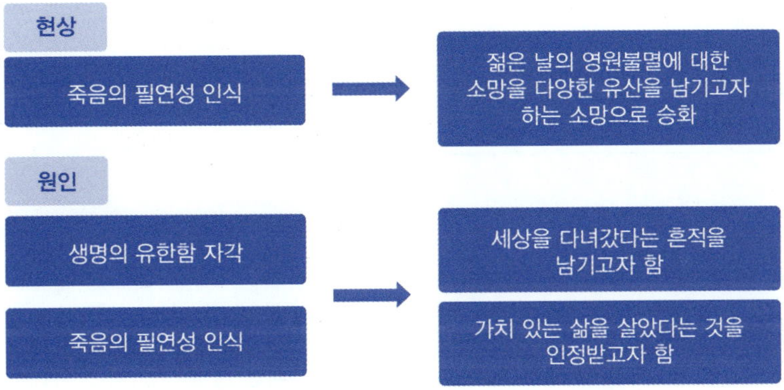

|그림 1-1| 유산을 남기려는 경향 현상과 원인

3) 양성화되는 경향

노인이 되면서 남성 노인은 여성의 특징인 친밀성과 의존성 등이 증가하고 여성 노인은 남성의 특징인 공격성과 자기 주장성 등의 성향이 강하게 나타나게 되면서 양성화되는 경향이 나타난다(표 1-1). 이러한 현상은 나이가 들수록 심적 에너지의 방향이 전환되고 성호르몬의 분비가 달라짐에 따라 나타나며 또한 전통사회와는 다른 시대적·사회적 변화로 인해 나타

나게 된다. 양성화는 노년기의 성공적 적응에 영향을 미치고 행동 목록을 다양화시켜 변화에 유연하게 대처할 수 있게 되며 양성적인 노인은 정서적 조절 능력이 높음과 동시에 관용적인 경향을 나타낸다.

〈표 1-1〉 성역할 지각의 변화

<table>
<tr><th>성</th><th>현 상</th><th>원 인</th><th></th><th rowspan="3">남성은 여성화,
여성은
남성화되어
양성화되는
경향</th></tr>
<tr><td>남성 노인</td><td>친밀성, 의존성, 관계 지향성 등의 증가</td><td rowspan="2">• 심적 에너지의 방향이 전환
• 성 호르몬의 분비가 달라짐
• 전통사회와는 다른 시대적, 사회적 변화</td><td rowspan="2">➡</td></tr>
<tr><td>여성 노인</td><td>공격성, 자기 주장성, 자기 중심성 및 권위주의 등의 성향 증가</td></tr>
<tr><th colspan="5">삶에 미치는 영향</th></tr>
<tr><td colspan="5">• 양성화는 노년기의 성공적 적응, 특히 부부관계와 밀접하게 관련
• 양성화된 사람들은 행동목록이 다양해서 자녀출가 및 은퇴 후 역할변화에 유연하게 대처할 수 있음
• 양성적인 노인 : 정서적 조절능력이 높고 이해심이 많고 관용적이며 성역할에 대한 구분이 없이 서로 양보하고 돕는 경향</td></tr>
</table>

4) 의존성의 증가

나이가 들어가면서 노인들은 의존성이 증가하게 된다. |그림 1-2|와 같이 신체적 기능이 저하됨에 따라 신체적으로 의존을 하게 되고 임금노동자로서의 역할을 상실함에 따라 경제적으로 의존하게 되며 중추신경조직이 퇴화됨으로 인해 정신적으로도 의존하게 된다. 또한 삶에 있어서 의미 있는 중요한 사람을 상실하여 사회적으로도 의존을 하게 되고 그 외에도 심리적·정서적으로도 의존하게 된다. 그러나 노인의 심리적 특성은 모든 노인들에게 한결같이 동일하게 나타나는 것은 아니다. 개인의 환경과 특성이 다르므로 개인 간에 차이가 큼을 인식하여야 한다.

|그림 1-2| 노인의 의존성

5) 자기중심적 생각

나이가 들어가면서 생각이나 판단의 기준을 외부가 아닌 자기 내부에 둔다. 잔소리가 많아지고 걱정이 많으며 매사 참견하는 것을 좋아한다. 또한 욕심이 많아지고 베풀지 않으려 한다. 네 명 중 한명이 65세 이상의 고령자인 일본에서는 최근 자신을 제어하지 못하는 **폭주노인**[5)]이 늘고 있다. 나이를 먹으면 뇌의 기능이 쇠퇴하기 때문에 판단능력이 떨어지고 자기중심적으로 변한다. 결과적으로 건강과 운전 그리고 금전 등 나이 든 부모의 생활 속 문제를 떠안은 현역 세대의 부담이 갈수록 커지고 있다.

6) 소외감과 고독감 그리고 우울증 증가

노인은 주변 환경 변화에 따른 스트레스, 노령에 따른 신체적 질병 등으로 우울해하며 외로움을 많이 느낀다. 허무함이 자꾸 밀려와 눈물이 자주 난다. 노인에게 가장 필요한 것은 이야기를 들어주는 것이다. 우울증은 노

5) 폭력적인 노인이라는 뜻으로, 노인들에 의해 발생하는 범죄를 이르는 말이다. 2000년대 중반 일본에서 노인 범죄가 크게 증가하자 만들어진 개념이다. 노인 범죄의 근본적인 원인은 정보화 사회, 물질만능 사회 속에서 노인들이 소외되고 고립되는 데에 있다. 사회에 속하지 못한 채 겉돌면서 느끼는 노인들의 고독이 결국 폭력으로 분출된다는 것이다.

년기 전반에 걸쳐 증가한다. 그 원인으로는 신체적 질병, 배우자의 죽음, 경제사정의 악화, 사회와 가족들로부터의 소외 및 고립, 일상 생활에 대한 자기통제의 불가능, 지나온 세월에 대한 회한 등이다. 증상으로는 불면증, 체중감소, 감정적 무감각, 강박관념, 증오심 등의 현상이 나타난다. 그러나 이런 현상이 전혀 없는 노인도 있다.

7) 내향성 및 수동적 경향

노인이 되면 관심과 주의를 외부의 사물이나 사건보다는 내면적인 자기 자신에게 돌리는 경향이 나타난다. 즉, 외부자극에 대한 반응보다는 자기 자신의 사고나 감정에 의해서 사물을 판단하게 되는 경향이 많아진다. 이는 객관성의 결여로 주관적 판단으로 나타난다. 수동적 경향은 자신의 생각을 주장하는 일에 지구력과 적극성이 약해질 뿐만 아니라 새로운 일에 도전하기를 주저하며 자기가 할 수 있는 일도 다른 사람이 해주기를 바라며 의존성이 높아진다. 즉, 문제를 적극적이고 능동적으로 해결하려는 경향이 약해지고(소극적), 누군가의 도움을 받아 수동적으로 해결하거나 신비적으로 또는 우연히 잘 되도록 내맡기는 경향이 증가하여 노인들을 상대로 하는 만병통치약을 파는 사기꾼에게 잘 속는다. 그리고 사이비종교에 빠져들기 쉽다.

8) 사고의 경직성

사고의 경직성은 융통성에 반대되는 개념으로 어떤 문제해결에 있어서 그 방법이나 행동이 옳지 않거나 이득이 없음에도 불구하고 자기에게 익숙한 습관적인 태도나 방법을 고수하고 이를 여전히 계속하려 하는 행동의 경향이다. 경직성(보수성)은 문화적 및 경험적 요인에 의해서도 영향을 받는다. 사고의 경직성은 옛날 것을 고집하려고 하는 것으로 생각의 융통성이 없어지며 노인기의 경직성 증가로 인해 동작성 지능검사나 학습능력의 저하라는 결과를 초래한다.

9) 과거 회상을 하는 경향

노인은 과거의 재해석을 통해 주위 사람에게서 인정받고 싶어 한다. 노인은 오랫동안 자신이 사용해 오던 친근한 사물이나 물건들, 남들에게는 고물로 보이는 사물에 대해 강한 애착을 가진다. 이러한 애착은 지나온 과거를 회상하거나 마음의 안락을 찾는 데 도움을 준다. 인생회고(life review) 또는 회상(reminiscence)은 과거의 사건이나 경험을 기억해 내는 과정을 통해 과거를 돌아보고 지나온 생을 정리함으로써 첫째, 과거 자신의 긍정적인 자아상과 현재를 동일시함으로써 자아성취감, 충족감, 생의 의미를 발견하게 되고, 둘째, 심리적 상실감을 극복하고 자아통합을 성취하며 우울이 감소하고, 셋째, 자신의 과거를 미화시키거나 합리화시킴으로써 죄의식과 갈등을 극복할 수 있지만, 넷째, 자신의 생애를 완전한 실패로 회고할 경우에는 외로움, 우울 및 죄의식이 심화될 수도 있다.

청년은 미래(희망)에 살고, 노인은 과거(추억)에 산다라는 말이 있듯이 노인은 과거의 일을 미화시키며 과거의 과오(過誤) 또는 잘못에 대한 자기변명을 만들어 내며 자기의 무용담과 자랑거리를 과장해서 남에게 이야기하기를 좋아한다.

10) 생에 대한 애착

노인은 생에 대한 애착으로 남은 생이 얼마 없음을 깨닫고 초조해한다. 나이가 들면 사람들은 자기가 살아온 세월보다는 앞으로의 여생을 계산하기 시작한다(그림 1-3). 실제로 개인의 애착행동은 가장 큰 의존과 요구의 시기인 인생 초기와 후기에 활성화될 가능성이 많다(Bowlby, 1982). 노년기의 상실과 분리는 애착문제가 다른 어느 연령단계에서보다 노인들에게 더 중요할 수 있다는 인식을 가능하게 하고 있다.

노화와 함께 각 개인은 가까운 사람들을 점차적으로 상실하고 성인자녀들과 역할역전을 경험하며 배우자와 사별하는가 하면 신(神)이나 종교적 인물에 대해 강한 의존을 나타내는 등 다양한 관계문제에 직면한다. 신에 대한 애착은 애착의 전형적인 범주인 근접추구, 안전기지, 안전한 피난처 및 분리저항을 그대로 포함한다. 그 예로서 기독교를 신봉하는 사람들은 기도를 통하여 신과 소통함으로써 신에 대한 근접을 추구하고 신과의 개인적 혹은 상호작용 관계를 유지하며 신을 안정성과 위안의 근원으로 활용한다. 특히 죽음이나 사랑하는 사람의 상실과 질병 혹은 상해와 같은 위협적인 사건이 발생하면 개인은 안정성과 위안을 얻기 위하여 안전한 피난처로서의 신에게로 향한다. 물론 신념의 상실과 같이 신으로부터의 분리는 불안을 야기하고 분리저항을 경험하게 함으로써 신에 대한 애착은 영아의 양육자에 대한 애착과 동일한 속성을 갖는다(Kirkpatrick, 1994). 실제로 노인들은 임박한 죽음에 대한 공포를 갖기 쉬우며 배우자나 다른 일차적 애착인물이 존재한다고 할지라도 더 강력한 애착인물을 원할 수 있으므로 신에 대한 애착은 이 시기의 중요한 대처전략일 수 있다. 더욱이 신에 대한 애착은 사후에도 영생할 수 있음을 약속받는 것이므로 노인들에게는 최상의 애착인물일 수 있다.

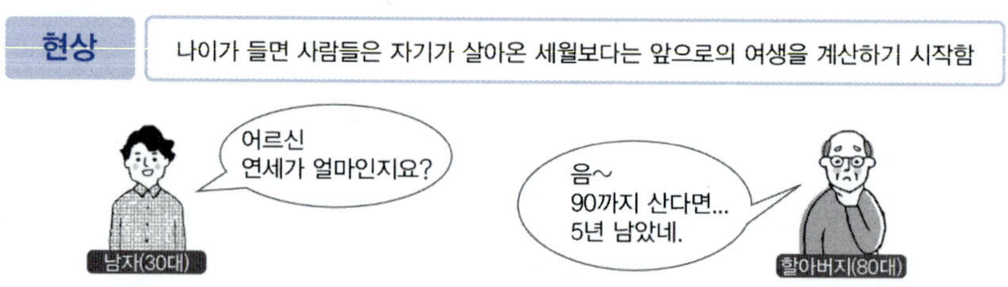

|그림 1-3| 시간전망의 변화

11) 변화에 대한 저항

변화에 대한 저항은 조심성(보수성)이 증가한다는 것을 의미한다. 정답(正答)을 말하기보다 오답(誤答)을 말하지 않으려 한다. 이러한 예로 여론조사에서 무응답 또는 모르겠다로 답하며 변화를 두려워한다.

이상에서 살펴본 노인의 심리적 특성은 모든 노인들에게 한결같이 동일하게 나타나는 것은 아니다. 개인의 환경과 특성이 다르므로 개인 간에 차이가 큼을 인식하여야 한다. 따라서 노인은 의존과 독립에 대해 올바른 인식이 필요하다. 성인 자녀 세대에게 의존할 경우 미안해하기보다는 용기를 가지고 기꺼이 의존하고 자녀 세대의 베품을 친절하게 받을 수 있는 자세를 가져야 한다. 왜냐하면 인생발달주기에 따르면 독립적으로 생활하며 다른 세대에 베푸는 시기가 있는 반면에 다른 세대에 의존을 하여야 하는 시기도 있기 때문이다. 노인뿐만 아니라 노년기를 준비하는 중년기에는 마음의 일기를 써보는 것이 좋다. 일기를 쓰면 반성적 성찰의 시간을 가질 수도 있고 자신의 정서와 사고방식과 행동 양식을 되돌아보고 현재 자신의 모습을 인정함과 동시에 자신이 삶의 주인공이라는 생각을 확고히 하고 자율성을 키울 수 있기 때문이다. 출생부터 중년기까지의 삶을 회고함으로써 자기효능감과 자율성을 확인하고 이를 통해 미래의 삶에 대해 소망을 가짐으로써 노년기를 준비할 수 있다.

3. 사회적 특성

1) 노인 빈곤[6]

노인 빈곤은 퇴직의 제도화로 인한 수입 감소와 미흡한 노후소득 보장제도로 발생하며, 소득이 감소하여 노인들이 겪는 어려움 중에는 경제적 어려움이 가장 중요한 문제로 지적되고 있다. 우리나라 노인빈곤율은 이미 알려진 것과 같이 OECD 국가 중에서 가장 높은 수준을 유지하고 있으며, 정부 정책(기초연금 확대 등)에도 불구하고 그 수준이 줄어들고 있지 않은 상황이다. 최근에는 오히려 노인빈곤율이 증가함으로써 정부정책을 무색하게 하고 있다(김태완 외, 2020). 노인은 고용에서 소외되는 경향이 있기 때문에 소득 측면에서 취약집단이 되기 쉽다. 노인 빈곤 문제는 초고령사회 진입을 앞두고 해결해야 할 중요 과제이다. 노인 인구의 상대적 빈곤율은 시장소득 기준으로 볼 때 2011년 56.9%에서 2022년 57.1%로 다소 높아졌다. 처분가능소득 기준으로 살펴보면, 같은 기간 동안 등락은 있으나 2011년 46.5%에서 2022년 38.1%로 감소하였다. 우리나라는 국제적으로 노인빈곤율이 매우 높은 나라로 알려져 있다. OECD 자료에 따르면, 2020년 기준 66세 이상 노인의 처분가능소득 기준 상대적 빈곤율은 대상 국가들 가운데 가장 높게 나타난다(통계청 가계동향조사, 2023. 12. 29). 시장에서의 여건은 개선되고 있지 못하지만 공적이전소득(특히 기초연금)이 늘어나면서 가처분소득의 빈곤율은 감소한 것으로 보인다. 하지만 42.0%라는 노인빈곤율은 다른 국가들에 비해서는 여전히 높은 수준이다.

높은 노인빈곤율을 줄이기 위한 노력에도 노인 빈곤이 여전히 다른 국가에 비해 높은 이유는 무엇일까? 이와 관련하여 여유진(2019)은 국민연금의 적립방식 도입, 연금 사각지대 존재, 노동시장 이중구조, 여성 노인의 높은

6) 이주미 · 김태완(2020) 재구성.

빈곤율, 소득대체율 하락 및 사적부양의 약화를 들고 있다. 최근 들어 또 다른 시각으로 저출생[7]·고령화가 빠른 속도로 진행되면서 함께 발현되고 있는 핵가족화 혹은 가족구조의 변화가 노인빈곤의 원인으로 주목받고 있다. 핵가족화가 진행된다는 것은 노인가구에 속하는 가구원의 소득이 사라진다는 것이며, 노인가구의 소득감소가 노인 빈곤에 영향을 줄 수 있다는 것이다. 보편적 노후소득보장제도가 잘 만들어져 있는 사회보다 상대적으로 가족부양이 중점이 되는 사회에서는 가구의 형태에 따라 노인의 소득수준 및 빈곤 위험의 차이가 클 수 있다(Saunders & Smeeding, 1998). 또한 노인빈곤은 다른 가족 구성원과 함께 살고 있는지 여부에 따라 노인빈곤율의 차이를 보인다(Li & Dalaker, 2019). 그리고 배우자가 있는 경우 그렇지 않은 노인에 비해 빈곤율이 낮게 나타나는 등 결혼상태에 따라 빈곤율의 차이를 보이며, 자녀와 함께 사는 노인의 경우 빈곤율이 낮게 나타나는 점이 확인되었다. 이와 같은 관점에서 가구분화의 영향으로 노인 빈곤을 분석하는 연구가 진행되었다(박경숙·김미선, 2016; 이은영, 2019; 강성호·이태열, 2020). 더불어 박경숙과 김미선(2016)은 노인독거 가구와 노인부부 가구가 크게 늘어나는 대신 자녀 세대와 동거하는 노인가구의 비율이 감소하는 등 노인의 가구형태가 변화한 점에 주목하고, 노인의 가구형태가 소득수준 혹은 노인빈곤율 변화에 미친 영향에 대해 분석한 결과 노인독거 가구와 노인부부 가구가 증가한 반면 자녀세대와 함께 사는 노인가구의 감소는 노인의 상대 빈곤이 심화되는 현상과 직접적인 연관이 있으며, 세대간 동거율이 감소하면서 자녀와의 동거에 의한 전체 노인빈곤의 완충효과도 제약되었다고 주장하고 있다.

---

7) '저출산'이라는 말은 인구 문제를 여성에게 책임을 전가하는 것으로 해석될 수 있다. 여성을 출산도구화해 성 차별적이라는 것이다. 이에 비해 '저출생'은 '아이를 낳는 문제는 여성만의 일이 아니며 국가와 사회가 함께 해결해야 하는 일'이라는 의미로 받아들여 본 책에서는 '저출산'을 '저출생'이라는 용어로 대부분 사용함을 밝힌다.

2) 질병과 의료비부담[8)]

질병과 의료비부담은 신체적 노화와 사회의 급속한 변화에 따른 부적응으로, 만성적 질환률이 높고 치매환자 연령의 증가와 함께 유병률이 높아지면서 의료비가 부족한 실정이다. 이러한 고통 속에 사는 노인들의 자살률이 높다. 일반적으로 의료비의 지출은 연령에 따라 크게 달라지는데, 출생이후 아동기에서 가장 낮으며 성인기부터 점차 증가하기 시작하여 50대에 이르러 급격히 증가하게 된다(Meerding et al., 1998). 노인들의 의료비 지출은 10대에 비해 약 4~5배 정도 높으며(Bradford & Max, 1996), 85세 이상의 의료비 지출이 65~74세와 75~84세에 비해 각각 세 배와 두 배가량 높게 나타났다(Fuchs, 1998). 연령이 높아질수록 의료비에 대한 경제적 부담 또한 높아지는데, 특히 60대 이상의 경우 식생활비와 주생활비에 이어 의료서비스 비용이 높은 것으로 나타났다(황은애 · 정영훈, 2015).

의료서비스 이용 시 발생하는 본인부담의료비는 이용자들이 보건의료서비스를 이용하는 데 장벽으로 작용하고 있으며, 노인이나 저소득층 등 사회경제적으로 열악한 환경에 처한 이용자일수록 비용상의 이유로 의료적 필요를 충족시키기 어려운 경우가 많다. 고령이용자들의 의료서비스 이용에 있어 더욱 심각한 문제는 단순히 고령층에서 의료서비스에 대한 수요가 높다는 것뿐만 아니라 높아진 의료수요를 부담할 경제적 여력이 다른 연령층에 비해 부족하다는 사실이다. 대부분의 고령자들은 은퇴로 인해 소득이 감소하는 것이 일반적인데, 이는 증가한 의료수요를 충족시킬 자원의 감소로 이어져 적절한 의료서비스의 이용을 저해할 수 있다. 실제로 김수정과 허순임(2011)에 따르면, 65세 이상 노인 가계의 7.4%가 가계의 지불능력 대비 과도한 의료비를 지출하고 있었는데, 이는 30~40대가 0.5%가량의 비율

---

8) 신세라(2019) 재구성.

을 보인 것에 비해 매우 높은 수준이다. 또한 65세 이상 노인가계의 18%가 필요한 의료서비스를 이용하지 못한 경험이 있다고 답했는데 그 가운데 90% 이상이 경제적인 부담을 그 이유로 들었다.

만성질환은 대체로 지속적 치료와 관리를 요한다는 점 또한 고령이용자의 의료서비스 이용에서 중요한 문제이다. 최근 조사결과에 따르면 실제로 우리나라 65세 이상 노인의 85.4%가 만성질환을 보유하고 있었는데, 27.9%는 두 개, 30.0%는 세 개 이상의 만성질환을 보유한 복합만성질환 상태에 있는 것으로 나타났다(한국보건사회연구원, 2017). 만성질환을 한마디로 정의하기는 쉽지 않으나 최소 6개월에서 1년 이상 지속되는 병적인 상태로서 일단 발생하면 대체로 완전히 치료되거나 회복되지 않으며 호전과 악화를 반복하다가 결국 점점 나빠지는 방향으로 진행된다(Goodman et al., 2013). 대부분의 만성질환은 연령이 증가함에 따라 증가하는 경향이 있는데 이 같은 만성질환의 속성은 고령이용자의 의료이용을 지속적으로 증가시켜 사회나 개인의 의료비 부담을 가중시키는 원인이 된다.

고령화에 따른 의료비 증가는 건강보험 급여와 같은 공공지출 증가의 문제로 인식되는 경향이 있으며 관련 연구 또한 거시적인 관점에서의 재정추계와 전망을 중심으로 이루어지고 있다(정형선, 2016; 정형선·송양민, 2013; 이수연·문용필, 2018). 그러나 고령자의 의료비 증가는 비단 건강보험 재정만을 위협하는 요소가 아니라 미시적으로는 개인 및 가구경제 전반에 부정적 영향을 미치는 요인이다. 암과 같은 치명적 만성질환은 개인의 수명이나 삶의 질, 경제활동 등에 많은 변화를 야기한다. 또한 치명적이지 않은 만성질환이라 할지라도 반복적, 지속적 의료서비스 이용을 필요로 하는 만큼 개인의 소비생활이나 삶의 질에 큰 영향을 주게 된다. 따라서 거시적인 관점에서의 재정추계뿐 아니라 지속적인 치료를 요하는 주요 질병이 개인에게 어느 정도의 부담을 가져오는지를 정확하게 추정하는 작업은 중요하다.

다양한 해외연구들은 국가별 의료시스템이나 사용한 자료원 등에 따라 구체적인 수치에는 다소 차이가 있으나 공통적으로 고령자들이 보유한 만성질환의 수나 종류에 따라 의료서비스 이용과 의료비 지출에 큰 차이가 있음을 실증하였다. 특히 다수의 만성질환을 보유한 경우 의료비 부담이 급격하게 높아지므로 이를 효율적으로 관리할 수 있는 시스템의 도입이 필요할 것이다.

3) 소외감과 역할상실

퇴직으로 인한 소외감과 역할상실 그리고 노인이 할 수 있는 미흡한 일자리와 낮은 취업의 질로 노인취업자 중 절반 정도가 농림, 어업에 종사하고 있으며, 임금근로자는 30% 정도이다.

(1) 소외감

노인의 4고는 빈고(貧苦), 고독고(孤獨苦), 무위고(無爲苦), 병고(病苦)인데 이것은 현대사회의 노인들의 문제점들을 잘 나타내고 있다. 소외라는 용어는 결핍, 상실부정, 상품성, 불안 등을 나타내는 포괄적인 개념으로 이용되며 어떤 사물 또는 인간이 타 사물 또는 타인과 소원해지는 행동이나 행동의 결과를 의미한다. 또한 일상의 용법에서는 종종 종전의 동료로부터 단교 또는 소원해지는 것을 뜻하며 정신의학에서는 보통 정신상태에서의 이탈, 즉 정신이상을 말하고, 현대 심리학과 사회학에서는 사회, 자연, 타인 또는 그 목적에 대한 개인적인 소원감을 지칭하고 있다. 또한 인간이 살고 있는 사회에 대한 그 개인의 비적응은 그의 소외의 신호이기도 하다. 결과적으로 소외감은 한 개인이 자기세계의 중심이 되어 자신의 행위의 창조자로서 경험하지 못하는, 즉 자기를 통제할 수 없고 자신이 삶의 주체가 될 수 없을 때 경험하는 것으로 개인적 감정이나 혹은 자신으로부터, 타인으로부터, 전체세계로부터의 분열상태로 본다(정문길, 1978).

노인의 소외감과 신체적 노화와의 관계에서 카셀과 고어(Cassel & Gore, 1977)는 이웃과 고립된 사람들이나 가족, 단체, 친구 등 밀접한 사회집단이 없는 사람들의 질병 발생빈도가 친밀한 사회집단을 가지고 있는 사람들보다 더 높다고 했고, 또한 갈 곳이 없고 말할 상대가 없으면 스트레스로 인하여 신체증상, 감각기능의 변화 증상을 일으킨다고 하였다. 그리고 노인의 건강상태가 좋지 않을 경우 노인들은 의식적 또는 무의식적으로 그들을 돌보고 있는 자녀에 대한 원한을 갖게 되어 가족으로부터 심리적으로 사회적으로 소외되며, 노인들이 거동이 불편하거나 장애가 심할수록 자신을 불쌍히 생각하는 정도가 심하다는 것이다.

(2) 역할상실

개인의 일상생활은 사회적 지위나 역할에 의해 주로 결정된다. 이때 사회적 지위는 신분에 따라 개인이 차지하는 계급이나 자리를 의미하며, 이때 역할은 지위의 동적인 표현으로 특정한 지위를 말하는 기대행동이라고 할 수 있다. 이러한 사회적 지위와 역할은 한 개인이 행사할 수 있는 권력, 사회적 영향력, 그리고 삶의 질을 결정하는 매우 중요한 요소가 된다(권중돈, 2007). 그리고 역할은 사회적 행동과 밀접한 관계를 지니고 있다.

첫째, 역할은 주어진 어떠한 상태하에서 어떠한 활동과 행동의 필연적임을 의미한다.

둘째, 역할은 상호작용을 내포하고 단독으로 수행되는 역할은 없다.

셋째, 역할의 의미는 인간들 속에, 그리고 그들 사이의 활동과 상호작용하는 가운데에서 존재하는 일정한 사회적 기준과 사회적 기대이다.

넷째, 역할은 타인들과 주고받는 관계를 갖는 인간 활동에서는 어떠한 경우에도 활동 그 자체 속에 또는 상호작용의 관계 속에 또는 그 쌍방에 어떤 정서적 가치나 감정이 깃드는 경향이 있음을 의미한다(장인협 · 최성재, 2002).

일반적으로 역할은 "어떤 지위를 차지한 한 개인이 그 지위에 부여된 기대에 따라 수행하는 행동"이라고 정의된다(Sabin, 1954). 노인이 되면서 부모로서의 역할은 점차 상실하게 되므로 지속적으로 맡게 될 역할과 함께 새로 발견하고 새롭게 맡아야 할 역할이 무엇인지를 살펴보는 것이 노년기에 아주 중요하다고 할 수 있다.

개인은 자신의 지위 및 역할이 부여하는 활동범위 내에서 타인과 상호작용함으로써 자아개념을 형성하게 된다. 따라서 활동은 노인 스스로가 자아개념을 확인하는 데 필요한 다양한 역할 지지를 제공하게 되어 활동이 많으면 역할 지지가 커지고 역할 지지가 커지면 자아개념이 더 긍정적이고, 자아개념이 더 긍정적일수록 생활만족도는 더 높게 나타난다(Lee & Ok, 1994). 산업화 과정에서 나타나는 산업구조의 변화와 생산기술의 발전으로 인해 노인들의 경험이나 지식이 이제 불필요하다고 여겨지는 경우가 많다. 이러한 역할의 상실로 인해 노인들의 지위와 권위는 크게 저하되었고 자아의지 기반을 잃고 사회적 일체감이 저하된 채 자아존중감을 상실하게 되는 경우도 많다. 물론 고학력 노인들이 갈수록 증가함에 따라 점차 다시 사회통합의 주체로 재등장할 가능성도 아직은 남아있다. 역할상실을 가족의 범위에서 다시 살펴보기로 한다.

① 가족 내 역할상실

가족 내 역할에서 노인의 역할상실 문제는 자녀가 성장 · 독립 · 출가하는 과정에서 양육역할의 축소와 상실을 비롯하여 배우자의 상실에서 비롯한 배우자 역할상실 등을 경험한다. 그리고 조부모의 역할획득 이외에는 새로운 역할획득과 대체할 만한 역할이 없기 때문에 더더욱 노년기의 생활

적응에 어려움을 가지게 된다. 특히 여성 노인의 경우, 남성 노인들보다 경제활동 참여율이 낮아 대부분 가사 일을 통한 비경제활동을 하고 있으며, 배우자의 사망으로 인한 역할상실과 더불어 며느리에게 가사권 이양, 빈둥지 가정 등 역할의 상실과 변화를 경험하게 된다(김순기 · 유영주, 1999).

② 가족 외 역할상실

노인의 역할활동과 생산성은 성공적 노화의 중요한 요인으로 간주되고 있다. 에릭슨(Erikson, 1984)에 의하면 생산성은 타인과 나누어 갖고, 주는 느낌, 자신의 자녀를 포함한 미래세대의 복지 및 그들이 살아갈 세계에 대해 염려하는 것, 개인의 취미나 능력, 재능들을 사용하여 생산적이고 창조적인 업적을 이루려고 추구하는 것을 의미한다(박경란 · 이영숙, 2002). 노인의 경우는 가족 내 역할에서보다는 사회적 역할에서 만족을 더욱 얻는 경향이 있다. 따라서 은퇴는 도구적 역할이 상실되는 것이고 직업과 사회로부터 고립되는 것이다.

참고 | 노인문제 원인의 인과적 관계 및 노인문제의 양상

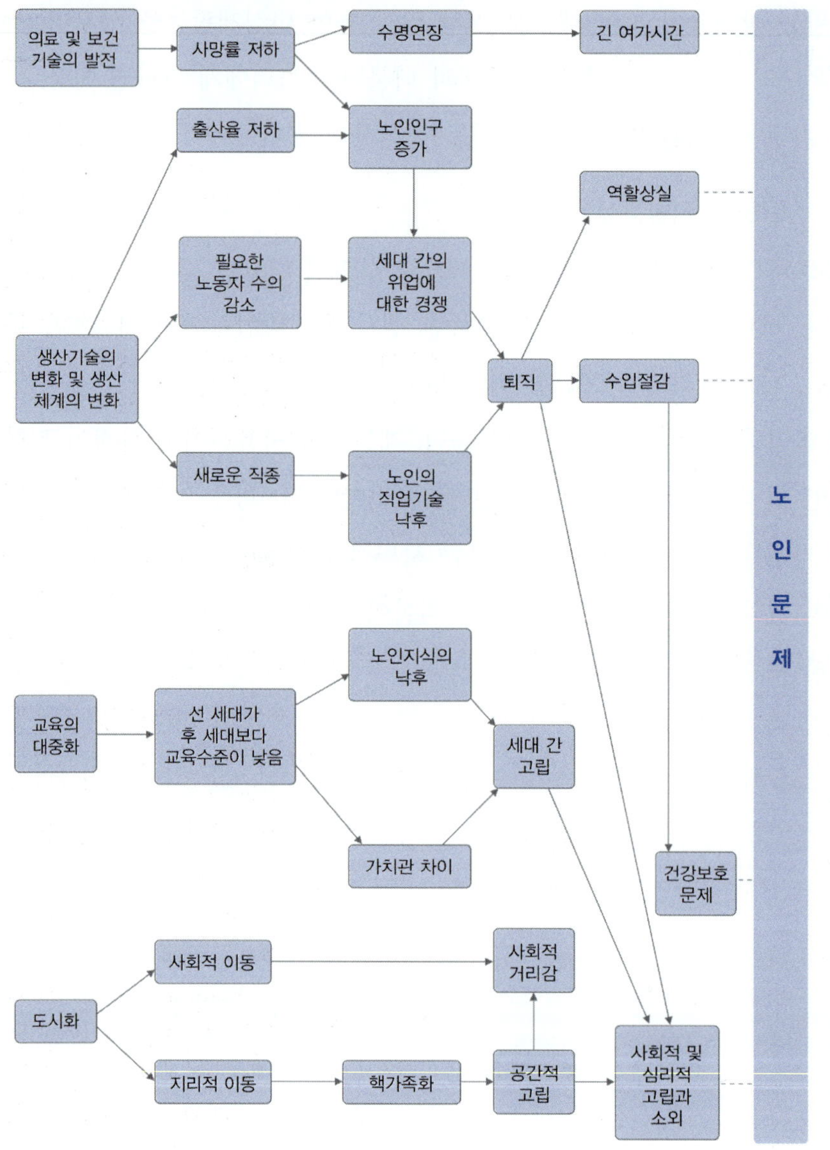

출처 : Choi(1996).

제3절 노인복지의 이해

1. 노인복지의 개념

1) 사회복지 그리고 광의와 협의의 노인복지

노인복지의 개념에 앞서 사회복지의 개념을 살펴보기로 한다. 사회복지는 개인이나 집단의 생활이나 건강이 만족할 만한 수준에 도달할 수 있도록 계획된 사회적 서비스 및 제도의 조직적 체계이다. 즉, 사회복지는 전체 국민이 만족할 만한 생활수준인 생활의 질을 유지할 수 있도록 계획된 사회적 제도의 체계라고 할 수 있다. 이렇게 볼 때, 노인복지는 **전체 국민의 일부인 노인이 만족할 만한 생활수준을 유지할 수 있도록 계획된 사회적 제도의 체계**라고 할 수 있다.

노인복지의 개념은 그 대상에 따라 <표 1-2>와 같이 광의와 협의로 나눌 수 있다. 광의의 노인복지는 전체 노인을 대상으로 하는 보건, 의료, 주택, 고용, 사회정책, 사회보장 등 다차원적인 서비스이다. 협의의 노인복지는 요보호 노인을 대상으로 하는 보호, 지도, 치료, 재활 등의 서비스이다. 이 두 가지 개념 중 현대사회는 광의의 개념이 일반적으로 수용되고 있는데, 노인복지는 단순한 구빈사업이나 보호의 개념이 아니고 노인이 하나의 독립된 인간으로서 기본적인 욕구충족과 문화적 생활을 영위하며 가정이나 사회에서 존경받고 역할과 지위를 유지함으로써 삶의 보람을 갖도록 하는 데 그 목적이 있다. 즉, 노인복지는 노인들이 인간답게 살도록 돕는 사회의 협력이다. 이러한 구빈사업은 물론 인간으로서 기본욕구를 충족하고 문화생활을 하며 삶의 의미를 찾게 하는 예방적이고 개발적 의미를 지니기도 한다.

〈표 1-2〉 광의와 협의의 노인복지

구 분	서비스 대상
광의의 노인복지	모든 노인의 생활상의 안정, 의료, 교육, 취업 등 사회적 서비스의 제공을 포함한 광범한 사회적 정책
협의의 노인복지	퇴직·빈곤·질병 등 제 원인으로부터 발생되는 생활 곤궁, 고독, 욕구, 불만, 삶의 보람을 상실한 노인에게 개별적인 공적 부조, 생활지도, 자립촉진 등과 같은 구체적인 보호나 육성·갱생을 위한 일련의 사업과 노인 개개인의 생활의 기쁨과 장수할 수 있도록 사회적으로 조직된 서비스

2) 인간다운 생활 보장

노인복지는 노인이 인간다운 생활을 영위하면서 자기가 속한 가족과 사회에 적응하고 통합될 수 있도록 하기 위해 필요한 자원과 서비스를 제공하는 공적·사적 차원의 조직적 제반 활동을 의미한다. 결과적으로 노인복지는 노인이 인간다운 생활－**노인이 속한 사회의 발전수준에 비추어 의식주의 기본적인 욕구 충족, 건강하고 문화적인 삶을 사는 것**－을 유지하면서 자기가 속한 가족과 사회에 적응하고 통합－**노인이 속한 사회적 조직망에서 사회적·심리적으로 소외감 느끼지 않게 되는 것**－될 수 있도록 필요한 자원과 서비스를 제공하는 데 관련된 공적 및 사적 차원에서의 조직적 제반 활동으로 볼 수 있다. 더불어 노인복지는 노인들이 최저수준 이상의 생활을 유지하고 사회적 욕구 충족과 생활상의 문제를 예방하고 해결하며, 노후생활에 대한 적응과 사회통합을 이루는 데 필요한 급여와 서비스를 제공하는 공공과 민간부문의 조직적이고 전문적인 제반 활동이다(권중돈, 2012). 노인복지의 수요는 갈수록 많아지며 노인복지는 사회복지 분야에 큰 비중을 차지하며 생물학, 의학, 보건학, 간호학, 심리학, 사회학, 경제학 등 다양한 학문의 지식을 필요로 하는 다학문적 성격을 지니고 있다(이해영, 2009).

2. 노인복지의 필요성

21세기에 들어와서 의료기술의 발전에 따라 인간의 평균수명이 연장되어 인구 고령화가 심해지고 있다. 현재 대부분의 인간은 노년기를 경험하게 되었는데, 이에 따라 우리 사회는 고령화 시대가 도래하였다. 이와 같은 시대 배경에 맞추어 국가가 노인 문제를 기초로 하고 노인복지의 목적에 착안하여 노인의 노후생활을 보장할 수 있는 노인복지의 필요성이 점점 대두되고 있다. 이런 노인복지의 필요성은 주로 소득보장의 측면과 의료보장의 측면 그리고 사회적 서비스의 측면에서 나타나고 있다.

1) 소득보장의 필요성

노인은 정년퇴직 후 재취업이 어렵고 또 수명의 연장에 따라 빈곤이 장기화될 우려가 있다. 즉, 노인은 신체적 원인 때문에 노동능력이 저하되어 일을 계속할 수 없게 되거나 노동시장에서의 경쟁력을 상실하게 될 우려가 있다. 따라서 노인은 경제상의 곤란을 겪게 되며 이러한 곤란은 직접적으로 노인의 노후생활의 질에 영향을 미치고 있다. 노인의 노후생활을 보장하는 데에 가장 중요한 것은 노후소득을 보장하는 것이다. 노인 빈곤의 원인은 노인 자신에 있는 것이 아니라, 생물적·사회적 원인에 의해 발생하게 된다. 즉, 노인의 빈곤문제는 사회적 문제이고 노인 자신의 노력으로는 이를 해결할 수 없으며, 이를 해결하는 유일한 대책은 바로 사회적·국가적 차원에서 노인의 소득을 보장하는 제도를 만드는 것이다.

2) 의료보장의 필요성

노인들의 의료보장 문제는 세계 각국의 보편적 문제이다. 노인의 생리적인 문제, 즉 신체와 정신상의 퇴화로 인하여 대부분 노인은 만성질환이 걸리게 된다. 이는 노인들의 불가피한 사실이고 노인들이 가장 걱정하는 문제이다. 인구 고령화에 의해 노인들의 질병 발병률이 급격하게 상승하였고, 이에 따라 의료비 지출도 많아져 노인 및 가정의 경제적 부담을 가중시키고 있다. 또한 노인병의 치료와 간호는 집중적으로 이루어져야 하지만 경제적인 부담으로 치료를 받지 못하는 경우가 많다. 각국은 의료보장에 관한 제도를 보편적으로 마련하였으나, 다수 국가의 제도는 인구 고령화 발전에 순응하지 못하여 노인들의 의료보장에 대한 수요를 만족하지 못하고 있다. 그렇기 때문에 국가는 인구 고령화의 진행에 착안하여 본국 국정에 맞는 의료보장제도를 마련할 필요가 있다. 의료보장제도는 국민이 질병, 부상, 분만, 사망 등의 요인으로 인한 생활상의 불안을 방지하는 것을 목적으로 국민의 최소한의 생활을 보장하고 국민이 노후생활을 영위하도록 한다. 즉, 국민들이 공동으로 책임을 짐으로써 사회정의 실현과 사회연대를 도모하고자 의료보장제도가 필요한 것이다.

3) 사회적 서비스의 필요성

산업화의 영향과 가정관의 변화 등에 따라 사회 가족구조는 점점 핵가족화로 전환되었고 노인들에 대한 인식이 변화되어 노인들은 고독을 느낄 수 있다. 이런 사회변화에 따라 노인의 고독문제는 사회적 문제로 발전하였고 이런 사회 핵가족화 현상에 따른 노인의 소외감을 배제하기 위하여 사회적 서비스의 중요성이 드러나고 있다. 여기서 말하는 사회적 서비스는 주로 노인복지법상의 복지 배치와 노인복지시설을 말한다. 이런 사회적 서비스의 출현은 노인들의 노후생활을 풍부하게 하고 노인의 의욕상실 등으로 인한 노인의 심리문제 해결에 큰 작용을 하고 있다.

3. 노인복지의 특성

1) 욕구의 다원성

노인의 욕구는 다원적이다. 인간의 욕구는 유아기에는 단순하다가 점점 다양해진다. 그리고 노인이 되면 그 욕구는 경제적인 빈곤, 건강의 악화, 역할의 상실, 고독감 등의 어려운 문제에 당면하고 있으면서 거기에 더해 후손들의 장래에 대한 걱정과 어른으로서 대접받고 싶은 욕구 등 복합된 다원성을 띠고 있다.

2) 대상의 보편성

인간은 누구나 정상적인 삶을 거치는 한 숙명적으로 노인이 될 수밖에 없다. 따라서 노인복지는 모든 사람이 언젠가는 노인이 된다는 점에서 다른 분야에 비하면 그 대상에 보편성을 가지고 있다. 이런 면이 노인복지의 중요성을 강조하게 되는 부분이다. 따라서 인간은 모두 노인이 된다는 점에서 요보호자 중심의 복지와는 달리 대상의 보편성을 그 속성으로 하고 있다.

3) 대상의 격증성

현대사회는 노인의 수가 급격히 증가하고 있다. 즉, 인구의 자연적인 증가와 의학의 발전 및 생활의 향상으로 인한 평균수명의 연장, 새로운 기술 또는 정년제 등의 제도적 요인에 의해 노인층이 증가하고 있다. 여기에서 파생되는 문제는 노인복지 차원의 문제 이전에 현대사회가 해결해 나가야 할 중요한 과제이기도 하다. 결과적으로 인구의 자연적인 증가 현상과 의학의 발달을 비롯하여 생활 수준의 향상에 따른 평균수명의 연장과 인구의 고령화 현상과 오늘날 산업화와 도시화 사회에 새로운 기술 개발과 구조조정, 정년제 등 인위적인 정책에 따른 제도적인 요인도 노인복지 대상을 급증시키고 있다.

4) 선 봉사 후 수혜성

노인은 일생을 통하여 그들의 심신을 가족과 사회국가를 위하여 헌신하여 왔으므로 노후에는 가정과 사회국가로부터 건전하고 평안한 생활을 유지하도록 보장되어야 한다는 것이다. 이것은 노인의 권리이며 도덕적인 문제이다. 그런 의미에서 노인을 공경할 수 있도록 하는 정책적 배려가 필요하다. 그러므로 노인복지는 사회성, 전체성, 주체성, 현실성을 특성으로 하는 행정이라고 할 수 있다. 결과적으로 현재의 노인은 경제활동이 가능했던 활동기간 중에 보험료 또는 납세 등에 의해 보험재정이나 국가재정에 기여해 왔으며 사회적 활동을 통해 사회발전에 기여해 왔기 때문에 경제능력을 상실한 노후에는 오늘의 경제활동 인구층으로부터 부양받을 권리를 가지고 있다.

4. 노인복지의 목표

1) 개인의 성장 욕구 충족

노인복지 프로그램은 노인이 개인으로서 자기의 고유하고 특수한 욕구를 충족하고 또한 노년기의 발달적 과업을 잘 성취할 수 있도록 하는 데 그 목표를 두어야 한다.

2) 사회적 통합의 보장

사회적 통합은 개인이 자기가 속한 사회체계인 가족, 이웃, 집단, 조직,

지역사회 및 국가와 사회 등에 심리적, 사회적으로 유대감을 가지고 적응하고 있는 상태이다. 노인들의 사회적, 심리적 욕구를 충족시키고 노후생활의 고독과 소외감을 방지하기 위해서는 노인들을 사회적으로 통합시킬 수 있는 프로그램이 필요하다. 예를 들면, 노인취업을 장려하여 직장활동을 통한 사회적 통합과 공동주택, 노인주거동, 편의시설설비 주택, 3세대 주택 등 주거환경을 통한 환경적 통합, 여가활동, 종교활동, 사회활동 등을 통해 이루어지는 세대 간의 통합, 주간보호사업, 시설노인방문 등 노인복지서비스를 통한 노인세대와 지역주민 간의 통합 등을 들 수 있다.

3) 기본적인 삶의 질 유지

노인의 삶은 노인 자신의 기초적인 생계 보장과 함께 노인을 둘러싼 중요한 환경으로서 가족관계의 유지도 매우 중요하다. 노인부양과 돌봄, 정서적 안녕과 삶의 기쁨은 가족이라는 환경에 의해 조건을 갖추기 때문이다. 통합적으로 살펴보면, 노인복지의 일반적 목표는 다음과 같다(최성재·장인협, 2002).

첫째, **국민적 최저수준의 생활 유지이다.** 이는 경제적인 조건과 정치적 상황, 과학적 지식의 상태, 정치적 압력 단체의 활동 정도 등의 영향에 따른 상대적 성격으로 건강하고 문화적인 생활을 영위할 수 있는 정도의 빈곤선(poverty line)을 유지하는 것이다.

둘째, **사회적 통합 유지이다.** 개인이 속한 사회체계인 가족, 이웃, 집단, 조직, 지역사회 및 국가사회 등에 사회·심리적으로 유대감을 갖고 적응하고 있는 상태를 말한다.

셋째, **개인의 성장욕구 충족이다.** 이는 인간 성장의 마지막 단계로 성공적인 노년기 삶을 위한 발달과업을 영위하는 것이다.

4) 건강한 노후생활의 보장

성공적인 노후생활을 위해서 건강 유지는 필수 조건이다. 노인들의 건강 문제는 과거의 치료중심에서 질병예방, 보건관리, 건강보호 등을 강조하는 건강증진 프로그램을 적극 추진해야 한다. 병약한 노인들도 병원이나 요양 시설에 장기간 수용하여 치료하는 것보다는 가정과 지역사회에서 지역사회의 모든 자원을 활용하여 보호하는 것이 더 경제적이고 인간적인 접근으로, 이를 위한 다양한 재가노인복지 프로그램이 개발되고 있다.

5) 생산적인 노후생활의 보장

생산적인 노후생활의 보장은 고령인구의 빈곤 문제를 근본적으로 해결하면서 동시에 노인의 심신 건강을 유지할 수 있도록 취업활동이나 지역사회 봉사활동을 통하여 생산적인 노후생활을 계속하도록 지원하는 것이다. 이를 위해 정년연령을 연장하거나 계속해서 일하기를 원하고 일할 능력이 있는 사람에게는 언제까지나 근무할 수 있는 자유정년 퇴직제를 실시하여 은퇴한 노인들에게도 재취업의 기회를 제공하여 생산적인 활동을 계속할 수 있도록 지원하는 것이다. 취업을 원하지 않는 노인들은 자원봉사활동, 학습활동, 사회활동 등 의미 있는 여가활동을 통해 보람 있고 생산적인 노후생활을 계속하도록 정책적인 지원을 해야 한다.

5. 노인복지의 원칙

고령화 관련 국제행동계획과 노인을 위한 UN원칙(UN Principles for Older Persons)은 노인의 지위와 관련되어 다섯 가지 분야로 구성되어 있고 세부사항은 18개 항으로 되어 있다(Nusberg, 1991).

1) 독립의 원칙

- 소득, 가족과 지역사회의 지원 및 자조를 통하여 적절한 식량, 물, 주거, 의복 및 건강 보호에 접근할 수 있어야 한다.
- 일을 할 수 있는 기회를 제공받거나 다른 소득을 얻을 수 있는 기회에 접근할 수 있어야 한다.
- 직장에서 언제, 어떻게 그만둘 것인지에 대한 결정에 참여할 수 있어야 한다.
- 적절한 교육과 훈련 프로그램에 접근할 수 있어야 한다.
- 개인의 선호와 변화하는 능력에 맞추어 안전하고 적응할 수 있는 환경에서 살 수 있어야 한다.
- 가능한 한 오랫동안 가정에서 살 수 있어야 한다.

2) 참여의 원칙

- 사회에 통합되어야 하며, 그들의 복지에 직접 영향을 미치는 정책의 형성과 이행에 적극적으로 참여하고 그들의 지식과 기술을 젊은 세대와 함께 공유해야 한다.
- 지역사회 봉사를 위한 기회를 찾고 개발하여야 하며, 그들의 흥미와 능력에 알맞은 자원봉사자로서 봉사할 수 있어야 한다.
- 노인들을 위한 사회운동과 단체를 형성할 수 있어야 한다.

3) 보호의 원칙

- 각 사회의 문화적 가치체계에 따라 가족과 지역사회의 보살핌과 보호를 받아야 한다.
- 신체적, 정신적, 정서적 안녕의 최적 수준을 유지하거나 되찾도록 도와주고 질병을 예방하거나 그 시작을 지연시키는 건강보호에 접근할 수 있어야 한다.
- 그들의 자율과 보호를 고양시키는 사회적, 법률적인 서비스에 접근할 수 있어야 한다
- 인간적이고 안전한 환경에서 보호, 재활, 사회적, 정신적 격리를 제공하는 적정 수준의 시설보호를 이용할 수 있어야 한다.

- 그들이 보호시설이나 치료시설에서 거주할 때도 그들의 존엄, 신념, 욕구와 사생활을 존중받으며, 자신들의 건강보호와 삶의 질을 결정하는 권리도 존중받는 것을 포함하는 인간의 권리와 기본적인 자유를 향유할 수 있어야 한다.

4) 자아실현의 원칙

- 자신들의 잠재력을 완전히 개발하기 위한 기회를 추구하여야 한다.
- 사회의 교육적, 문화적, 정신적, 여가에 관한 지원에 접근할 수 있어야 한다.

5) 존엄의 원칙

- 존엄과 안전 속에서 살 수 있어야 하며, 착취와 육체적, 정신적 학대로부터 자유로워야 한다.
- 나이, 성별, 인종이나 민족적인 배경, 장애나 여타 지위에 상관없이 공정하게 대우받아야 하며, 그들의 경제적인 기여와 관계없이 평가되어야 한다.

이 외에도 UN총회는 1999년 세계노인의 해를 선포하고 '모든 연령을 위한 사회를 향하여'라는 기본 원칙하에 세대 간의 연대를 강조했다. 이의 목표는 노인이 가정이나 사회로부터 격리되거나 소외되지 않고 젊은 세대와 상호의존적인 관계 속에서 통합적인 노후생활을 영위하고 자신의 잠재능력을 개발하고 기본 욕구를 충족할 수 있도록 사회구조와 정책 등이 조정되어야 한다는 것이다. 노인의 인권에 관한 독립적인 인권선언이나 조약이 채택되지는 않았지만 한 연령집단으로서의 노인도 다른 연령집단과 다름없이 국제적으로 보장되고 있는 모든 인권을 향유해야 할 권리의 주체이다. 그리고 국제조약, 노인과 관련된 ILO조약은 모든 인간이 누구나 누려야 할 권리로서 노동권, 공정하고 유리한 노동조건을 누릴 권리, 노동조합에 대한 권리, 사회보장에 대한 권리, 인간답게 생활할 권리, 교육권, 휴식과 여가에 대한 권리, 문화적 권리 등을 보장하고 있다.

제4절 노인복지의 발달

1. 삼국시대~조선시대

이 시대에는 왕의 인의(仁義)에 의한 자선적이고 선별적인 권위적 주제와 구휼이 주류를 이루었다. 삼국시대에는 환과고독(鰥寡孤獨)을 대상으로 양로연이나 효자에 대한 표창을 하였다. 고려시대에는 불교의 자비사상에 의한 구제와 보호사업, 대정(待丁, 928년, home helper의 효시), 동서대비원에서의 의료 구제 등이 있었다. 조선시대에는 유교의 경로효친에 근거하여 부양자 없는 노인과 양반 관리자에 시혜를 베풀었다. 그리고 자노소(耆老所, 1394년, 양반, 양로시설 효시), 양민원(養民院, 1403년, 무의무탁노인), 양노법(養老法, 1425년, 시설운영 법률) 제정, 치사제도(致仕制度, 1451년, 정년퇴직제도 효시)가 있었다.

2. 일제 강점기~1950년대

일제 강점기에는 일제가 식민통치 반발의 무마를 위해 빈민구제와 총독부 내에 사회과를 설치하여 노인보호업무를 관장하였으며, 1921년 최초로 양로시설을 설립하였고 1944년 조선구호령 공포로 65세 이상 극빈 및 무의탁 노인을 보호하였다. 해방부터 1950년대에는 전쟁고아와 피난민 등에 대한 응급구호사업에 주력하여 노인복지는 상대적으로 위축되었다. 그리고 1948년 헌법에 노인의 생존권 보장을 명시하였으며 1959년 노인복지시설 41개소를 운영하였다.

3. 1960~1970년대

1960년대는 생활보호법(1961), 공무원연금법(1962), 군인연금법(1963), 사회보장에 관한 법률(1963) 등의 제정으로 사회보장의 기틀을 마련하였다. 그러나 경제발전 논리에 밀려 발전하지는 못하였다. 1970년대에는 노인문제가 사회적 관심을 얻게 되지만 생계보호수준에 그쳤으며 경로효친사상의 앙양을 강조하여 가족에 의한 노인부양을 유도하려고 노력하였다.

4. 1980년대

1980년대에는 노인복지제도 기반의 확충(노인복지법 제정과 개정)과 노인복지법의 한계와 가족부양을 강조하였고 경로우대제, 경로헌장, 노인능력은행, 무료 노인건강진단, 노인공동작업장을 운영하였다.

5. 1990년대

1990년대에는 노인복지의 확대발전기로 유료노인복지시설 운영에 개인과 기업의 참여를 허용하였다(1993). 그리고 재가노인복지사업 확대와 노인복지전달체계 확대개편, 소득, 의료, 주거, 사회서비스의 기본 체제를 완비하였다. 1990년대 후반에는 복지와 보건의 통합, 지역・재가서비스의 강화와 복지공급주체의 다양화, 사전예방 강화를 추진하였지만 실제 서비스와는 괴리가 있었다.

6. 2000년대

2000년대에는 노인복지제도의 변혁과 발전이 동시에 이루어진 시기이다. 신규 정책사업으로는 저소득노인 식사배달사업, 시니어클럽 운영, 안검진 및 개안수술 지원, 노인보호전문기관 운영, 노인일자리 전담기관 운영, 노인돌봄서비스, 기초노령연금제도, 노인장기요양보험제도 등이 있었다.

7. 2010년대

2010년대에는 요양보호사 자격시험이 처음으로 시행(2010년 8월)되었다. 더 활기찬 노년을 위해 2011년 '10만 노인 전문봉사자 육성 프로젝트'를 가동하고, 이를 위해 '1만 노인 자원봉사 지도자' 양성과 '5000 노인자원봉사클럽'을 육성하였고 민간기업의 노인 인력 인턴 채용을 지원하는 '시니어인턴십 프로그램', 고령자의 경륜과 지식을 활용해 시장 창업활동을 지원하는 '고령자 친화형 전문기업 육성' 같은 신규 사업도 시작하였다. 그리고 장기요양서비스의 내실 있는 제공과 함께 대상자 확대를 추진하고, 가족에 의한 장기요양서비스 제공 시 합리적 보상, 시설평가 의무화를 통한 서비스 질 개선 등을 추진하였다.

8. 2020년대 이후

2020년대 이후에는 노인돌봄기본·종합서비스, 단기가사서비스, 독거노인 사회관계 활성화, 초기 독거노인 자립지원, 지역사회자원연계를 통합·개편하여 노인맞춤돌봄서비스를 시행하고 있다. 더불어 노인요양, 치매 및 건강보장, 노인 사회활동 및 여가활동 지원, 노인돌봄 및 지원서비스, 경로효친사상 및 노인봉양의식 제고, 장사시설 설치·운영 등이 시행되면서 국가책임이 활성화되고 있다.

CHAPTER 02

고령사회의 도래

영국의 미래재단은 2010년에 태어나는 사람의 평균수명은 120세로, 미국의 과학저널 사이언티픽 아메리카는 2050년 인류의 평균 수명을 150세로 예견하고 있다. 만약 그 예견이 현실이 될 경우 금세기 후반기의 지구는 노인들의 세상이 될 전망이다. UN 인구국은 최근 세계 인구 중 60세 이상의 비율이 2019년 9.9%에서 2050년에는 22.1%에 이를 것으로 예견했다. 최근에 이르러 세계 인구는 유례없이 급증하고 있으며 동시에 고령인구층의 증가가 뚜렷하게 나타나고 있다. 대부분 산업화된 선진국가에서는 노인인구가 차지하는 비율이 증가하고 있으며 그러한 현상은 서구 선진국에서만 나타나는 현상이 아니라 제3세계에서도 동일하게 나타나는 현상으로서 현대 산업사회의 공통적 특징이라고 할 수 있다.

고령화 현상을 설명하는 가장 대표적인 용어는 '**급격한 고령화**'이다. 고령화 수준에 따른 사회 구분에 의하면 고령화율이 7%를 넘으면 고령화사회(aging society), 14% 이상이면 고령사회(aged society), 20% 또는 21%를 넘는 경우 초고령사회(super aged society)로 구분된다. 인구 고령화는 사회문제가 아닌 사회현상이다. 전 세계적으로 인구 고령화는 산업화된 많은 국가에서 나타나는 인구 특성으로 이들 국가에서 인구 고령화는 이미 제2차 세계대전 이전부터 서서히 나타나 안정화되는 특성을 보였다. 우리나라는 2000년 고령화사회(고령화율 7% 이상)를 거쳐 2018년에는 고령사회(고령화율 14% 이상), 2025년에는 초고령사회(고령화율 20%)에 진입할 것으로 예상된다. 인구 고령화율은 급속하게 상승해 2060년에는 세계 최고 고령화 국가인 일본을 앞설 것으로 예상된다. 이와 같은 인구 고령화는 단순히 고령자의 삶뿐만 아니라 경제와 산업 그리고 사회보장을 비롯한 사회 전 영역에 변화를 초래할 것으로 예측된다.

제1절 장래인구 및 노인인구의 증가

1. 장래인구 추계

세계 인구는 2022년 79억 7천만 명으로 1970년 대비 2.2배 수준으로 증가하였고, 2070년에는 103억 명으로 증가할 것으로 전망된다. 향후 우리나라 인구는 2022년 5천 2백만 명에서 2070년에는 3천 8백만 명으로 감소할 것으로 전망되고 있다(그림 2−1).

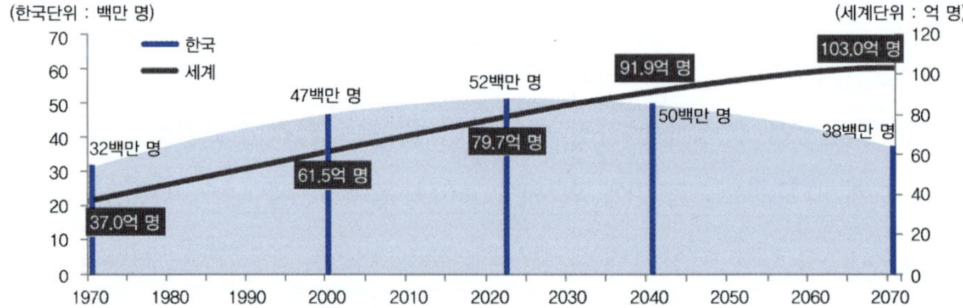

|그림 2-1| 세계와 한국의 인구 추이

출처 : 통계청(2022).

2022년 세계와 우리나라와의 인구성장률은 |그림 2-2|와 같이 각각 0.83%, −0.23% 수준으로 전망되었다. 2040년에는 세계는 0.65%, 우리나라는 −0.35%, 2070년에는 세계는 0.18%, 우리나라는 −1.24% 수준이 될 전망이다.

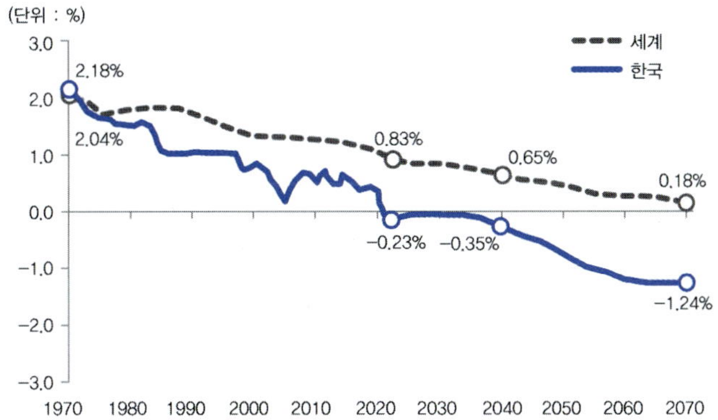

|그림 2-2| 세계와 한국의 인구성장률 추이

출처 : 통계청(2022).

2. 장래 노인인구 추계

2022년에서 2070년 기간 동안 |그림 2-3|과 같이 세계와 우리나라의 유소년인구(0~14세) 구성비는 각각 6.8%p, 4.0%p 감소하고, 생산연령인구(15~64세)도 각각 3.5%p, 24.9%p 감소할 것으로 전망된다. 반면에 65세 이상 고령인구 구성비는 각각 10.3%p, 28.9%p 증가할 것으로 전망된다. 그리고 북한의 경우도 2022년에서 2070년 기간 동안 유소년인구 및 생산연령인구의 구성비는 각각 4.4%p, 9.9%p 감소하고, 고령인구 구성비도 14.3%로 증가할 것으로 전망된다.

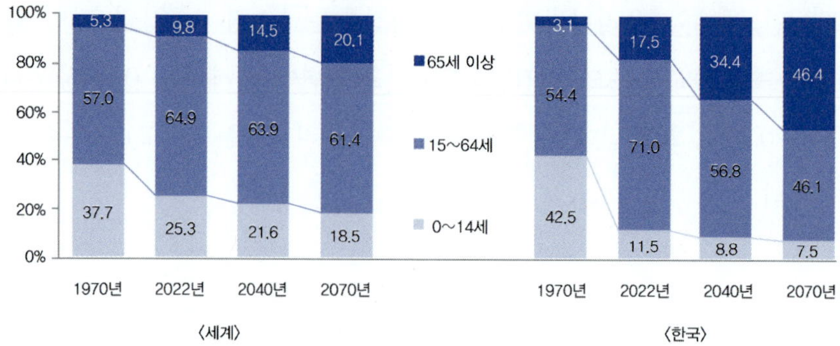

|그림 2-3| 세계와 한국의 인구구조

출처 : 통계청(2022).

우리나라의 생산연령인구 구성비는 1970년 54.4%에서 2012년(73.4%)을 정점으로 감소하여 2022년 71.0%, 2040년 56.8%, 2070년에는 46.1% 수준까지 낮아질 것으로 전망된다(그림 2-4). 우리나라의 고령인구 구성비는 2022년 17.5%로 1970년 3.1% 대비 6배 수준으로 증가하였다. 향후 2070년에는 46.4%로 높아질 것으로 전망된다(그림 2-5).

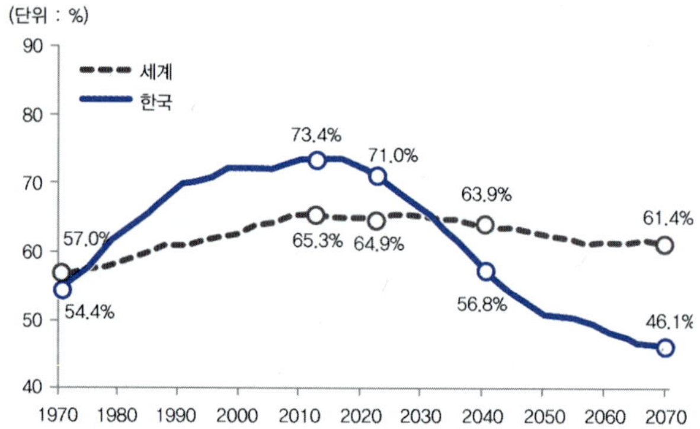

|그림 2-4| 세계와 한국의 생산연령인구 구성비 추이

출처 : 통계청(2022).

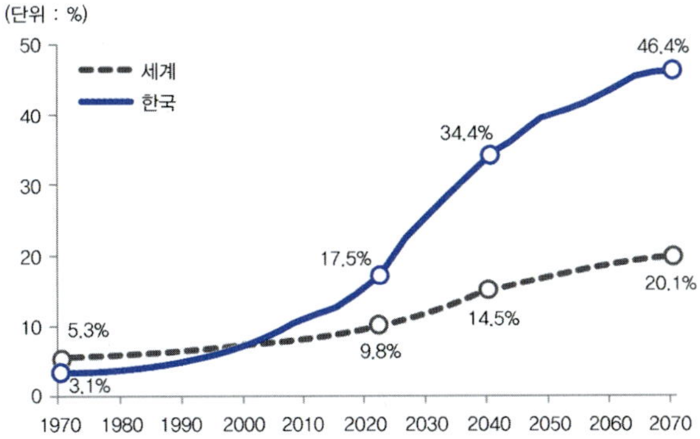

|그림 2-5| 세계와 한국의 고령인구 구성비 추이

출처 : 통계청(2022).

3. 합계출생률과 기대수명

세계의 합계출생률은 2021년 2.32명으로 1970년 4.83명에 비해 2.51명 감소한 수준이다. 우리나라의 합계출생률은 2021년 0.81(2023년 0.72명)명으로 1970년 4.53명에 비해 3.72명 감소한 수준이다(그림 2–6).

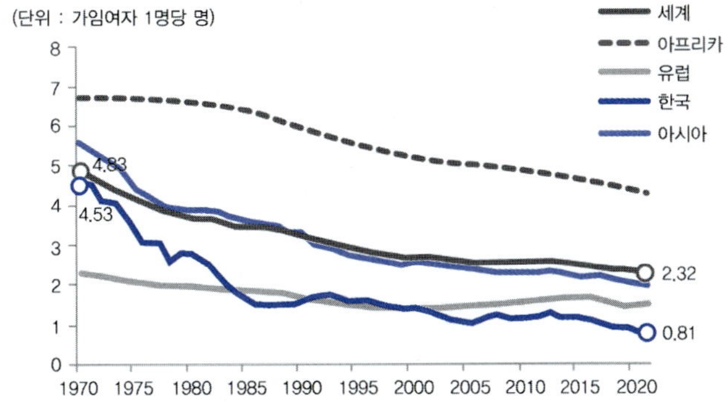

|그림 2-6| 세계와 한국의 합계출생률 추이

출처 : 통계청(2022).

그리고 세계의 기대수명은 2020년 72.0세로 1970년 56.1세에 비해 15.9세 증가하였으며 우리나라의 기대수명은 2020년 83.5세로 1970년 62.3세에 비해 21.2세 증가하였다(그림 2-7).

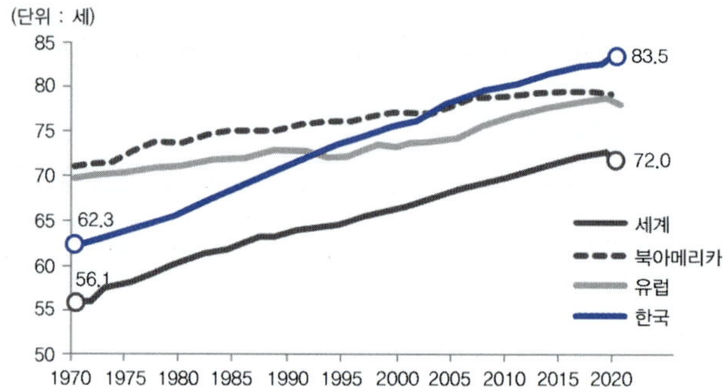

[그림 2-7] 세계와 한국의 기대수명 추이

출처 : 통계청(2022).

제2절 인구 고령화의 특징

1. 빠른 고령화 속도

인구 고령화는 전체 인구 중 노인이 차지하는 비중이 증가하는 것을 말한다(박경숙, 2003). OECD에서 인구 고령화는 젊은 근로층이 나이 든 근로층 및 퇴직한 고령인구로 변화하는 것을 의미한다(OECD, 1998). 현대사회는 산업화의 진행속도가 빠른 만큼 고령화의 속도도 매우 빠르다는 점을 주요 특징으로 들 수 있다. 주요 선진국이 고령화사회(aging society)에서 고령사회(aged society)에 진입하는 데 평균 45년이 소요된 데 비해 우리나라는 약 19년(일본은 24년)이 소요되었고, 향후 고령사회에서 초고령사회(super aged society)로 진입하는 데에는 선진국이 약 30년, 우리나라는 약 7년(일본은 12

년)이 소요될 것으로 예상된다. 빠른 고령화 속도는 선진국보다 개도국에서 더 빠르게 진행되고 있고, 세계에서 가장 빠르게 성장하는 연령집단이 80세 이상의 '**고령노인**(old-old)' 집단이라는 것이다. |그림 2-8|은 총인구에 대한 연령별 인구구성비(%)를 이용하여 작성되었는데, 세계와 우리나라의 인구 피라미드를 2022년에서 2070년까지를 추계한 것이며 세계 인구 추이인 종 모양 대비 우리나라 인구구조는 표주박형으로 심각한 저출생·고령화의 형태를 보이고 있다.

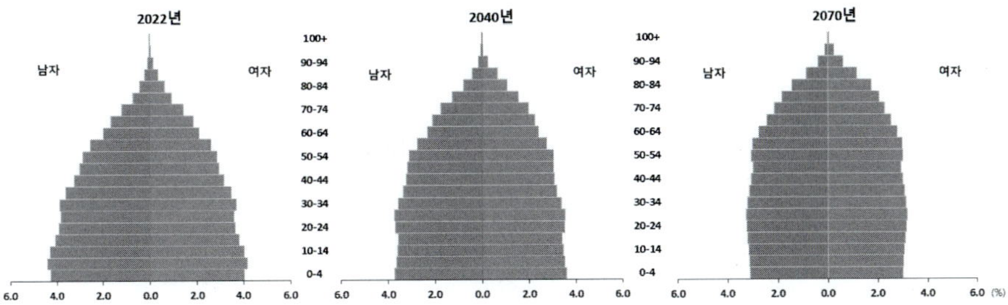

〈세계〉

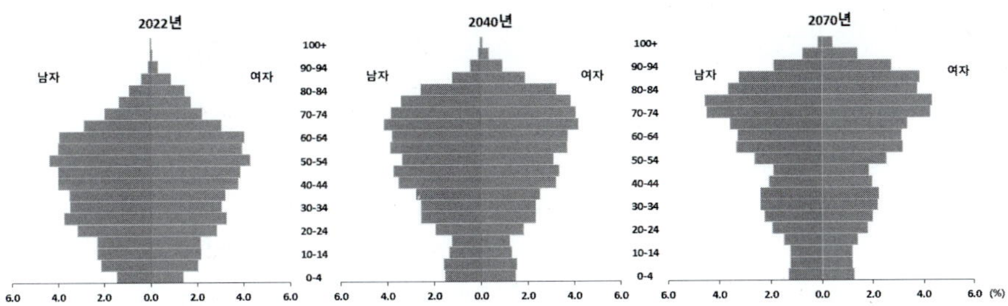

〈한국〉

|그림 2-8| 세계와 한국의 인구 피라미드

1) 출생률의 급격한 하락

우리나라의 고령화 속도가 빠른 원인은 고령화 정도[1)]별 출생률의 움직임으로 알 수 있다. 2015년 기준으로 고령화사회에 속하는 국가들[2)]은 대체로 최근 10년간 합계출생률이 인구대체율 수준(2.1, 여성 1명이 평균 2.1명의 아이를 낳으면 현 수준의 인구가 계속 유지될 수 있다는 의미)에 근접해 있다. 고령사회 국가들[3)]은 일부 국가들을 제외하고 인구대체율을 하회하고 있다. 초고령사회 국가들[4)]은 모두 인구대체율을 하회하여 평균 1.5 내외의 수준을 보인다. 그러나 우리나라는 특이하게도 고령사회에 속하는 국가이지만 출생률이 급격하게 하락하여 이미 인구대체율을 크게 하회함에 따라 초고령사회 수준 이하의 합계출생률(2023년 기준 0.72명)을 보이고 있다. 이와 같은 출생률의 급격한 하락에 대한 설명으로 **저출생의 덫 가설**[5)](low fertility trap hypothesis)이 제기되고 있다. 이 가설은 합계출생률이 일정 수준 이하로 떨어진 국가에서 출생률 수준을 지속적으로 하락시키는 사회적 변화의 자기강화 메커니즘(selfreinforcing mechanism)을 지칭한다(Lutz & Skirbekk, 2005; Lutz, Skirbekk, & Testa, 2006). 합계출생률이 1.5 이하인 경우를 저출생의 덫에 빠지는 임계수준(threshold level)으로 분류하고 있다(McDonald, 2006).[6)]

---

1) 총 인구대비 65세 이상 고령인구 비중이 7~14%인 경우 고령화사회, 14~20%인 경우 고령사회, 20% 이상인 경우 초고령사회로 분류한다.
2) 멕시코, 터키, 칠레, 이스라엘, 한국, 아일랜드, 아이슬란드, 슬로바키아
3) 룩셈부르크, 미국, 뉴질랜드, 오스트레일리아, 폴란드, 캐나다, 노르웨이, 영국, 헝가리, 슬로베니아, 스위스, 체코, 벨기에, 네덜란드, 오스트리아, 에스토니아, 스페인, 덴마크, 프랑스, 라트비아
4) 스웨덴, 핀란드, 포르투갈, 독일, 그리스, 이탈리아, 일본
5) 미래에 불확실성이 심화될수록 청년은 경제적 합리성을 발휘하여 결국 더 적은 수의 자녀를 출산하거나 출산 시기를 늦춘다는 가설이다.
6) McDonald(2006)는 합계출생률이 인구대체율(2.1)보다 약간 낮은 경우에는 이민정책으로 쉽게 보완될 수 있으나 1.5보다 낮은 경우에는 보다 대규모의 이민(massive migration)이 필요하다고 평가하면서 1.5 이상 2.1 미만인 경우에는 저출생의 안전지대(safety zone)로 분류하였다.

저출생의 덫은 인구의 연령구조(age structure of the population), 개인의 이상적인 가족 크기(personal ideal family size) 등의 영향을 받게 되는데, 주로 사회적 규범(social norms)의 영향이 크게 작용하는 것으로 설명한다. 이는 저출생으로 인해 상당 기간 동안 자녀 수가 적은 사회에서 생활하면서 적은 수의 자녀(actual fertility)를 **일종의 사회적 규범**으로 받아들이게 되면 개인들의 가족 크기에 대한 이상이 규범적으로 정해지게 되어 저출생의 덫에 빠지게 되는 것을 말한다. 따라서 저출생의 덫에 빠지게 되는 경우 이상적인 가족 크기가 줄어들면서 희망 출생률이 점차 낮아질 것으로 예상된다. 저출생의 덫 가설의 정당성을 단정 짓기에는 아직 이르지만 이를 완전히 배제할 이유도 없다(Lutz, 2008).

산업화와 고령화의 진전이 상당히 이루어진 고령사회와 초고령사회 국가들을 살펴보면 합계출생률이 이미 1990년대에 인구대체율보다 낮은 수준으로 하락하였다가 저점을 겪은 후 인구대체율 근처로 회복된 나라들(프랑스, 스웨덴, 노르웨이 등)이 있는가 하면, 합계출생률이 인구대체율보다는 낮으나 서서히 반등하는 국가들(독일, 이탈리아, 스페인, 일본 등)도 있다.

2) 고령인구 비중의 지수적 증가

우리나라는 주요국에 비해 뒤늦게 산업화와 경제발전을 달성하였지만 빠른 경제성장으로 규모와 인당 국민소득 측면에서는 OECD의 평균수준을 상회하고 있다. 이와 같은 경제성장 속도에 따른 급격한 사회변동으로 저출생·고령화로 인한 인구구조의 변화속도도 국가들 중 가장 빠르며 급격한 인구구조의 변화가 장래 우리나라의 경제수준과 경제성장 경로에 미치는 영향도 지대할 것으로 보인다. 출생률 회복국의 경우 핀란드를 제외하고 2000년대 초반까지 고령인구비중의 증가 속도가 둔화되는 경험을 하였다. 그러나 금융위기를 거치면서 그 효과가 줄어들자 다시 급속도의 고령화가 진행되는 모습이다. 반면에 우리나라를 포함한 출생률 저조국은 독일과 스페인을 제외하고 고령화의 속도가 가파르다.

2. 빠른 고령화의 배경

우리나라의 고령화가 이와 같이 빠르게 진행하게 된 배경으로 앞 장에서 다룬 공통적인 요인들중에서 어떤 요인이 더 크게 작용하고 있는지, 그리고 이외에 또 다른 특수한 배경이 있는지 주요국들과 기술적(descriptive)으로 비교하면서 살펴본다. 우선 우리나라 출생률 변화의 역사적 배경으로는 첫째, 출산억제정책으로 인해 잠재출생력이 크게 하락했던 점을 들 수 있다. 둘째, 사회문화적 요인의 특수성으로서 일과 가정 양립의 어려움, 남녀의 공평한 가사분담의 어려움, 주택가격, 결혼비용 등의 요인들이 다른 국가들보다 심각하게 작용하여 혼인 결정과 자녀 수 선택이 제한되고 있다. 셋째, 인구구조의 특수성으로서 베이비붐 세대가 고령화되고 있다는 점 등을 들 수 있다.

1) 역사적 배경 : 출생억제정책 및 잠재출생력의 하락

출생률이 산업화와 사회문화적 요인 등으로 인해 자연적으로 인구대체율 수준 이하로 떨어진 유럽의 국가들과는 달리 우리나라의 경우 출생억제정책에 의해 출생률이 급격히 하락하였다. 산업화의 초기에 급격한 인구증가를 억제하고 빠른 경제성장을 달성함으로써 1인당 소득수준을 끌어올리는 과정에서 잠재출생력의 하락이 수반되었다. 이에 따라 산업화의 진전 이후 자연적으로 인구가 감소하는 시기에 인구의 감소 효과는 다른 선진국보다 더욱 크게 나타나게 된 것으로 보인다. 우리나라의 출생억제정책은 1960년대부터 시작되어 출생률이 인구대체율 수준 이하로 크게 떨어진 1990년대 중반에 종료되었다. 이에 따라 우리나라는 1970년대 말 합계출생률이 약 3명에서 1980년대 말 약 1.5명으로 절반 수준으로 줄어든 이후 회복되기 어려운 모습을 보이고 있다. 2000년대 들어 저출생이 문제되기 시작하자 인구정책을 선회하였지만 이미 외생적으로 상당히 낮아진 출생률과 더불어 선진국형 출생률 저하현상이 진행되면서 어느 나라보다 더 급격한 속도로 출생률이 하락하고 있다.[7] 또한 우리나라는 전통적인 남아선호에 따라 1950년대 한국 전쟁기를 제외하고는 다른 국가에 비해 성년 남성의 인구비중이 높아지는 추세를 보인다. 우리나라보다 남녀의 성비 불균형이 크지 않은 선진국, 고소득국가 또는 일본의 경우 출생률 하락의 속도가 보다 완만하게 진행되었다. 이는 우리나라 남아선호의 이력효과가 점차 약화되고 향후 출생하는 세대의 남녀의 성비가 균형을 회복하게 될 경우 출생률 하락에 대한 부정적인 효과가 상쇄될 수 있음을 시사한다.

2) 사회문화적 특수성 : 혼인 및 자녀 수 결정 요인의 특수성

우리나라의 경우는 혼외출생비율이 매우 낮은 편이어서 혼인율과 출생률의 상관관계가 매우 높다. 이에 따라 우리나라의 출생률 저하 현상은 곧 혼인율 감소로 설명될 수 있다. 즉, 혼인율을 감소시키는 요인의 분석이 곧 출생률 저하 요인에 대한 분석을 보완할 수 있다. 출생률이 회복되고 있는 국가들과 저조한 국가들 간에는 남녀평등 의식, 가족형태의 다양성에 대한

7) 외환위기를 겪으면서 출생률이 더욱 크게 하락함. 반면 밀레니엄베이비(2000년), 월드컵베이비(2003), 600년 만에 찾아온 정해년 황금돼지띠해(2007), 60년 만에 찾아온 경인년 백호랑이띠해(2010) 등에는 한시적인 출산시기의 선호 성향에 따라 출생률이 소폭 상승한 바 있다.

수용 여부, 남녀 간 근로조건으로서 임금격차, 혼인·양육비용으로서의 주거비 부담, 일과 가정 양립 정책 등에서 서로 다른 사회문화적 특성이 있음을 보여주고 있다. 대체로 남녀가 평등하고, 혼외출산 등 다양한 가족형태에 대해 포용적이며, 남녀 간 임금 등 근로조건이 평등하고 주거비 부담이 적고 일과 가정 양립 정책이 잘 갖추어진 국가들의 경우 출생률 회복에 긍정적인 것으로 나타나 공통적인 출생률 저하의 원인과 상통한다. 이와 관련하여 우리나라의 사회문화적 특수성을 법률혼 중심의 가족형태, 높은 결혼 비용 및 양육·교육비용, 일과 가정 양립 및 남녀의 가사분담이 어려운 환경 등으로 나누어 살펴보면 다음과 같다.

(1) 법률혼 중심의 가족형태

프랑스와 노르웨이, 스웨덴, 덴마크, 핀란드 등 출산율 회복국들의 경우는 동거와 한부모 가정 등 다양한 가족형태에 포용적인 사회문화적 여건을 갖추고 있는 것으로 알려져 있다. 이에 따라 혼외출생비율도 상대적으로 높은 편이다. 반면에 우리나라를 비롯한 출생률이 저조한 국가에서는 혼외출생비율이 낮고 상대적으로 법률혼 중심의 전통적인 가족 관념을 유지하고 있는 편이다. 이와 같은 사회문화적 특성하에 우리나라의 혼외출생은 요보호아동[8]과 관련된 문제를 야기하고 있다. 우리나라는 과거 출생률이 높은 시기에 전쟁고아 등이 대규모로 해외에 입양된 바 있고, 이후에도 1970년에서 1980년대에 요보호아동들의 해외입양이 크게 늘어나 영아 인구가 대폭 유출되었다. 다른 한편으로 자녀 양육 능력을 갖추지 못한 미혼모들의 출생이 요보호아동으로 이어져 입양되는 사례가 늘어나면서 이들에 대한 양육지원이 필요한 상황이다. 특히 우리나라는 법률혼 중심의 가

8) 요보호아동은 부모의 양육을 받지 못하고 시설이나 입양 등의 방법을 통해 보호받아야 하는 아동들을 의미한다.

족 형태를 중시하는 사회문화적 요인으로 인해 혼외출생에 따른 요보호아동들에 대한 지원이 보다 적극적으로 이루어지지 못하는 구조적 요인을 안고 있다. 또한 영아 유기 등을 통한 의도적인 영유아의 사망도 과거에 비해 증가하고 있다.

(2) 높은 결혼 비용 및 양육과 교육비용

한국보건사회연구원(2015)의 조사에서 우리나라의 미혼남녀를 대상으로 결혼을 하지 않는 요인을 설문조사(결혼 의향이 없는 미혼남녀가 결혼하지 않는 이유를 물어 산출한 비중)한 결과 결혼생활의 비용에 대한 부담이 크기 때문이라는 응답이 상위 5위(남성 응답자의 2위)를 차지하였다(표 2-1). 다만, 결혼 비용 이외에도 사회문화적으로 결혼에 대한 가치관이 크게 변화하고 있는 것도 혼인율이 줄어드는 요인이 되고 있다는 점에 유의해야 한다.

〈표 2-1〉 결혼을 하지 않는 이유 (단위 : %, 명)

구 분	전체	미혼남성	미혼여성
결혼할 생각이 없어서	22.2	20.2	23.6
본인의 기대치에 맞는 사람을 만나지 못해서	11.5	9.1	12.9
상대방에 구속되기 싫어서	10.4	9.1	11.2
결혼보다 내가 하는 일에 더 충실하고 싶어서	9.0	4.5	11.8
결혼 생활의 비용에 대한 부담이 커서	7.3	14.5	2.8
소득이 적어서	6.3	7.3	5.6
결혼으로 인하여 본인의 사회활동에 지장이 있을까 봐	4.2	1.8	5.6
(이하 생략)			
응답자 수	288	110	178

교육비의 부담과 관련하여 기혼여성에 대해 월평균 자녀양육비용을 조사한 결과 1자녀 가정은 65만 원, 2자녀 가구는 129만 원을 지출하는 것으로 나타났으며, 이 중 사교육비가 가계지출의 각각 18.5%, 43.3%로 가장 높은 비중을 차지하고 있다. 한편 자녀를 안심하고 낳아 기를 수 있는 사회

여건에 대한 미혼남녀와 기혼여성에 대한 조사 결과 공통적으로 사교육비 경감, 안전한 자녀 양육환경 조성, 질 높은 보육 육아 지원시설 확충 등 양육환경의 중요성을 지적하고 있다. 이에 따라 우리나라의 미혼남녀들은 출생 및 양육에 가장 필요한 지원으로 신혼부부 대상 주택 공급, 자녀교육비 지원, 자녀보육 및 육아교육비 지원 등이 가장 필요하다고 인식하고 있는 것으로 나타났다. 우리나라에서 결혼비용 또는 양육비용에 대한 분석에 활용되는 지표로 주택가격 상승률을 들 수 있다. 일반적으로 우리나라에서 주택가격 상승률은 혼수비용 또는 양육비용에 영향을 미치는 것으로 인식되고 있다. 통계적으로 보면 우리나라의 주택가격 상승률과 혼인율 및 출생률은 부(−)의 상관관계를 보인다. OECD 회원국에 대한 실증분석의 결과와 부합하는 모습이다. 같은 맥락에서 기존 연구들은 주택가격이 상승함에 따라 혼인건수 또는 출생률이 크게 낮아지는 것으로 분석하고 있다.[9)]

미혼남녀들이 양육비용의 부담을 느끼고 있음에도 불구하고 우리나라는 양육비용의 지원에 대한 기대에 충분히 부응하지 못하고 있는 것으로 보인다. 육아비용은 출생 및 보육단계의 지원에 그치지 않고 보다 연속적으로 초등학교 이전까지의 유치원 교육으로 이어지는 정책적 지원이 필요하다. 우리나라에서는 결혼 비용과 자녀 양육비용이 혼인에 대한 부담을 가중시키는 요인으로 작용하면서 간접적으로 출생률에 부정적인 영향을 미치고 있다. 결혼비용 이외에 미혼남녀들이 결혼정책으로 필요하다고 지적한 사항들을 분석해 보면, 결혼을 어렵게 만드는 요인들로 청년 실업문제, 육아로 인한 직장 내 불이익, 허례허식 혼례문화, 장시간 근로 관행 등이 있는 것으로 나타났다. 특히 여성들의 경우 결혼과 육아로 인해 직장 내에서 불

9) 한국보건사회연구원의 2015년 조사에 따르면 우리나라의 신혼부부들이 신혼집 마련을 위해 대출을 받는 규모는 1990년대 평균 2,000만 원대에서 2010년대 평균 5,000만 원대로 큰 폭으로 상승하였고 자가구입비 또는 전・월세 보증금도 지속적으로 상승하는 추세이다.

이익을 우려하는 비중이 크게 나타나 이들에 대한 처우 개선이 중요한 것으로 보인다.

(3) 일과 가정의 양립과 남녀의 공평한 가사분담 등이 어려운 환경

기혼여성들은 일과 가정의 양립이 어렵다고 느끼는 경우가 대부분이며 그 이유로는 자녀 양육 부담, 가사 부담, 자녀와의 시간 부족 등을 들고 있다. 한편 남성의 장시간 근로와 여성 중심의 양육을 당연하게 여기는 문화에서는 남녀 간의 공평한 가사분담이 이루어지기 어렵고 여성들이 대부분의 양육과 가사를 전담하게 되어 일과 가정의 양립은 더욱 요원한 일이다. 최근 여성가족부, 고용노동부, 한국여성정책연구원 등의 조사에 따르면, 우리나라의 경우 육아휴직보다는 일과 가정을 양립시키는 방안을 선호하는 것으로 나타났다. 일과 가정을 양립시키기 위해 우선적으로 개선되어야 할 과제로 장시간 근로 관행 개선과 유연근로제 확산 및 사회인식과 기업문화 개선이 선택되었다. 한국보건사회원구원의 조사에서도 우리나라 기혼여성들은 자녀 출산 및 양육에 가장 도움이 되는 지원영역으로 양육의 경제적 지원과 일과 가정 양립 지원을 선택하였다.

육아지원정책의 수요가 늘어나는 가운데 우리나라는 육아휴직급여에 대부분의 정책예산을 할애하고 있으나 그 실효성은 매우 낮은 것으로 나타났다. 출산휴가 및 육아휴직 제도가 있더라도 실제로 제도의 이용이 가능한 여건이 갖추어질 경우에 비로소 정책시행의 효과가 나타날 것이라고 예상할 수 있다. 우리나라에도 육아휴직제도를 도입하여 시행하고 있으나 아직 초기단계에 있어 실제로는 그 사용을 꺼리거나 어려운 경우도 많은 것으로 나타났다. OECD 회원국 중 출생률 회복국들의 경우 대체로 남성들의 육아휴직제도 이용률이 높은 편이다. 그러나 우리나라의 경우는 실제 이 제도를 이용하고 있는 남성들은 매우 적은 것이 현실이다. 이는 육아에 있어서 남성의 역할이 평등하게 인식되지 못하는 사회문화적 여건에 주로 기인한다. 우리나라의 남성의 육아휴직제도가 비교적 최근 들어 도입되었으므로 정책시차를 고려할 때 향후의 적절한 운용 여하에 따라 많은 개선의 여지가 있을 것으로 보인다. 여성의 출산휴가 및 육아휴직의 이용도 저조한 편이다. 이는 여성들의 출산휴가 또는 육아휴직의 이용에 대해 관대하지 않은 직장문화 및 고용여건을 반영한다고 볼 수 있다.

(4) 높은 출생률 갭(gap)

우리나라의 경우 위와 같은 사회문화적 특성으로 인해 결혼 또는 출생을 원하지만 현실적인 어려움으로 미루거나 기피하게 되는 경우가 많다. 구조적으로 출생을 저해하는 정도는 희망 출생률(desired fertility rate)과 실제 출생률(observed fertility rate) 간의 갭을 통해 부분적으로 확인할 수 있다. 출생률 갭이 클수록 출생을 저해하는 요인의 정도가 크다고 해석할 수 있다. 우선 출생률이 회복되고 있는 스웨덴, 프랑스 등의 경우 희망 출생률 자체가 출생률이 저조한 국가들보다 상대적으로 높은 편이다. 또한 출생률 갭은 우리나라를 포함한 스페인, 독일 등 출생률이 저조한 국가에 비해 상대적으로 작은 편이다. 우리나라는 합계출생률이 OECD 회원국에서 가장 낮은 수준이지만 출생률 갭은 OECD 평균을 상회하고 있다. 따라서 우리나라의 경우 OECD 회원국에 비해 구조적인 제약 요인이 더욱 크게 작용한다고 해석할 수 있다. 특히 우리나라 기혼여성의 경우 출생률이 저조한 국가 중에서도 출생률 갭이 상대적으로 크다. 이는 향후 출생의 구조적인 제약 여건들을 개선하는 정책이 적절히 시행된다면 이미 출생률이 인구대체율 수준을 회복하여 출생률 갭이 작거나 희망 출생률 자체가 낮은 국가들보다는 개선될 여지가 있다는 점을 시사한다. 희망 출생률은 앞서 논의한 저출생의 덫 가설(low fertility trap hypothesis)과 관련되어 있다. 우리나라의 경우 이미 합계출생률이 맥도날드(McDonald, 2006)의 임계수준인 1.5 미만으로 낮아졌지만 기혼여성의 경우 여전히 희망 출생률이 독일 등 출생률 저조국에 비해 소폭 높은 것을 고려할 때 가족의 크기에 대한 사회적 규범(social norms)이 이들 국가와 같이 크게 변화했다고 보기에는 아직 이른 감이 있다. 그러나 현재의 초저출생 상태가 상당 기간 고착화되어 향후 사회적 규범화될 우려가 있으므로 이에 적극적으로 대비할 필요가 있다.

3) 인구구조적 특수성 : 베이비붐 세대의 고령화

베이비붐은 어떤 시기에 출생하는 아이의 수가 폭증하는 현상으로 이 시기에 태어난 세대를 베이비부머라 지칭한다. 이에 대한 판단기준은 출생률 또는 출생아 수를 사용한다. 프랑스와 이탈리아는 1946~1967년, 스웨덴은 1946~1953년, 일본은 1947~1949년, 우리나라는 1955~1963년에 태어난 세대를 베이비부머로 판단하고 있다. 대부분의 선진국이 이미 고령사회 또는 초고령사회에 진입한 것은 이 국가들의 베이비부머들이 상당 부분 고령인구에 접어들고 있었던 데에 기인한다. 다소간의 시차가 있으나 출생률 회복국이나 출생률 저조국에 공통적으로 나타나는 고령화 진행 단계의 유사한 현상이다. 우리나라는 이들 국가보다 약 10년 정도 늦게 베이비붐 세대가 고령층으로 진입하면서 급격한 출생률의 저하와 맞물려 고령화의 진전을 더 가속화하고 있다. 우리나라의 베이비부머가 향후 약 10년간 인구고령화에 미치는 영향은 노동, 소비, 저축, 연금, 재정 등의 분야에서 급격히 커질 것으로 예상된다. 성인이 되어도 독립하지 못하고 부모에게 의존하는 **캥거루족**[10] 등이 갈수록 늘어나고 있는 사회적 현상은 베이비붐 세대

---

10) 부모와 함께 살면서 부모에게 전적으로 자신의 생계를 의지하는 사람을 의미하는 말로, 직업을 가지고 경제활동을 하면서 부모와 같이 사는 사람은 '캥거루족'으로 칭하지 않는다.

들이 자녀들과 함께 동거하고 부양하는 행태가 늘어나는 것과 맞물려 자립하지 못하는 청년층의 증가를 야기하고 있다. 이는 젊은 계층만의 문제가 아니라 부모세대의 안정적인 노후를 준비하지 못하는 위협요인이 되기도 한다.

인구 고령화의 특성(United Nations Population Division, 2000)

- 인구 고령화는 돌이킬 수 없는 현상이다.
- 노인인구의 증가는 출생률과 사망률의 감소에 의한 인구구조의 변화로 발생하였다.
- 21세기 초기에 노인인구는 6억 명이었는데, 2050년에는 20억 명으로 3배 증가할 전망이다.
- 세계적으로 노인인구는 매년 2% 증가하는데, 이는 전체 인구증가율보다 더 큰 것이다. 향후 50년간 노인인구의 증가는 다른 인구의 증가보다 빠를 것으로 예상된다. 2000~2050년 사이의 연평균 노인인구 증가율은 2.8%가 될 것이다. 이러한 빠른 인구 고령화로 인해 모든 국가에서는 경제적 및 사회적 적응이 필요하다.
- 지역마다 노인인구의 수와 비중에 있어서 차이가 난다. 선진국에서는 2000년에는 인구의 5분의 1이 60세 이상의 노인인구이었다. 2050년에는 노인인구 비율이 3분의 1이 될 것으로 전망한다. 개도국에서는 현재 60세 이상의 인구 비율이 8%인데, 2050년에는 거의 20%에 이를 것으로 예측된다.
- 인구 고령화 속도는 선진국보다 개도국에서 더 빠르게 진행되고 있다. 개도국에서는 인구 고령화의 결과에 적응하는 시기가 훨씬 더 짧다. 선진국의 인구 고령화는 개도국에서보다 낮은 사회경제적 개발 상황에서 발생했다.
- 현재 중위연령은 26세이다. 2050년에는 중위연령이 10년이 증가한 36세에 이를 것으로 보인다.
- 노인인구도 고령화한다. 세계에서 가장 빠르게 성장하는 연령집단이 80세 이상의 '고령노인(old－old)' 집단이다. 고령노인은 현재는 매년 3.8%씩 증가하여 노인인구의 10% 이상을 점유하고 있다. 21세기 중엽에는 80세 이상의 고령노인은 전체 노인인구의 5분의 1을 차지하리라고 예상된다.
- 인구 고령화로 인하여 노인부양지수(생산활동인구 대비 노인인구 비중)가 증가하여 노동자의 부담이 증가하고 있다. 부양지수는 1950년 12이었던 것이 2000년 9로 떨어졌다. 21세기 중엽에는 1명의 노인인구당 4명의 경제활동 인구가 있게 된다. 이러한 부양지수의 증가는 사회보장제도에 중요한 의미를 준다.

- 여성의 평균수명은 남성보다 길기 때문에, 대부분의 노인은 여성이다. 2000년에는 전 세계적으로 60세 이상 여성이 남성보다 6천 3백만 명 더 많았고, 고령인구 중에서는 여성이 남성보다 2배에서 5배가량 더 많다.
- 노인의 인구는 연령이 증가함에 따라서 증가하여, 장기요양보호의 수요는 점점 증가하고 있다.

제3절 고령화가 미치는 영향[11)]

급속한 고령화는 사회가 이를 준비하기도 전에 발생하고 있기 때문에 문제가 되고, 사회가 이를 준비한다고 해도 급속도로 진행되는 노인인구 비중의 증가는 인류가 그동안 경험해 보지 못한 다양한 사회적 문제를 가져오고 있다. 이미 선진국의 경험을 통해서 인구의 고령화로 연금 및 의료비 증가, 요보호 돌봄문제 등 다양한 사회적 문제가 발생하고 있음을 알 수 있다. 문제가 되는 것은 절대 노인인구수가 많은 것이 아니라 전체 인구에 대비한 노인인구의 비중이 많음에 있다는 점이다. 노인인구수가 많다고 하더라도 다른 연령층의 인구가 안정적으로 많으면 심각한 사회문제가 되지는 않는다. 그러나 보건의료기술의 발달로 평균수명이 연장되어 노인인구가 증가하고, 동시에 출생률의 저하로 14세 이하의 유소년 인구 비중은 감소하게 됨에 따라 전체 인구에서 노인인구가 차지하는 비중이 급증하게 되면서 다양한 사회적 문제가 발생하게 된다. 노인인구비율의 증가로 15세에서 64세의 경제활동인구 대비 65세 이상 노인인구의 비율을 나타내는 노인부양비가 증가하고 이로 인해 전체 사회는 노인부양을 위한 부담을 갖게 된다.

11) 김미숙 등(2003)에서 재구성.

인구 고령화로 인해 문제가 되는 것은 인구 고령화로 인해 다양한 사회문제가 야기되고 있다는 데 있다. 인구 고령화는 사회경제적으로 많은 부담을 주는데, 인구가 고령화함에 따라서 연금수혜인구가 증가하게 되어 국가 내에서는 사회보장제도의 재편을 필요로 하게 된다.

또한 건강 측면에서는 수명의 연장과 더불어 젊은이에 비해 노인이 만성질병이 걸릴 확률이 높아짐에 따라 의료비의 상승과 의료서비스의 수요가 증대된다. 아울러 노인복지를 위한 서비스 비용의 상승과 노동인력의 감소, 경제성장의 둔화 등 막대한 비용이 수반될 것으로 예측된다. 고령화 사회에서 노인 자신은 고독, 역할상실, 빈곤, 질병 등으로 어려움을 겪게 되고 사회는 사회적으로 보호하고 경제적으로 지원해야 할 급격한 노인인구 비율의 증가로 인해 의료비 증가, 연금고갈, 노동인력 감소, 사회복지서비스 대상 및 비용의 증가 등의 문제를 안게 된다. 결국 총부양비 문제가 야기될 것이다. **총부양비**[12]는 2022년 40.8명에서 2070년에는 116.8명으로 2022년 대비 2.9배 수준으로 증가할 것으로 전망되고 있으며 **노년부양비**[13]는 2022년 24.6명에서 2070년 100.6명으로 2022년 대비 4.1배 수준으로 증가할 것으로 전망된다.

---

12) 총부양비 = 유소년부양비 + 노년부양비, 유소년부양비 = $\frac{\text{유소년인구}}{\text{생산연령인구}} \times 100$

13) 생산연령인구(15~64세) 100명에 대한 고령인구(65세 이상)의 비를 말한다.

노년부양비 = $\frac{\text{고령인구}}{\text{생산연령인구}} \times 100$

1. 의료비 문제

노인인구의 급속한 증가는 GDP 대비 국민의료비의 비중을 증가시켜 타 부문의 국민소비지출을 감소시킬 뿐만 아니라 공공재정을 압박하는 주된 요인으로도 작용할 것이다. 이와 같이 고령사회로의 진입과 함께 예상되는 국민의료비의 증가에 직면하여 의료시장의 효율성을 제고할 수 있는 제도개선의 필요성이 점차 증대하고 있다.

의료서비스는 인간의 건강을 다루는 의료행위를 중심으로 제공되는 서비스의 한 형태로서 소비재이면서 동시에 인적자본에 대한 투자재이기도 하다. 또한 의료서비스는 가족 및 사회구성원 전체에 대한 외부효과를 갖기 때문에 공공재로서의 성격을 가진다. 고령사회로의 진입으로 국민의료비가 증가할 것으로 예상됨에 따라 국민의료비지출의 효율화를 위한 제도개선이 요구된다. 최근 OECD 국가의 의료시장개혁은 의료비분담제도를 통한 비용의식의 제고, 공급자에 의해 유도된 과잉진료의 억제, 제한된 의료자원의 효율적 이용, 공공의료체계의 재원조달방식 개편, 새로운 의료기술에 대한 평가제도 도입 등으로 요약된다. 특히 노인인구의 비중이 증가함에 따라 예방의약, 사회부양, 가정간호 프로그램, 노인성치매와 만성질환에 대한 연구지원, 노인인구에 특화된 새로운 재원조달방식 등이 시도되고 있다. 우리나라의 경우 OECD 국가들과는 다른 의료시장조건에 직면하고 있지만 보편성의 원칙에 입각하여 제도개선을 수행해야 할 것이다.

2. 연금문제

노인인구의 소득보장을 위한 우리나라의 대표적인 공적연금제도는 국민연금제도[14]이다. 1988년 10인 이상 사업장 근로자를 대상으로 처음 실시하였던 국민연금은 그 적용범위를 1995년 농어촌 주민과 1999년 도시지역 주민으로 단계적으로 확대하여 현재는 전 국민을 대상으로 하는 최대의 단일연금제도이다. 다른 국가의 공적연금제도와 비교하여 국민연금이 가지고 있는 특징은 임금근로자와 자영업자와 같은 주요 직업집단들을 하나의 제도에 포괄하는 직역통합모형이라는 것이고,[15] 연금구조가 기초연금과 소득비례연금으로 이원화되어 있지 않은 단일체계(mono−pillar)라는 점이다. 또한 국민연금은 소득계층 간 그리고 세대 간 소득재분배의 기능이 강하게 설계되어 사회연대(social solidarity)의 이념을 반영하고 있는 진보적인 제도이다(Kim & Kim, 2003). 이러한 특성을 가지고 있는 국민연금은 1990년대 이후 크게 두 가지 문제에 직면하게 되는데, 그 하나는 저기여 고급여의 구조적 원인으로 인해 발생한 장기적 연금 재정의 불안정 문제이고,[16] 또 다른 하나는 광범위하게 퍼져 있는 연금의 사각지대와 관련된 문제이다.[17] 최근 들어 국민연금의 구조적 결함으로 인해 발생한 이러한 문제들이 인구의 고령화 문제와 결합되면서 더욱 크게 부각되고 있다. 우선 인구 고령화와 낮은 출생률로 인한 노인부양비율의 증가는 연금수급자의 증가, 연금수급기간의 증대, 그리고 연금기여자의 감소로 이어져 장기적으로 연금재정

14) 2018년 4차 재정추계에서는 국민연금이 2042년에 적자로 돌아서고 2057년에 완전히 고갈될 것으로 전망했다. 국회 예산정책처는 이보다 이른 2055년을 고갈 시점으로 봤다.
15) 군인, 공무원, 사립학교 교원을 위한 특수직연금이 존재하지만, 독일이나 프랑스와 같이 주요 직업집단별로 다수의 연금제도가 존재하는 형태는 아니다.
16) 장기적 연금재정의 불안정 문제는 국민연금을 설계할 때부터 내재된 구조적 문제이지만, 서구 유럽의 국가들처럼 몇 년 안에 곧 닥칠 급박한 문제는 아니다.
17) 자영업자에 대한 정확한 소득파악의 어려움으로 인해 발생하는 소득재분배효과의 왜곡 문제도 주요한 문제 가운데 하나이다.

의 악화를 가중시킬 수 있다. 최근 국민연금발전위원회에서 추정한 연금가입자와 수급자의 수의 추이를 보면, 2035년이 되면 국민연금의 가입자보다 수급자의 수가 더 많아져 제도부양비가 53%를 넘어서게 된다. 또한 이러한 인구구조와 현재의 보험료율 9%가 유지된다고 가정할 때, 연금기금은 2037년에 수지 적자를 기록하고, 2055년이면 적립기금이 다 소용되어 재정의 파탄을 불러올 것으로 예상된다.

국민연금이 가지고 있는 또 다른 문제는 노후소득보장의 사각지대가 증가하고 있다는 것이다. 국민연금은 일부의 고소득층을 제외하면 대부분이 소규모 사업장의 저소득 근로자, 비정규직 근로자, 장기실업자, 그리고 영세 자영업자들이다. 이처럼 대규모의 국민연금 미가입자가 존재하는 것은 정부의 부실한 소득파악과 연금대상자를 관리하는 행정능력(governance)의 부족, 국민연금을 불신하는 일부 계층의 기여 회피(contribution evasion), 그리고 소득이 낮아 보험료를 납부하지 못하는 경우 등이 복합적으로 작용한 결과이다. 인구가 고령화되고 있는 시점에 이러한 미래 연금수급의 사각지대 현상이 지속된다면 국민연금은 전체 국민의 노후를 위한 소득보장제도가 아니라 일부계층만을 위한 제도로 전락할 것이며 국민연금을 통해 소득을 보장받지 못하는 계층은 사회적으로 또 다른 큰 부담으로 작용할 가능성이 매우 높다.

3. 경제성장 문제

1) 고령인구 구조와 경제성장

인구는 경제성장의 핵심 요소이다. 인구는 생산과 소비의 주체로 현재의 국가경제 규모를 결정하는 주요 변수이며 중장기 경제성장의 잠재력을 제공하기도 한다. 인구구조 변화가 경제성장에 미치는 영향은 직접적으로는 생산에 투입되는 노동투입량을 변화시켜 총산출 혹은 경제수준에 영향을 미치는 효과가 있으며, 간접적으로는 인구구조 변화가 소비와 저축 및 투자를 변화시켜 총산출 및 경제수준에 영향을 미치는 효과가 있다. 고령화를 인구구조 변화의 핵심요인으로 보고 고령화가 경제성장에 미치는 영향을 분석하는 대부분의 기존 선행연구들은 고령화가 경제성장에 부정적이었다는 결과를 제시하고 있다.

2) 생산 및 소득활동과 저축

사람은 생애 각 단계마다 필요한 경제적 욕구와 경제에 기여하는 정도가 다르다. 일반적으로 사람은 유년기에는 소득활동 없이 부모의 보살핌 아래에서 학습활동에 주력하고 청년기로부터 은퇴하기 전까지는 생산활동에 주력하면서 소득을 창출하고 미래를 위해 저축하며 노년기에는 청·장년기에 축적한 자산을 기반으로 생활을 영위한다. 유·소년기에는 부모와 사회의 이전소득으로 소비하고 청·장년기에 저축을 하며 노년기에는 연금이나 가족들의 부양으로 소비생활을 영위하는 모습을 나타낸다. 이와 같이 인간은 세대 간 이전지출을 통해 생애 각 시점에서 필요한 만큼의 소비를 할 수 있게 된다. 연령에 따른 개개인의 경제활동 패턴이 변하지 않는다면 경제 내에 생산활동과 저축이 줄어드는 노년 세대의 비중이 높아지는 경우 경제 전체적으로 소비나 저축률이 낮아지고 경제 활력도 떨어질 것이다. 다만, 인구 고령화가 경제 전체의 소비나 생산활동 등 거시경제에 미치는 정도는 은퇴정책, 사회보장제도, 노동시장 및 자본시장의 효율성 등에 따라 다르게 나타날 수 있다. 우선 **인구 고령화** 및 **저출생**이 진행되면 경제 전체적으로 노동 공급이 감소한다. 전체 인구 가운데 많은 사람이 노동시장에서 은퇴하는 연령에 도달하면 경제 내에 **생산연령인구**가 감소하면서 **생산성이 하락**하여 경제 전체의 잠재적 노동공급능력(잠재성장률 하락)이 감소하게 된다. 또한 생산가능연령에 있는 사람들도 은퇴연령에 가까워지면 육체적 활동력이 장년기만 못하기 때문에 경제활동 참가율이 떨어져 경제성장률이 하락할 것이다(그림 2-9).

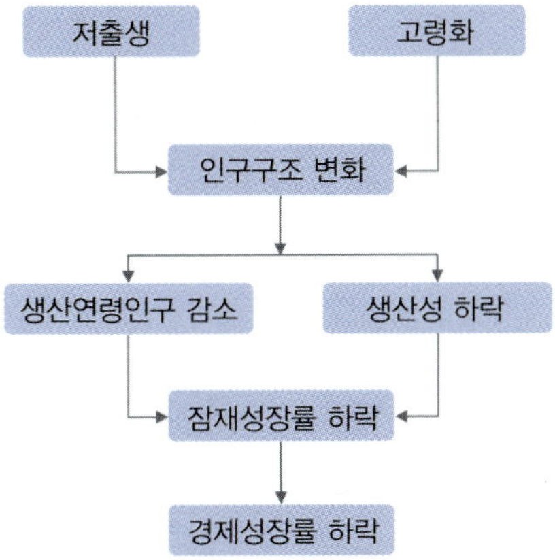

|그림 2-9| 인구구조 변화가 경제성장에 미치는 영향

3) 인구 고령화와 노동생산성

인구 고령화는 노동생산성에도 영향을 미친다. 사람들은 노년이 되면 청년에 비해 상대적으로 인지능력과 민첩성 등 신체적 기능 면에서 약해지기 때문에 보편적으로 나이가 들수록 생산성은 하락하게 된다(Shirbekk, 2004). 실증적으로도 연령과 생산성 간에는 역의 U자 형태가 나타나는 것으로 알려져 있다(Liu & Westelius, 2016). 인구 고령화가 진행되면 총인구 규모가 줄어들게 되는데, 이는 시장규모의 축소를 의미하기 때문에 투자유인이 감소하면서 성장을 위축시키는 요인으로 작용하게 된다. 인구 고령화의 영향으로 저축이 투자를 만성적으로 초과하는 경우 만성적 경기침체(secular stagnation)가 발생할 수 있으며(Summers, 2015), 인구 고령화로 부양인구 비율이 증가할 것으로 예상하면 가계는 소비를 줄이고 저축을 늘리는 반면 기업들은 노동공급 감소로 총요소생산성이 하락하기 때문에 자본과 토지의 한계생산성이 떨어지면서 투자수익률이 하락하고 이에 따라 경제 전체의 경제성장률이 하락하게 된다(Ikeda & Saito, 2012).

4. 노인복지서비스 문제

인구의 고령화는 사회복지비용의 증가를 초래한다. 노인 중에는 허약한 노인이나 고독한 노인 등 사회복지서비스를 필요로 하는 노인 수가 증가하고 있다. 노인에게 어떠한 사회서비스를 제공하느냐 그리고 어느 정도의 예산을 노인을 위한 사회복지서비스 비용에 충당하느냐는 각국의 상황에 따라 다르다. 사회복지는 크게 현금급여와 서비스 급여로 나누어지는데, 사회복지서비스는 현금 대신 제공되는 대체물로서 개발되었다. 사회복지서비스로서 무엇을 제공할 수 있는가에 있어서는 합의된 사항이 없기는 하지만, 일반적으로 사회복지서비스는 우애, 여가활동, 정책활동, 교육, 상담, 정보제공, 다른 지원체계로의 연계, 안전한 환경 제공 등을 포함하고 있다. 사회복지서비스를 제공하는 이유는 개인의 자립적 생활을 도모하는 것으로 미국에서는 사회복지서비스를 제공할 때는 다음 다섯 가지 중의 한 가지는 충족되어야 한다고 보고 있다(Hooyman & Kiyak, 1996).

첫째, 개인의 의존성을 감소시키고 없애기 위해서 경제적 자립을 유지한다.

둘째, 의존의 약화와 예방을 포함한 자립을 유지한다.

셋째, 스스로를 보호할 수 없는 아동이나 성인의 방임, 학대, 착취를 예방하거나 개선하고, 가족을 유지하고 보호한다.

넷째, 지역보호, 재가보호, 다른 보호를 제공함으로써 부적절한 시설보호를 방지하거나 줄인다.

다섯째, 다른 형태의 보호가 적절하지 않은 경우 시설에 입소시키거나 시설에 있는 개인에게 보호를 제공한다.

이와 같이 사회복지서비스는 개인의 독립적 생활을 최대한 보장해 주고 가족이 유지되도록 지원하며 가능하면 집에서 보호를 받을 수 있도록 지원해 주는 사회복지의 한 형태라고 할 수 있다. 사회복지서비스의 수혜대상 중 노인을 위한 노인복지서비스는 노인의 일상생활을 지원하고 노인이 안고 있는 문제를 완화하거나 해결하기 위해 제공되는 대인서비스(personal social services)라고 정의된다(이혜원, 1998). 노인복지서비스의 유형은 다양한데, 가장 일반적으로 서비스를 제공하는 장소를 기준으로 시설복지(residential services, out－of－home services)와 재가복지(in－home services)로 분류될 수 있다(Lowy, 1980). 시설보호와 재가보호뿐 아니라 노인의 사회 심리적 적응을 위한 상담사업, 삶의 보람을 위한 여가지원사업, 문제해결을 위한 일상생활지원사업 등도 제공된다. OECD 국가에서는 시설복지 생활자가 많음으로 인해 재정이 과다하게 지출되자, 탈시설화를 지향하면서 지역사회로부터 서비스를 제공하는 재가복지로의 전향을 도모하고 있다. 재가복지는 노인이 익숙한 환경에서 생활하면서 필요한 서비스를 제공받음으로써 정상적인 가정생활을 유지하도록 하는 것으로, 가족의 부담을 경감시키고, 가족수발 또는 가족보호 기능을 지지하고 보충하는 것이다(Kadushin, 1980). 재가복지는 지역사회복지서비스와 혼동되게 사용하기도 하는데, 지역사회복지서비스(community welfare service)는 지역사회의 문제를 지역주민 스스로 해결하고 예방하는 서비스를 말한다(최일섭, 1980). OECD 국가에서는 증가하는 노인복지서비스 비용을 줄이기 위해서 시설복지를 지양하고 재가복지를 강화하고 있다. 재가복지서비스에는 가사노동, 장보기, 세탁, 음식배달 및 요리 등과 같은 가사노동인데, 이에 더하여 목욕, 옷입기, 먹기, 대화하기, 이동하기 등의 일상생활에 대한 지원도 포함시키기도 한다. 국가에 따라서는 상담, 물리치료, 언어치료, 비공식 보호자지원 및 상담 그리고 약물투여, 주사놓기 등과 같은 전문적인 의료 및 간호서비스까지 재가복지서비스에 포함시키기도 한다.

5. 가족복지 문제

산업화와 도시화에 따르는 여성의 사회활동 참여의 증대는 결혼 연령의 증가와 결혼율의 저하 등에 영향을 미치고 이러한 현상은 출생력의 저하와 더불어 가족의 규모나 가족의 구조에 영향을 미친다. 이러한 가족의 구조적 변화는 가족의 기능도 변화시켜 증가되는 노인인구의 지원 기능도 취약해짐에 따라서 노인을 위한 사회적 보호 요구가 증대되어 왔다.

인구 고령화는 가구수의 증가, 가구원수의 감소, 비혈연가구 및 1인 가구의 증가에 중요한 역할을 한 것으로 볼 수 있다. 즉, 출생률과 사망률이라는 두 가지 인구학적 요인의 변화가 인구구조 및 가구 구조 변화에 모두 기인한 것이다(Stolnitz, 1986). 가족규모가 감소함에 따라 1인 가족이 증가하고, 자녀와 동거하는 노인의 수는 감소하며 노인부부 또는 혼자 사는 노인이 증가하는 가족의 구조적 변화의 특성은 특정 사회의 문화나 가치의 변화에 따라서 국가마다 차이를 보인다. 그러나 일반적으로 배우자의 존재, 자녀의 존재 및 자녀의 성과 결혼상태가 가장 많은 영향을 미치는 것으로 파악되고 있다. 노인의 수명이 증가함에 따라서 여생을 혼자 보내는 시간이 길어지고 이러한 영향으로 혼자 사는 비율의 증가를 초래하고 경제적인 변화가 거주 유형에 영향을 미치는 것으로 분석되고 있다. 특히 자녀가 성년이 되면 독립하는 것이 일반화되어 있고 부모와의 동거는 자녀가 부모에게 의존하는 형태인 경우가 많다.

참고 | 고령화와 사회적 파장

- 고령화에 대한 비유 : Agequake, Gray Dawn, 고령화 쇼크
- 노동력 부족과 노동생산성 저하, 경제성장의 둔화
- 산업구조의 재편 : 노인의 구매력 증가, 고령친화산업분야 성장
- 부동산 시장 변화 : sun belt 지역 주택수요 증가, 별거로 주택수요 증가, 소형 주택가격 상승
- 금융시장 변화 : 저축감소로 인한 가용자금 축소, 투자위축, 성장둔화
- 국가의 재정 위기 및 정책(복지－경제) 우선순위 결정의 갈등
- 지역 간 불균형 발전 : 농업 생산성 저하, 농촌지역 복지 위축

2

PART

노화와 노화이론의 이해

CHAPTER 03

인간의 노화

제1절 노화

1. 노화의 정의와 개념

노화(aging)가 무엇인지는 한 마디로 정의하기가 어렵다. 광의의 노화(aging)는 생물체가 수정된 순간부터 사망까지 배아, 성숙, 성년기의 모든 변화를 말한다. 통상 많이 사용되는 협의의 노화(aging, senescence)는 성숙한 다음부터를 지칭하며 시간이 갈수록 비가역적으로 나빠져 사망 확률이 높아지는 과정을 말한다. 이 경우 생리적 기능의 감소와 질병에 대한 감수성 증가 등 환경적 스트레스에 대한 적응능력 감소 현상이 동반된다(Troen, 2003). 노화에 관여하는 인자는 유전, 생활습관과 환경이라고 알려져 있다. 수명은 탄생에서 사망까지의 기간을 말하는 것이고 최적의 생활 조건에서 노화 변화가 축적될 때 인간의 평균수명은 약 85세로 예측되고 있으며 현재까지 공식적으로 확인된 인간의 최대 수명은 프랑스의 장 칼망이 기록한 122세 5개월로 알려져 있다(Harman, 2001).

노화는 생명체에게 예외 없이 시간의 흐름에 따라 일어나는 점진적인 변화로 유기체의 세포, 조직, 기관조직, 또는 유기체 전체에 일어나는 성장과 발달 과정 중의 한 부분으로 생물적 노화, 심리적 노화, 사회적 노화의 과정을 포함하는 넓은 뜻으로 이해되어야 한다. 생물적 노화는 신체의 기관과 체계의 구조 및 기능이 시간의 경과에 따라 변화하는 것이며, 심리적 노화는 축적된 경험에 의한 행동, 감각, 지각기능, 자아에 대한 인식 등이 시간의 변화에 따라 변화하는 것이고, 사회적 노화는 생활주기를 통하여 일어나는 규범과 기대, 사회적 지위 및 역할의 변화 등을 의미한다.

노화를 설명하는 말 중에 정상노화(normal aging) 혹은 일차노화(primary aging)는 시간에 따른 보편적인 변화를 말한다. 여기에는 질병 및 환경적 영향은 포함되지 않는다. 예를 들면, 어린이의 성장과정이나 여성의 자연 폐경과 질병을 앓지 않은 노인의 신 기능 저하와 같이 시간이 지남에 따른 변화를 말한다. 일반 노화(usual aging), 병적 노화(pathological aging) 혹은 이차 노화(secondary aging)는 정상 노화 과정에 노화 관련 질환이 같이 있는 경우를 의미한다. 예를 들면, 비만 노인에서의 관상동맥질환과 같이 모든 노인에서 발견되는 상황이 아니고 노화를 더욱더 일으키는 상황이 가해진 것으로 환경과 질병의 영향을 포함한 의미이다(Troen, 2003). 그러나 건강 상태와 질병을 구분하는 것이 쉽지 않고 따라서 정상 노화와 일반 노화의 구별도 용이하지 않다(Fozard, J. L., Metter, E. J., & Brant, L. J., 1990). 성공 노화(successful aging)는 일반 노화에 대응하는 개념으로 노인에서 신체 및 인지 기능이 정상이고 장애 및 질환이 없는 상태를 말하며 로우와 칸(Rowe & Kahn, 1997)은 여기에 활발한 사회활동을 추가하여 정의하였다.

이상에서와 같이 노화의 정의와 개념을 규정하는 것이 쉽지 않고 노화를 부르는 말이 많기 때문에 하나의 일관된 분류법은 없다.

2. 노화의 특성

노화의 특성을 논할 때 노화를 변화로만 보는 경향이 있으나 안정성도 동시에 고려해야 한다. 노화는 상실과 획득, 쇠퇴와 성장, 긍정과 부정의 두 측면(예 건강의 쇠퇴 vs 경험과 지혜의 확대)을 모두 포함하는 것이다. 그리고 노화는 보편성과 개별성을 포괄하고 있다. 또한 노화는 유전과 환경에 의한 외적 변화와 내적 변화를 모두 포함하며 생물학적 노화는 원상태로의 복귀가 어렵지만(불가역성), 사회적 노화는 원래상태로의 회복이 가능(예 퇴직 후 재취업)하다.

3. 생물적 노화

1) 개념과 영역

일반적으로 노화는 신체구조의 외적 변화를 의미할 정도로 신체적 노화가 익숙한 개념이나 생물적 노화가 더 정확한 개념일 수 있다. 이는 생물적 퇴화과정이 생물적 재생산 과정을 능가하여 유기체 내에 퇴행적 변화가 나타나는 발달 현상이다. 즉, 나이가 들어감에 따라 신체 구조 및 신체 내부의 세포, 조직, 장기 등 유기체 전반에 일어나는 쇠퇴적 발달 현상으로 볼 수 있다. 노화의 영역은 신체적 노화(신체구조와 기능의 쇠퇴로 인하여 활력을 상실하고 질병에 대한 저항력이 약화되는 노화)와 생리적 노화(유기체의 기관, 조직체, 세포, 생체 통제기제 등의 쇠퇴와 기능이 약화되는 노화) 그리고 생물적 노화(신체적 노화+생리적 노화)로 이해될 수 있다.

2) 원인과 특성

생물적 노화는 외적 환경요인에 의해서도 촉진되지만 유전 등 내적 요인에 의해 주로 유발된다. 노화는 모든 사람에게 보편적으로 나타나지만 그 속도나 정도는 개인차가 있다. 노화의 특성으로는 신체구조와 기능의 저하와 일상생활능력 저하가 대표적이며, 이로 인해 신체에 부정적 영향을 미치며 질병에 대한 저항력 상실을 초래하고 생명의 종식에 이르게 한다.

3) 생물적 노화의 수준

(1) 최적의 노화

최적의 노화는 긍정적 유전 요인과 긍정적 환경의 작용으로 신체기능의 저하가 최소한도인 노화를 말한다(성공적 노화).

(2) 통상적 노화

통상적 노화는 어떤 건강 지표나 기능에서는 별 이상이 없어 정상적 상태로 판단되지만 상당한 정도의 질병이나 장애의 위험성을 안고 있는 상태(수축기 혈압 증가, 복부비만, 고지혈, 혈당증가, 면역력·폐·신장 또는 기타 기능의 약화 및 상실)로 노화하는 것을 말한다. 이는 유전 요인에 부정적 환경요인이 작용하여 질병과 기능 제한을 초래하지만 그 정도가 심하지 않은 상태를 말한다(일반적 노화).

(3) 병리적 노화

병리적 노화는 부정적 유전 요인에 부정적 환경요인이 작용하여 심각한 만성질환과 장애를 초래하는 노화를 말한다.

4) 생물적 노화의 신화와 사실

(1) 질병의 신화

노인이 되면서 생물적 노화의 신화로 노년기는 신체질병으로 가득한 시기라는 신화가 있다. 물론 질병 가능성이 높고 유병률이 89%에 이르지만 노년기 이전에 발병한 경우가 많고 일상생활 동작능력(ADL)은 유지될 수 있다는 것이 사실이다.

(2) 볼품없는 외모의 신화

노인이 되면서 생물적 노화의 신화로 매력 없고, 보고 듣지도 못하고, 냄새 나고, 치아도 없다는 신화이다. 노화로 인한 외모 변화는 사실이지만, 화장, 안경, 보청기, 틀니, 철저한 위생 관리 등으로 보완이 가능하다.

(3) 위험성으로 일을 중단하는 신화

노인이 되면서 생물적 노화의 신화로 심장발작, 골절상의 위험이 있으므로 스스로 힘든 일을 중단한다는 신화이다. 그러나 신체기능 저하는 성인 초기부터 진행되며 치료와 운동으로 극복 가능하며 이들 질환은 노년기만의 특성은 아니다.

(4) 성에 전혀 관심 없다는 신화

노인이 되면서 생물적 노화의 신화로 성에는 관심도 없고, 성생활도 불가능하다는 신화이다. 성기능 저하는 사실이나 성적 노화보다는 성적 파트너 유무가 더 중요하며 발기부전 치료제, 사전 성적 유희 등으로 성생활 유지가 가능하다.

4. 심리적 노화

1) 개념과 영역

심리적 노화의 개념은 감각기능, 인지기능, 정서 및 정신기능, 성격 등의 심리 내적 측면과 심리 외적 측면과의 상호작용에 있어서의 퇴행과 유지 및 성숙을 동시에 내포하는 심리적 조절과정으로 본다. 따라서 심리적 노화의 영역으로는 감각, 지각, 심리운동, 정신 및 정서기능으로 심리적 기능 영역과 자아와 성격의 발달적 특성영역 그리고 정신건강 및 장애 영역으로 나누어 볼 수 있다.

2) 원인과 특성

심리적 노화의 특성과 원인은 생물적 노화, 사회적 노화와 연관성이 있다. 생물적 노화와 관련된 심리기능은 연령증가와 함께 퇴행적 발달을 이루며, 경험과 관련된 심리기능은 유지 혹은 증가한다. 실생활에서는 정신기능의 쇠퇴가 의미 있는 정도로 나타나지 않는다. 심리적 노화가 사회적 기능을 약화 또는 촉진할 수 있으며 사회적 노화 역시 심리적 노화에 긍정과 부정의 영향을 미친다.

3) 심리적 노화의 양상

심리적 노화의 양상은 감각과 인지 및 정신기능, 정서·성격변화로 구분하여 설명할 수 있다.

(1) 감각기능

감각기능은 노화의 결과를 질병으로 간주하는 경향이 있지만 정상적 노화 자체만으로는 질병이 유발되지 않는다. 노화의 진행과 함께 발병 가능성이 높아지는 것은 병리적 노화 때문이다.

- 노화기전(유전과 환경) → 정상적 노화 → 신체기능의 저하 → 위험인자 개입 → 병리적 노화로 전환 → 질병에의 이환

(2) 인지 및 정신기능

노화의 측면에서 가장 중요하고 활발히 연구되고 있는 것이 지능, 학습, 기억 등의 인지적인 기능이다. 이것들은 일과 여가활동, 가족과 친구들과의 관계, 지역사회에서의 역할을 포함하는 모든 삶의 양상에서 개인적인 행위로서 중요하다. 노년기에 들어감에 따라 신체의 모든 기능이 저하됨과 동시에 지적 능력도 저하되는 것으로 알려져 있으나 반드시 그런 것만은

아니며 연령이 많아짐에 따라 지적인 능력에 있어서 어떤 부분은 향상성을 가지고 있는 것도 있다. 또한 노년기에는 기억기능도 비교적 낮아지는데, 그 감퇴현상은 60세 이후에 나타나며 연령을 더해 갈수록 점차 저하현상이 나타난다.

① 노화와 인지기능

노화로 사망 5년 전부터 지적 능력이 감소하고 사망 직전 터미널 드롭(Terminal drop)[1)](Kleemeier, 1961) 현상이 일어난다. 그리고 치매의 가능성도 높아진다.

② 지능

지능은 18세에서 25세 이후 점진적으로 쇠퇴하는 것이 일반적이나 유동성 지능은 70세 이후 급감한다. 그러나 결정성 지능은 60세 이후 꾸준히 증가한다. 따라서 지능과 연령이 부적 관계라고 단정하기 어려우며, 교육, 생활경험, 동년배집단효과(cohort effect)검사 시 건강상태 등에 따라 차이가 있다.

③ 기억

기억은 단기기억(5~10초)과 최근기억(1시간~며칠) 그리고 장기기억, 최고기억(한 번도 회상해 보지 않은 과거)으로 구분되며 노년기에는 단기 및 최근기억이 약화된다.

④ 학습

학습은 일반적으로 감소되나 충분한 학습기간과 구체적인 과제, 결과에 대한 즉각적 피드백(feedback)으로 보완이 가능하다. 노년기에 이르게 되면 일반적으로 학습능력의 저하가 일어나기 때문에 노인들의 학습능력을 향

---

1) 사망 직전에 극적인 인지기능 감퇴가 이루어지는 종말적 저하 현상을 의미한다.

상시키기 위해서는 충분한 시간을 가지고 수행할 수 있는 구체적이고 의미있는 학습과제를 부여하고 학습결과에 대한 적극적인 환류가 이루어져야 한다. 노년기에는 반응속도의 저하와 같은 인지기능의 저하를 오랜 인지경험을 통해 획득한 지혜를 사용하여 보완해 나갈 수 있다.

⑤ 사고와 문제해결

사고와 문제해결능력은 일반적으로 감소되지만 연령, 교육, 경험, 지능, 직업, 동년배효과 등이 복합적으로 작용한다. 노년기에 주로 일어나는 사고능력과 기억력의 심각한 장애인 노인성 치매의 문제는 중요한 사회문제로 제기되고 있다. 문제해결은 단순한 지식의 암기와 이해가 아니라 차원높은 지적 작용으로서의 작용, 종합, 분석 및 평가의 상위수준의 종합적 능력을 말하는 것인데 노년기에는 연소자보다 능률성에 있어서 떨어지고 있다.

⑥ 지혜

노인들은 오랜 삶의 경험을 통하여 나름대로의 삶에 대한 지혜를 가지게 된다. 노년기에는 반응속도 저하와 같은 인지기능의 감퇴로 오는 문제를 경험을 통해 얻은 지혜로 보완해 나갈 수 있다.

⑦ 영성

노년기에는 영성이 더욱 깊어지나 종교활동 참여가 감소하기도 한다.

(3) 정서 및 성격변화

① 정체감

은퇴로 자아가 와해되면서 노인은 정체성 위기에 직면할 수 있다. 정체감은 은퇴로 자아가 와해된다는 위기와, 은퇴 후 다른 역할로 보완 유지한다는 상반된 견해가 있다.

② 감정표현

감정표현능력은 저하되나 사회문화요인이 더 큰 영향을 미친다.

③ 자아통합 대 절망(Erikson, 1963)

에릭슨(Erikson, 1963)은 노년기 심리사회적 위기인 자아통합 대 절망은 중·장년기에 생산성 대 침체의 위기를 어느 정도 성공적으로 극복하였는가에 따라 달라진다고 하였다. 자아통합은 인생에 대해 만족하고 죽음을 인정하고 수용하는 태도를 갖는 것이다. 이에 비하여 절망은 삶을 후회와 불만족 그리고 죽음을 수용하지 못하고 불안 초조해 하는 것을 의미한다. 자아통합은 인생에 대해 만족하고 죽음을 인정하고 기다리는 것이며, 절망은 삶을 후회하고 불만족하며 죽음을 수용하지 못하고 우울해하며 타인을 원망하는 것이다.

④ 죽음에 대한 태도

죽음에 대한 태도는 자아통합성 성취 정도에 따라 차이가 있다. 죽음에 대한 태도는 죽음에 대한 개인의 감정과 인지 및 신념이므로 개인에 따라 다를 수 있으며 연구자에 따라 정의 또한 다양하다. 죽음에 대한 태도는 삶의 과정에서 형성되기 때문에 삶과 관련이 깊다. 즉, 자신의 삶의 환경에 따라 죽음에 대한 인식이 다르고 어떻게 죽음을 인식하고 이해하느냐에 따라 남은 삶의 모습과 삶의 질이 달라질 것이다. 대부분의 사람들은 죽음에 대한 태도에 모순이 있어 죽음의 보편성은 인정하지만 자기 자신의 죽음에 대해서는 인정하지 않고 이성적·지적 수용은 하면서도 감성적·심리적으로는 거부한다.

⑤ 성격변화

성격은 유지된다는 주장과 변화된다는 주장이 상반되고 있다. 노년기 성격변화의 특징으로 내향성 및 수동성 증가, 조심성 증가, 경직성 증가, 우울성향 증가, 생에 대한 회상의 증가, 성역할 지각의 변화, 의존성 증가, 시간 전망의 변화, 유산을 남기려는 경향 등이 있다는 것을 이미 살펴보았다. 리차드 등(Reichard, Livson, & Petersen, 1962)은 <표 3-1>과 같이 노년기 성격유형을 성숙형, 방어형, 은둔형, 분노형, 자학형의 다섯 가지로 구분하고 있다.

〈표 3-1〉 노년기 성격유형

성격유형	주요 특징
성숙형	매사에 신중하고 은퇴 후의 변화를 수용하고 과거에 집착하지도 않으며 여생이나 죽음에 대한 과도한 불안이 없음
방어형	노화에 따른 불안을 방지하기 위해 사회적 활동 및 기능을 계속 유지
은둔형	은퇴 후 과거나 힘들었던 일이나 복잡한 대인관계에서 벗어나 조용히 수동적으로 보내는 것을 만족해함
분노형	젊은 시절 인생목표를 달성하지 못하고 늙어버린 것에 대해 비통해하고 실패원인을 외부에 투사하여 남을 질책하고 자신의 늙음에 타협하지 않으려고 함
자학형	지난 인생에 대한 후회가 많고 불행이나 실패의 원인이 자신에게 있다고 여겨 자신이 무가치하고 열등하다고 생각하며 의기소침해하거나 우울증을 보임

4) 심리적 노화의 신화와 사실

(1) 수면의 신화

심리적 노화로 인해 노인은 하루 종일 잠만 잔다는 신화이다. 그러나 이는 수면 부족과 낮 시간의 지루함 해소 목적이 있다.

(2) 고집 셈의 신화

심리적 노화로 인해 노인은 융통성 없고 고집이 세다는 신화이다. 그러나 이는 더 넓게 보고 넓게 사고하며 지혜의 표현이라고 할 수 있다.

(3) 평안함의 신화

심리적 노화로 인해 노인은 평화롭고 평안한 시기라는 신화이다. 그러나 이는 관계위축과 지위상실 등의 스트레스로 인한 것이다.

(4) 기억저하와 치매의 신화

심리적 노화로 인해 노인은 기억저하와 치매가 온다는 신화이다. 이는 단기기억 상실에 국한되며 치매 유병률은 9% 정도에 불과하다.

(5) 학습의 어려움 신화

심리적 노화로 인해 노인은 학습이 어렵고 지능의 저하가 있다는 신화이다. 그러나 구체적이고 흥미로운 과제와 충분한 시간과 동기를 부여하면 능력이 상승하고 결정성 지능은 높아진다.

(6) 문제해결능력 저하 신화

심리적 노화로 인해 노인은 문제해결능력이 저하된다는 신화이다. 그러나 이는 단순히 노화에 의한 능력저하는 아니다.

(7) 죽음을 두려워한다는 신화

심리적 노화로 인해 노인은 젊은이보다 죽음을 두려워한다는 신화이다. 그러나 대부분은 죽음을 편안히 수용한다.

(8) 의존의 신화

심리적 노화로 인해 노인은 의존적이라는 신화이다. 그러나 대부분의 노인들은 자립적 생활이 가능하다.

(9) 종교에 몰입한다는 신화

심리적 노화로 인해 노인은 종교에 몰입한다는 신화이다. 그러나 종교 참여 빈도가 높아지고 영성이 깊어지는 것이 일반적일지라도 종교에 몰입하지는 않는다.

5. 사회적 노화

1) 개념과 영역

사회적 노화는 노년기로의 전환과 함께 나타나는 개인수준의 사회적 상황변화, 즉 사회적 관계망과 상호작용, 사회규범과 사회화 그리고 지위와 역할의 변화로 개념 지을 수 있다. 사회적 노화의 영역으로는 개인수준의 사회적 상황변화와 사회가 노인에 미치는 영향 그리고 노인인구로 인해 나타나는 사회적 변화이며 일반적으로 개인 수준의 사회적 상황변화를 중심으로 논의한다.

2) 사회적 노화의 양상

사회적 노화의 양상은 사회적 관계망과의 상호작용, 연령규범과 사회화, 지위와 역할변화로 구분 설명된다.

(1) 사회적 관계망과의 상호작용

① 가족

사회적 관계망과의 상호작용 중에서 퇴직, 배우자, 친구의 상실 등으로 관계망이 축소되어 일차 집단, 그중에서도 가족이나 자녀가 사회적 관계의 중심이 된다.

② 부부관계

수명연장과 자녀 양육기간 감소로 노후의 여가시간과 노부부 시기가 연장되고 있다. 원활한 부부관계의 결정요인으로는 건강과 경제 자립, 생활 범위 조정, 양성적 역할이 중요하다. 그리고 배우자 상실의 영향으로 우울, 비통, 죄의식, 사회활동 관심 저하 등이 나타날 수 있다. 또한 황혼이혼과 노년기 재혼이 증가하는 추이를 보이고 있다.

③ 부모-자녀 관계

부모와 자녀 관계는 별거, 연락과 접촉빈도 감소 등의 양적 변화와 아울러 정서적 유대관계도 약화되는 추세이다.

(2) 연령규범과 사회화

사회화는 사회적 상호작용을 통해 규범과 가치 그리고 역할 기대 등을 학습하고 사회생활에 필요한 기술을 발전시키는 사회적 학습과정이다. 사회는 젊은층의 사회화에 더욱 주력하고 있다. 노년기의 연령규범에 대한 합의가 이루어지지 않고 있으며 노인에 대한 긍정과 부정 시각이 혼재해 있다. 예비적 사회화 없이 노년기에 진입하므로 노후 적응에 문제를 경험하고 사회적 소외 경험의 가능성이 높아진다. 노인들은 '**나이 값**(acting his age)**도 못하는 사람**'으로 취급되며 사회적 비난과 차별을 받을 가능성이 높아진다.

(3) 지위와 역할변화

노년기에는 중요하고 가치 있게 생각하는 지위와 역할을 상실하는 경우가 더 많다. 즉, 노년기는 직업적 지위와 수입의 상실, 친구와 가족의 죽음, 신체적인 건강, 아름다움의 감소, 전체적인 삶의 목적 상실 등 얻는 것보다는 잃는 것이 더 많은 시기이다. 노년기에 가치가 낮은 지위와 역할을 획득하게 됨으로써 노인은 자신의 가치를 평가절하하게 되고 그로 인하여 자아존중감, 삶의 만족도 등이 낮아지게 된다. 우리사회는 노년기의 지위와 역할 상실을 당연하게 받아들이고, 노인의 사회적 소외를 조장하며, 사회적 차별을 하는 경향이 강해지고 있다.

3) 사회적 노화의 신화와 사실

(1) 퇴출 신화

퇴출 신화는 주류사회에서 퇴출된다는 것이다. 그러나 봉사활동 등 일을 통해 주류사회 참여는 증가하는 것이 사실이다.

(2) 소외 신화

소외 신화는 고독하고 소외된다는 것이다. 하지만 자녀와 친구 그리고 이웃과 유기적 관계를 형성하고 있다는 것이 사실이다.

(3) 빈곤 신화

빈곤 신화는 노인이 되면 가난해진다는 신화이다. 그러나 빈곤의 가능성은 높지만 일과 자녀 지원으로 경제생활을 유지하고 있는 것이 사실이다.

(4) 고립 신화

고립 신화는 혼자 있고 일과에 주로 TV를 시청한다는 것이다. 그러나 소극적이고 시간 소모적 여가활동이 많지만 이는 여가환경 미비에 기인하며, 여가의식은 점차 개선되고 있다.

(5) 학대와 방임 신화

학대와 방임 신화는 학대와 방임이 지속적으로 이루어지고 있다는 것이다. 학대와 방임이 증가하고는 있으나 자녀들의 존경을 받고 있는 것 또한 사실이다.

(6) 가족기능 약화 신화

가족기능 약화 신화는 복지확대로 인해 가족기능이 약화된다는 것이다. 그러나 복지의 강화는 가족기능 보완과 강화 기능을 한다.

(7) 근로 상실 신화

근로 상실 신화는 일할 수 없다는 것이다. 그러나 평균수명의 연장으로 노인의 30%가 일하며 브리지잡(bridge job)[2)]을 가진 후 은퇴한다.

(8) 참여 부족 신화

참여 부족 신화는 정치적인 관심과 투표율이 낮다는 것이다. 그러나 선거에서 나타난 투표율을 보면, 노인의 투표율이 20대 젊은 층에 비해 훨씬 높다. 그리고 투표자 수 중에서 노인이 차지하는 비율이 높다는 점을 근거로 해 보면 노인의 정치적 관심과 영향력이 크다는 것이 사실이다. 다만, 노인의 경우 인터넷을 통한 선거홍보 등 정치와 관련된 각종의 정보에 접근하는 데 제한을 받는 경우가 점차 많아지고 있는 점이 노인의 보수적 정치색을 더욱 강화시킬 가능성이 높다.

제2절 노화의 진행

1. 진화론적 노화

노화이론의 일반적 골격을 쉽게 이해하는 데에는 진화론적 배경을 먼저 이해하는 것이 필요하다. 진화론적으로 볼 때 최소한의 성공적 선택이 되기 위해서는 생식이 가능한 나이에 도달하여 출산하고 자손이 젖을 뗄 때

---

2) 최근 미국에서는 고령 인력들을 대상으로 한 '브리지잡(Bridge Job)'이라는 새로운 고용 형태가 인기를 얻고 있다. '브리지잡'이란 50세 이상의 근로자들이 퇴직(정년퇴직 포함) 후, 10년이 넘지 않은 기간에 파트타임 내지 풀타임으로 일하는 경우를 말한다. 일종의 재고용의 형태로 전에 근무했던 직장이나 다른 직장에서 프로젝트성 업무나 고객 응대 업무 중심으로 확산되고 있다. 미국 근로자의 절반에서 2/3가 더 이상 일하지 않는 완전 은퇴 이전에 브리지잡을 갖는 것으로 조사되었다.

까지는 건강하게 살 능력이 있어야 한다. 즉, 초기 적응을 최적화시킨 후에 노화는 나중에 나타나는 다양한 양상이라는 것이다. 커쿼드(Kirkwood, 1995)는 세 가지 유전자 중 첫째, 신체의 유지와 수리에 관여하는 유전자가 초기에 관여하고, 둘째, 초기 생존에는 유리하지만 후기 생애에는 불리한 다향성 길항(pleiotropic antagonism) 유전자와, 셋째, 돌연변이 유전자가 나중에 관여하리라고 추측하였다. 다향성 길항작용[3]은 진화를 위해서 초기의 유리한 선택이 나중에는 좋지 않게 작용하는 유전자가 노화에 관여하리라는 것이다. 다향성 길항 유전자의 전형적인 예를 수컷 고릴라에서 볼 수 있는데, 초기 남성호르몬인 테스토스테론의 과다 분비는 이 개체를 매우 공격적이고 힘있게 하기 때문에 더 우월해져서 더 많은 짝짓기를 할 수 있게 하지만 결국 나중에는 테스토스테론의 영향으로 동맥경화가 악화되기 때문에 수명이 더 짧아진다는 것이다. 세포의 예에서는 세포 노화가 암화를 방지하지만 결국에는 유기체가 늙게 하는 데에 기여한다고 제시되고 있다. 얼핏 노화는 자연선택에 반하는 것처럼 보인다. 나이가 들면 약해지는 생물과 그렇지 않은 생물이 경쟁한다면, 늙지 않는 생물이 생존에 더 유리하다고 생각하기 때문이다. 하지만 실제로는 그렇지 않다. 진화적으로 노화를 다시 생각해 보면, 노화는 오히려 자연선택에 부합하는 현상이다.

노화이론은 두 가지 조건으로 생각해 볼 수 있다.

첫째, 늙지 않는 생물조차 영원히 살 수 없다.
둘째, 개체가 사용할 수 있는 에너지나 자원에는 한계가 있다.

자연에서 생물은 수명을 다해서 죽기도 하지만 많은 수가 포식자에게 먹히거나 사고 등으로 삶을 마친다. 따라서 늙지 않는 동물도 시간이 지남에

3) 생물체의 신체 내부 상태나 환경의 변화를 인지했을 때, 서로 반대되는 영향을 끼치는 신경 및 호르몬이 분비되어 신체 내 항상성이 유지되도록 하는 작용을 말한다.

따라 살 수 있는 확률이 줄어든다. 또한 생물이 수행하는 모든 행동에는 에너지가 쓰인다. 첫 번째 이론으로는 개체 하나가 가지는 에너지, 혹은 자원은 유한하므로 생물은 어떤 행동에 자원을 투자할지 선택해야만 한다. 이를 바탕으로 연어 등의 동물들이 알을 낳고 죽는 것을 설명할 수 있다. 연어는 산란을 위해 강을 거슬러 올라가는데 위험하고 살아남을 확률도 낮다. 연어가 한 번의 산란 후 살아남아 나중에 두 번째 산란을 시도한다면 두 번 모두 성공할 확률은 매우 낮을 것이다. 따라서 두 번째 산란을 대비해 에너지를 아끼는 것보다는 한 번의 산란에 모든 자원을 투자하는 것이 유리하고 이에 따라 자연선택이 이루어졌다고 볼 수 있다. 이 설명을 인간에게 적용하면, 나이가 적을 때 번식하는 데 에너지를 많이 투자하고, 즉 한정된 자원을 번식에 투자하여 노화가 촉진된다고 생각할 수 있다. 두 번째 이론은 어떤 유전자가 번식에 유리함을 주는 대신 노화를 촉진한다면, 이 유전자가 자연선택 되어 후대에 전달될 가능성이 크다고 설명한다. 진화는 결국 후대에 유전자를 잘 전달하는 생물이 살아남는 과정이며 나이가 많은 개체는 번식할 가능성이 낮기 때문이다. 결과적으로, 노화는 젊을 때 얻는 유리함의 대가라는 것이다. 진화는 유전자가 전달되는 데 유리하다면 개체가 늙어서 겪는 고통은 생각하지 않는다. 노화의 진행 단계를 일차적 노화, 이차적 노화, 삼차적 노화로 구분하여 다시 살펴보기로 한다.

1) 일차적 노화

일차적 노화는 우리 모두에게서 발생하는 보편적이고, 평생 지속되며, 불가피한 노화과정이다. 또한 인간이라면 누구나 경험할 수밖에 없는 점진적이고 나이와 관련된 변화이다. 일차적 노화의 가시적 과정으로 머리가 희어지거나 빠지는 것, 움직임이 느려지는 것, 시력 및 청력이 약해지는 것 등이 있으며, 비가시적 과정으로 온도변화에 대한 반응이 느려진다거나 면역체계 효율성이 감소하는 등 일차적 노화는 세포에서 기관에 이르기까지 모든 신체 수준에서 일어난다.

2) 이차적 노화

이차적 노화는 대부분의 사람에게서 나타나기는 하지만 보편적이거나 불가피한 노화과정은 아니다. 이차적 노화는 질병, 남용(술, 담배, 비만, 영양 불량, 과도한 자극 등)과 불용(운동부족으로 인한 근육쇠퇴, 질병으로 인한 운동부족)의 결과로 발생하는 경우가 많다. 일차적 노화는 개입의 가능성이 매우 적지만 이차적 노화과정은 지연시키거나, 정지시키거나, 심지어 되돌릴 수도 있다(예 70대 남녀 노인들이 규칙적인 운동과 식이요법으로 구성된 26일간의 프로그램에 참가한 후 건강과 작업능력이 향상).

3) 삼차적 노화

삼차적 노화는 생의 마지막을 알리는 최후의 급속한 쇠퇴를 나타내는 노화이다. 터미널 드롭(terminal drop)과 유사한 개념이며 건강, 인지, 사회적 능력에서의 급속한 변화가 나타난다. 양적, 질적으로는 정상적 노화과정의 변화와는 다르며 질병을 피할 수 있는 능력은 사라지고 대부분의 시간에 잠을 자게 된다. 이런 시기는 아주 짧을 수도 있고 몇 달 또는 몇 년 정도 지속될 수도 있다. 건강한 노인은 수십 년의 일차적 노화를 겪은 후에 아주 짧은 삼차적 노화를 경험하게 된다.

2. 정상노화와 질병의 구분

1) 노화와 질병의 관계

노화의 결과를 질병으로 간주하는 경향이 있지만 정상적 노화 자체만으로는 질병이 유발되지 않는다. 노화의 진행과 함께 발병 가능성이 높아지는 것은 병리적 노화 때문이다(그림 3-1 참조).

2) 정상노화와 병리노화

노화에 대한 연구를 할 때 흔한 문제가 질병과 노화의 관계이고 노화 종적 관찰연구를 통하여 정상노화와 질병에 대해 구분하려는 노력이 진행되고 있다. 노화가 서로 상관된 복합적 질환의 열거에 지나지 않는다고 말하는 사람도 있지만 다른 관점에서 질환을 배제한 후의 변화를 정상(일차)노화라고 한다. 이를 알기 위해서는 건강한 노인에서 질환의 흔적을 찾아내고 사망의 원인을 알아내는 것이 필요하다.

정상노화는 노화에 따른 보편적인 변화를 말하며 여기에 질병 및 환경적 영향은 포함되지 않는다. 어린이의 성장과정 변화나 여성의 자연적 폐경은 질병의 영향이 아니고 시간이 지남에 따른 변화, 즉 성장 및 노화에 의해 나타나는 것의 좋은 예이다. 미국의 국립보건원노화연구소 볼티모어 노화 종적 관찰연구에서 20세에서 90세까지 1,000명 이상의 자원자를 대상으로 정상노화 과정을 관찰한 바에 따르면, 심장은 약간 비대해지고 운동 시 최대 산소소비량이 10년에 남자는 10%, 여자는 7.5% 감소하며 심박출량은 변하지 않았다. 폐의 최대 호흡능력은 20세에서 70세 사이에 40% 감소한다. 뇌는 나이가 듦에 따라 신경세포의 수가 감소하나 연결 증가로 보상한다. 신장 기능은 점차 떨어지고 방광 용적도 줄며 조직 위축에 따른 요실금이 증가한다. 체지방은 소실되지 않지만 재분포되어 심부로 이동하여 여자는 엉덩이와 대퇴부, 남자는 복부에 축적된다. 근육량은 운동을 하지 않으면 30세에서 70세 사이에 20%가량 감소한다. 시력과 청력이 감소하고 성격은 30세 이후 변하지 않는다.

일반(이차) 노화 혹은 노화 증후군(aging syndrome)은 노화 과정 외에 노화를 더 일으키는 모든 상황을 더한 것으로 환경과 질병의 영향을 포함한다. 그러나 노화과정과 질병을 구별하는 것이 쉽지 않다. 질병의 정의에 병리적 소견이 필요하다면 동맥경화 변화는 어린아이에게서도 발견될 수 있고 또 알츠하이머 질환의 경우 병리 소견 외에도 증상의 출현이 있어야 진단할 수 있다. 따라서 정상노화를 알기 위하여 질병을 제외할 때 질병이 있지만 진단기준이 없거나 아직 몰라서 제외되지 않을 수도 있어서 정상노화와 질병을 구분하는 것은 아직 논란의 여지가 많고 사실 정상노화의 기전도 아직 잘 알지 못한다.

관상동맥질환과 당뇨병, 고혈압, 암, 노인성 치매, 관절염, 골다공증 등 노화 관련 퇴행성 질환은 노화 자체와 마찬가지로 다인자 질환이므로 역학적 방법을 동원하여 주요 위험 인자를 알아내는 것이 필요하다. 이들 질환의 빈도 증가가 임상에서 보는 노화의 가장 현저한 양상이기 때문에 이들 질환의 연구로 도움을 받을 수 있다. 또 퇴행성 질환의 양상이 병에 걸리지 않은 사람에서도 보이는 예, 즉 조기 알츠하이머병 환자의 뇌 병리 소견인 노인성 플라크 및 신경원섬유 농축체(tangle)는 건강한 노인의 뇌에서도 발견되기 때문에 퇴행성 질환의 연구가 노화기전 연구에도 도움이 되리라고 생각된다.

이상에서와 같이 노화를 적절하게 서술하고 정의하기 위해서는 노화 자체 내에 질병의 설명을 포함하여야 하지만 아직까지의 연구 결과로는 충분하지 못하다.

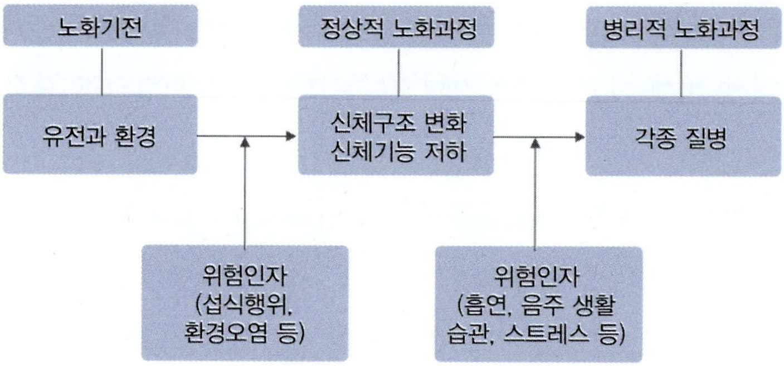

|그림 3-1| 정상적 노화와 병리적 노화의 관계

3. 성공적 노화

1) 성공적 노화의 개념

로우와 칸(Rowe & Kahn, 1998)의 노화수준 구분에서 성공적 노화는 최적의 노화에 해당하는 것이다. 성공적 노화는 생물, 심리, 사회적 기능 수준이 높고 삶의 만족과 환경에 대한 적응 수준이 높은 상태라는 것에 노년학자들은 전반적으로 일치된 견해를 보이고 있다. 성공적 노화는 훌륭한 노화(good aging)와 같은 의미로도 혼용되고 있다. 결과적으로 성공적 노화는 삶의 의미와 목적감을 잃지 않으면서 과거와 현재를 수용하고 정신적으로 성공해 가는 심리적인 발달과정이며 정신적으로나 신체상의 질병 없이 가족관계 유지 및 원만한 사회적인 관계를 유지하면서 살아가는 것이라고 할 수 있다.

성공적 노화와 유사한 개념

- 세계보건기구 : 활기찬 노화(active aging)
- 디찰드(Dychtwald) : 건강한 노화(healthy aging)
- 버(Burr) 등 : 생산적 노화(productive aging)

노화의 보다 긍정적인 측면을 강조하는 성공적 노화는 늙지 않는 것이 아니라 **잘 늙는 것**을 의미한다(Row & Kahn, 1998). 그들은 노화가 모든 사람에게 보편적으로 일어나는 현상이기는 하지만 모든 사람들이 동일한 방식으로 노화하는 것은 아니며, 성공적 노화의 세 가지 구성요소, 즉 신체적 요소, 인지적 요소, 사회적 요소들이 위계적 순서를 이루고 있다고 주장하였다. 질병과 장애가 없으면 신체적·인지적 기능이 유지되기 쉽고 그것은 적극적인 인생 참여를 가능하게 하여 인생 후기의 도전에 대처할 수 있게 한다(Kim, 2008). 따라서 고령사회에서 장기화된 노년기를 어떻게 보내는가 하는 문제가 현대를 살아가는 노인들의 중요한 과제이다. 또한 나이가 들어감에 따라 나타나는 질병, 외로움, 역할상실, 경제적 어려움이라는 네 가지 노인문제 해결을 위한 사회적 차원의 관심이 절실하게 필요하다(Sung & Yoo, 2002).

성공적 노화는 아직까지 공통적으로 합의된 정의나 측정 방법은 아직 없다. 세계보건기구, 미국 노화연구소, 백악관 회의에서는 질병과 장애가 없는 것 이상의 것임을 강조하였고 로우와 칸(Rowe & Kahn, 1997)은 여기에서 더 진화하여 사회적 참여를 강조하였으며, 현재 일반적으로 사용되는 모델은 신체, 인지, 사회적 기능이 높으면서 장애가 없는 상태를 말한다. 성공 노화라는 말 외에도 건강 노화(healthy aging), 최적 노화(optimal aging), 생산적 노화(productive aging), 잘 늙는 것(aging well) 등이 사용되고 있다. 뎁과 제스트(Depp & Jeste, 2006)는 지금까지 보고된 성공 노화 연구를 포괄적으로 분석한 연구에서 성공 노화는 60세 이상 노인의 35.8%를 차지하고 있고 예측인자로서 가장 유의미한 것은 젊을수록(60세에 가까운 나이) 금연과 관절염과 청력 이상 등 건강에 문제가 없고 일상생활활동이 좋은 경우였고, 중등도로 유의미한 것은 신체활동과 사회 접촉이 더 많은 경우, 자기 건강 평가가 좋은 경우, 우울증 및 인지장애가 없는 경우, 수축기 혈압이 낮은 경우, 질병이 적은 경우였으며, 성별, 수입, 교육, 결혼 상태는 일반적으로 상관이 없었다.

노화과정에는 유전과 환경 그리고 생활습관이 관여하고 이 중 유전인자는 30%에 못 미치는 것으로 알려져 있다. 따라서 생활습관과 같은 환경요인의 조절이 매우 중요할 수밖에 없는데, 이를 뒷받침하는 연구 결과가 미국 제7일 안식일 교인을 상대로 한 수명 연구이다. 같은 교인에서도 적절한 식이, 운동, 체질량 지수, 금연을 유지한 교인이 그렇지 못한 경우보다 10년 더 수명이 긴 것을 볼 수 있었다(Hubert, Bloch, Oehlert, & Fries, 2002). 질병의 조기검진과 예방 조치, 의학의 발달, 사회 경제적 안전망 및 보건의료 체계를 지금보다 더 향상시킬 때 생활습관 위험요인 제거에 의해서 얻어진 것보다도 더 많은 수명 연장을 이룰 수 있는 가능성이 있고 수명의 연장은 질병 이환 축약설로 증명된 바와 같이 장애의 감소로 연결될 수 있을 것이다. 노인이 되더라도 인간으로서의 위엄과 가치를 가지고 자율적으로 움직이는 동시에 활발한 사회활동을 하며 질병으로 고통받지 않는 성공노화의 삶을 위하여 만성질환 위험인자의 조절과 치료, 예방 방안을 세우는 것 외에도 노인의 사회적 역할과 기능을 보살펴 주는 것이 필요하다.

2) 성공적 노화의 구성요인

성공적인 노화의 구성요인으로는 자기 수용과 타인과의 긍정적 관계, 자율성, 주변의 기회를 효율적으로 이용하는 능력, 인생의 목표를 설정하는 등 개인적 성장과 관련되어 있다. 이는 개인의 특성(성별, 연령, 학력, 소득, 경제 수준, 농촌과 도시 등 거주지역, 배우자 유무나 가족 형태), 개인의 경험과 가치관, 동서양 문화권에 따라 다르다.

성공적인 노화 : healthy aging + adaptive aging + active or productive aging

(1) 생물적 영역에서의 성공적 노화

생물적 영역에서의 성공적 노화는 질병이나 장애 존재 여부에 상관없이 생활을 최소한도로 방어하고 일상생활을 자립적으로 할 수 있는 신체적 기능수준을 유지하고 신체적 활력을 보유하는 상태로 노화하는 것을 말한다. 신체적 건강은 성공적인 노화의 가장 흔한 지표이며 건강 상태로 성공적인 노화를 측정하는 것은 일면 타당한 측면이 있다.

(2) 심리적 영역에서의 성공적 노화

심리적 영역에서의 성공적 노화는 삶의 목표의식이 뚜렷하고 건강한 인지기능을 유지하고 자신을 수용하고 통제하며 자신의 능력을 신뢰하고 스스로의 성장을 도모하면서 환경적 요구에 잘 대처하고 적응하며 주관적으로 만족스러운 삶을 영위하는 상태를 의미한다. 성공적인 노화는 좀 더 높은 수준의 욕구로서 자기 이해, 남을 돕는 것, 중요하다는 느낌이 포함된다.

(3) 사회적 영역에서의 성공적 노화

사회적 영역에서의 성공적 노화는 가족이나 친구, 이웃 또는 이전의 동료와의 사회접촉을 통하여 사회관계망을 유지 및 강화해 나가고 있는 것을 말한다. 그리고 경제적으로 안정된 생활을 할 수 있는 정도의 노후소득준비를 충분히 하고 은퇴 이후에도 경제활동 또는 사회발전에 기여할 수 있는 생산적 활동에 활발하게 참여하는 상태를 의미한다.

3) 성공적인 노화를 위한 코칭방법

(1) 노인의 건강증진

성공적인 노화를 위해서는 노인의 건강증진을 위한 생활습관의 관리와 이차적 예방을 실시하여야 한다. 이는 금연과 체중감량, 운동 등의 바람직한 생활습관을 유지하여 질병에 걸리고 신체적 기능이 위축되는 것을 방지하는 일차적 예방 활동을 가장 우선시하고 질병에 걸릴 경우에는 질병이 악화되고 이로 인해 일상생활에 제약을 받지 않도록 적극적으로 질병을 치료하고 일상생활 동작능력을 유지하기 위한 이차적 예방적 개입을 실시해야 한다.

(2) 심리적 만족

심리적으로 만족스럽고 정신적으로 건강한 삶을 영위할 수 있도록 원조하여야 한다. 노인 자신이 전 생애를 되돌아보고 해결되지 않은 생활사건이나 감정을 해결할 수 있는 기회를 부여하고 인생회고 프로그램이나 자서전 쓰기 프로그램을 실시해야 한다.

(3) 경제적 안정

성공적인 노화를 위해서는 경제적 안정을 위한 지원을 해야 한다. '돈이 효자다'라는 말이 있듯이 경제적 여유가 없으면 기본적인 생활이 어려워지며 더 나아가 가족에게 의존하게 되고 친구 관계나 이웃과의 관계도 위축되므로 노후생활에 필요한 적정수준의 경제력을 갖추는 것이 중요하다.

(4) 활동 참여 기회

활동 참여 기회는 경제활동이나 사회발전에 기여할 수 있는 활동에 참여할 수 있는 기회를 부여해야 한다는 것이다. 이것은 소득보완의 효과뿐만 아니라 사회관계망이 유지되고 사회적 지위와 역할을 부여받을 수 있는 효과가 있으므로 지역사회 내의 노인복지관이나 시니어클럽에서 실시하는 노인 일자리사업에 참여하도록 권유할 필요가 있다.

(5) 적극적 여가참여

성공적인 노화를 위해서는 사회관계 유지와 적극적 여가참여를 지원해야 한다. 노년기의 가장 중요한 관계인 부부관계, 노부모-자녀 관계를 원만하게 유지할 수 있도록 가족관계 재조정 프로그램에 참여하도록 유도할 필요가 있다.

노인이 된다는 것은 개인적으로는 인생의 마지막 단계에 접어드는 것이며, 사회적으로는 가족과 사회의 전면으로부터 물러나면서 삶의 제반 영역에서의 역할이 제한되거나 소멸되는 과정이다. 성공적인 노화란 그 사회에서 개인에게 주어지는 역할과 기대가 달라짐으로써 자신이 더 이상 젊지 않다는 것을 인식하게 되는 사회적 기대의 변화에 대한 적응의 중요성을 강조하고 있다. 따라서 한 개인이 노화 과정을 통하여 제반 사회적 환경에 얼마나 성공적으로 적응하는지의 문제는 매우 중요한 노년사회학의 관심거리이다.

4. 노화의 가속화

방사선 투여는 노화 현상과 비슷한 변화를 일으키지만 이런 현상은 아마도 산화 스트레스와 관련되어 나타나는 이차적 효과로 보인다. 노화와 관련된 동맥경화, 백내장, 암 등으로 일찍 사망하는 조로증인 **워너증후군**[4]은

4) 워너증후군은 비정상적으로 빠른 세포분열에 의해 인체가 빨리 늙기 시작하여 일찍 사망하게 되는 희귀 유전질환이다. 1904년 독일 의사(Otto Werner)에 의해 처음으로 알려졌으며, 4명의 형제가 급속한 노화 증세와 더불어 백내장, 피부질환 등이 나타나 1934년 이를 워너증후군으로 명명하고, 그 이후 1,300여 명의 질병사례가 보고되었다. 워너증후군은 상염색체 열성 유전질환이며, 특이한 것은 전 세계적으로 1300명가량 보고된 증례 중 1,000명 이상이 일본인에게서 발표되었으며, 이는 일본의 근친결혼 풍습 등에 의한 것으로 추정되고 있다. 드물게 상염색체 우성으로 유전되기도 한다.

일반적으로 모든 사람에게서 나타나는 노화현상이 다 보이는 것이 아니고, 일부만 나타나기 때문에 이 질환의 연구를 통해 노화 기전을 다 설명할 수 있는 것은 아니다. 워너증후군의 경우 수리와 관련된 유전자의 점 돌연변이가 이런 현상을 나타내는 것으로 보아 정상 노화와 관련된 쇠약 현상과 사망을 일으키는 길이 여러 가지 경로로 도달할 수 있음을 추측하게 한다. 조로 연구를 통해 아마도 정상 노화의 특징인 동맥경화증, 아밀로이드증, 당 내성 등의 일부 병적 현상을 이해하는 데 도움이 될 것으로 보인다(Vijg & Wei, 1995). 인간뿐 아니라 하등동물인 쥐에서도 조로 연구를 통하여 노화 현상을 이해하는 데 도움이 되고 있다.

쥐와 같은 동물에서 식이 칼로리를 제한할 경우 수명이 연장되는데, 이는 노화 과정의 지연 때문으로 생각되고 있으며 **프로제리아증후군**[5)]은 노화의 가속화 현상으로 여겨지고 있다.

5. 노화의 지연

노화는 개개인이 다르고 개인에서도 장기에 따라서 다르기 때문에 인간이 세는 나이를 대치할 수 있는 생물학적 나이 측정법과 생물적 표지자를 발견한다면 노화 연구에 매우 큰 발전을 기대할 수 있겠지만 아직까지는 어느 한 가지도 확실한 것이 없다. 하등동물 실험에서 유전자 선택 실험으로 최대수명이 고정된 것이 아니고 더 연장됨을 발견하였다. 나이 든 초파리의 계대 교배로 최대 수명이 두 배 연장되었고, 선충류의 superoxide

---

5) 그리스어로 빠른 노화라는 단어인 '프로제리아(Progeria)'를 따서 명명되었다. 프로제리아(Progeria)는 아동이 걸리는 조로증으로 유년기에 노인의 외모가 되는 유전병이다. 소아조로증이라고도 한다. 체모가 없는 증상이 있으며 우성 유전병으로 알려져 있다. 그리고 보통 15~17세 정도쯤 되면 사망에 이르고 만다.

dismutase(SOD) 및 catalase 유전자의 돌연변이로 수명을 두 배 연장시켰다. 효모 유전자 선택 실험에서도 수명을 연장시키는 유전자를 발견하였다. 그 외 환경 조절, 약물 및 비타민을 사용한 시도가 있었으나 먼저 연구보다는 효과가 덜 하였다(Vijg & Wei, 1995). 지금까지 알려진 가장 확실한 노화 지연 연구 결과는 식이 칼로리 제한 실험 결과이다. 30~50% 칼로리를 제한한 경우에 쥐, 원숭이를 비롯한 여러 동물에서 수명을 연장시켰다. 식이 제한 동물에서 연령별 사망률 저하와 당뇨, 심장병, 뇌의 퇴행성 질환, 암 등 노화 관련 질환이 늦게 출현하며 적게 발생함이 관찰되었다. 식이 제한의 노화지연 기전은 아직 잘 알려지지 않지만 산화손상 약화, 혈당-인슐린 감소, 성장 호르몬-인슐린양 성장 인자-1 호르몬 조절 변화, 호르메시스(약 스트레스 유익)설 등이 말해지고 있다(Masoro, 2005).

참고 ▌ 식이제한과 노화

미국 볼티모어 노화 종적 관찰연구의 자원자를 대상으로 식이 제한 동물에서 볼 수 있는 소견의 저체온, 혈장 인슐린 감소, DHEA-S(Dehydroepiandrosterone-Surfate) 증가를 보인 남자군과 그렇지 않은 남자 대조군을 비교한 결과 식이 제한 소견군에서 유의하게 생존이 더 길었다고 분석하였다(Roth, G. S., Lane, Ingram, Mattison, Elahi, Tobin, & Metter, 2002). 이들 남자들이 식이 제한을 시행한 사람이 아니라서 이것이 환경인자 혹은 유전인자 때문인지 칼로리 섭취의 차이 때문인지는 알 수 없었다. 현재 사람에서도 식이제한 실험이 시작되어 진행되고 있지만 식이제한의 정도와 기간 때문에 장기적 시행이 쉽지가 않다. 따라서 최근에는 2-deoxyglucose와 같은 해당 방지제 실험, 멧포민 투여와 같은 인슐린 작용 상승제 실험, resveratrol과 같은 스트레스경로 실험 등 유사 칼로리 제한 중재 실험이 시행되어 좋은 결과를 얻고 있으며(Ingram, Zhu, Mamczarz, Zou, Lane, Roth, & DeCabo, 2006), 앞으로 고지혈증치료제, 산화방지제, 특이 유전자 조절 등과 같은 실험이 같은 효과를 얻을 것으로 제시되고 있다(Roth, Lane, & Ingram, 2005).

제3절 미래 연구 방향

1세기 전보다는 건강노인이 상대적으로 늘었지만 노인인구 자체가 급속히 늘고 있으므로 노화와 관련된 질환 및 상태를 해결할 방안에 대한 연구가 시급하다. 즉, 노화에 대한 기초 과정을 이해하고 치매와 같은 만성질환 및 장애 상태의 예방, 노인과 가족, 돌보미를 위한 행동 및 사회학적 연구 등을 수행함으로써 결국에는 노인의 안녕과 건강을 향상시키고 삶의 질을 향상시킬 성공 노화를 위한 방법을 찾아가야 할 것이다. 노화는 살아있는 유기체에서는 필연적이고 광범위한 현상이지만 개인에 따라서, 개인에서도 장기에 따라서 노화 과정은 매우 다양하게 나타나고 있다. 정상노화의 기본기전은 내적 및 외적 원인 양자가 모두 관여하고 있고 유전자의 유지에 결손이 있을 때 노화가 가속되는 것으로 보아서 유전자 손상의 수리가 적절하지 못한 것, 다향성 길항 유전자, 유전자의 돌연변이가 축적되어 노화가 일어난다고 설명하고 있다.

앞으로 나아가야 할 방안은 노화 기전을 알아내고 노화 관련 질환의 개념 확립과 만성질환 및 위험인자와 유전자 연관 관계를 규명할 광범위한 역학조사로 좋지 못한 결과를 초래할 개체를 미리 알아내어 식이와 운동 등의 생활습관과 환경, 행동 인자의 조절, 약물요법 등의 방법과 유전자 조작을 통한 세포 손상 감소 및 노화 지연 방안을 마련하여 건강 장수의 길을 찾는 것이다(Fries, 2002).

CHAPTER 04

생물학적 노화이론

제1절 분자수준의 노화이론

1. 유전자이론(Gene Theory)

지구상의 모든 생물은 유전자를 지니고 있다. 유전자에는 생물의 세포를 구성하고 유지하고 유기적인 관계를 이루는 데 필요한 정보가 담겨있으며 생식을 통해 자손에게 유전된다. 유전자이론은 유전자가 노년에 이르러 활성화되어 유기체가 생존할 수 없게 만든다고 주장하는 것이다. 즉, 정해진 시기에 이르면 노화를 일으키는 특정 유전자가 적극적으로 작용하여 세포를 노화시키면서 노화가 진행된다는 이론이다. 이에는 두 가지 유형의 유전자가 있는데 젊음과 활기 그리고 성장과 성숙을 촉진하는 유전자와 기능을 쇠퇴시키고 구조를 파괴하는 유전자가 존재한다. 한 유전자가 두 가지의 측면을 지니고 있어 초년기에는 성장과 발달을 촉진시키고 중년기 이후에는 노쇠의 측면을 활성화시키는 이중적인 역할을 한다는 것이다.

유전자가 활성화되어 노화가 진행된다.

2. 유전변이 이론(Genetic Variation Theory)

유전변이 이론은 인간의 유전자 구조와 관련이 있다고 주장하는 것이다. 이는 단백질 합성의 오류가 축적되어 시간이 지나면서 세포의 기능이 손상된다고 설명하는 것이다. 즉, DNA의 오류가 복구 효소에 의하여 수정되지 않으면 영구적인 변이가 일어난다는 것이다. 그리고 세포가 방사선이나 화학물질에 노출되면 세포의 DNA가 변이를 일으켜 비정상 염색사를 만들어 낸다는 것이다.

> 비정상세포의 돌연변이로 인해 노화가 시작된다.

3. 생체시계 이론(Circadian Clock Theory)

생체시계 이론은 프로그램 이론이라고도 불리며 모든 사람은 수정되는 순간부터 시작되는 생체시계 혹은 자연 프로그램이 내장되어 있다고 하는 견해이다. 이 이론은 우리 몸의 유전정보를 담고 있는 DNA에 늙어가도록 프로그래밍되어 있다는 이론으로, 얼마나 빨리 늙을 것인지, 얼마나 오래 살 것인지는 모두 유전적으로 결정되어 있다는 것이다. 이에 따르면 장수 유전자를 가지고 태어나면 오래 살고 그렇지 못한 사람은 일찍 죽는다. 매일 술과 담배를 즐기고도 오래 사는 사람이 있는가 하면, 좋은 음식을 챙겨 먹고 열심히 운동하는데도 일찍 죽는 사람이 있는 걸 보면 고개가 끄덕여지는 이론이다. 그러나 '골골 80년'이라는 말도 있듯이 몸이 약하고 잔병치레가 잦은 사람들이 평소 건강한 사람보다 더 오래 살 수도 있다. 몸이 약한 사람들은 늘 건강관리를 하며 몸에 조금의 이상이 생겨도 병원을 찾아 바로 문제를 해결하지만 자신이 건강하다고 여기는 사람들은 상대적으로 건강관리에 소홀하기 쉬워 병을 키운다는 것이다.

생체시계로 인한 변화는 예측이 가능하며 유기체의 생체시계는 생명을 유지하고 살아가는 데 사용할 에너지와 엔트로피 및 기타 물질의 양을 프로그램해 놓았다는 것이다. 따라서 분열 횟수만큼 분열이 끝나면 기능이 쇠퇴하고 결국에는 죽음에 이르게 되며 프로그램된 세포분열의 수는 종의 수명에 비례한다는 것이다. 프로그램된 세포사의 특징은 분열세포와 미분열세포(신경세포와 근육세포) 모두 자기 파괴능력을 지니고 있고 이것이 노화기전을 유도한다. 또한 세포는 스트레스 증가와 성장발달 저하 및 영양공급불량 등의 많은 요인에 의한 반응으로 DNA가 급속도로 조각나서 사망한다는 것이다. 인간의 몸에 내재된 프로그램은 일부 유전자의 활동만으로도 개시될 수 있으며 시계처럼 자동적으로 작동하기도 하지만, 에너지와 물질의 양을 얼마나 효율적으로 사용하느냐에 따라 영향을 미친다. 즉, 프로그램된 에너지의 양을 사용하는 속도가 개인의 수명을 결정한다는 것이다.

최근에는 세포군의 수명을 결정하며 생체시계 역할을 하는 **텔로미어**[1)]가 주목을 받고 있다. 염색체의 유전 정보를 보호하는 텔로미어는 나이가 들수록 점점 짧아진다. 세포분열이 거듭되면서 짧아진 텔로미어가 세포에 쌓이는 것은 노화의 특징 중 하나다.

DNA 유전정보에 노화가 결정되어 있다.

---

1) 염색체의 끝부분에 있는 염색 소립으로 세포의 수명을 결정짓는 역할을 한다. 즉, 세포시계의 역할을 담당하는 DNA의 조각들이다. 텔로미어는 그리스어의 '끝(telos)'과 '부위(meros)'의 합성어다. 세포분열이 일어나는 동안에 염색체와 DNA를 복제하는 효소는 염색체의 끝부분으로 복제를 계속할 수 없다. 텔로미어가 없는 상태로 세포가 분열된다면 세포에 관한 정보가 들어있는 염색체의 끝부분이 소실될 것이다. 텔로미어는 염색체의 끝부분을 막고 있는 분해되지 않는 완충지역이라 할 수 있다. 하지만 세포가 분열되면서 텔로미어는 소실되며 텔로머레이스라는 역전사효소에 의해 보충된다.

제2절 세포수준의 노화이론

1. 활성산소이론

지구에 사는 생명체 대부분은 생명을 유지하기 위해 호흡을 하거나 섭취한 음식물에서 에너지를 만들어 내는 데 산소가 필요하다. 세포에서 에너지를 만드는 곳인 미토콘드리아는 발전소에 비유되기도 한다. 그런데 문제는 이 발전소가 불완전하다는 것이다. 미토콘드리아에서 에너지를 만드는 과정에서 산소는 화학물질들과 결합하고 물과 탄산가스를 배출하지만 산소의 약 1~5%는 불가피하게 세포를 파괴하는 활성산소로 변한다. 공기 중의 산소가 쇠를 녹슬게 하는 것처럼 활성산소는 생체 조직을 공격하여 세포를 산화해 결국 손상시킨다. 활성산소는 세포를 손상시키고 중요한 생체물질인 단백질의 구성 성분인 아미노산을 산화시켜 단백질 기능을 저하시킨다. DNA에도 손상을 주어 유전자 돌연변이를 일으키며 암의 원인이 되기도 한다. 생명 유지에 꼭 있어야 하는 산소가 노화와 질병의 원인이기도 하다는 사실은 크나큰 모순이 아닐 수 없다.

활성산소에 의한 손상은 태어나서부터 죽을 때까지 지속되는데 젊은 시절에는 손상을 빨리 회복하는 메커니즘이 잘 작동해 활성산소의 파괴 효과가 상대적으로 작다. 그러나 나이가 들수록 활성산소에 의한 손상이 누적되는 반면 활성산소에 대항하는 항산화능력은 떨어져 세포는 노화된다. 또한 활성산소는 피부와 관절, 힘줄, 인대, 근육을 부드럽고 탄력 있게 유지하는 콜라겐과 섬유질을 공격한다. 그 결과 피부가 처지고 주름살이 생기는 피부 노화가 일어나며 관절이 뻣뻣해지면서 몸의 유연성도 떨어지게 된다. 대처 방법은 먼저 활성산소 발생을 최대한 줄이는 것이다. 활성산소를 많이 생성하는 흡연과 스트레스를 반드시 피해야 한다. 스트레스는 참지

말고 그때 그때 해소하고 적당한 운동도 필요하다. 그리고 공해, 자외선, 식품첨가물 등 각종 유해 환경에 노출되지 않도록하고 음식을 많이 먹을수록 활성산소도 많이 만들어지므로 소식이 좋다. 활성산소의 공격으로부터 우리 몸을 보호하는 항산화제를 많이 먹는 것도 한 방법이다. 비타민과 미네랄이 풍부한 신선한 채소와 과일을 많이 먹는 것이 좋으며 커피나 녹차를 마시는 것도 좋다. 그러나 나이가 들수록 채소나 과일만으로는 활성산소를 없애기에 부족하므로 항산화 효능이 좋은 아스타잔틴, 코엔자임 Q10, 비타민 C와 E, 베타카로틴, 셀레늄, 멜라토닌, 폴리페놀, 프로폴리스 등을 정제로 복용하는 것도 한 방법이다.

활성산소이론은 우리가 일상생활을 하면서 사용하는 산소 중 일부가 활성산소로 바뀌게 되고 만들어진 활성산소가 우리 몸을 구성하고 있는 단백질, 지질, 탄수화물, 그리고 DNA에 손상을 주게 된다. 그 결과 우리 몸을 구성하고 있는 세포의 기능에 이상이 초래되고 세포가 구조적으로 손상되며 이런 현상이 반복되면 점차 우리 몸은 노화한다는 것이다. 그러면 활성산소란 무엇인가? 모든 분자들은 원자와 전자로 구성되어 있다. 원자는 한 개를 가지고 있지만 전자는 분자의 종류에 따라 여러 개가 존재한다. 전자가 짝수로 쌍으로 존재할 때는 그 분자는 안정한 상태가 된다. 그런데 전자가 홀수로 존재할 때는 그 분자는 매우 불안정한 상태가 된다. 불안정한 분자는 자신의 전자를 짝수로 만들기 위해서 주위 분자로부터 전자를 하나 빼앗아 온다. 산소는 우리가 살면서 한시라도 없으면 안 되는 분자이다. 산소는 원자가 한 개이고 전자는 8개이다. 공기 중의 산소는 전자가 8개이기 때문에 매우 안정된 상태이다. 그런데 우리가 소비하는 산소 중 일부는 전자를 하나 잃어버려 전자를 7개 가지고 있는 경우가 생긴다. 이처럼 산소 중에 전자가 짝수인 8개가 아니라 7개처럼 홀수인 아주 불안정한 산소 분자가 우리 몸 안에서 발생하게 된다. 이렇게 대사 과정 중에 전자가 홀수인

산소가 만들어지는데 이러한 불안정한 산소를 활성산소라고 부른다. 활성산소는 살아가면서 많이 그리고 자주 만들어진다. 우리 몸의 세포들은 산소를 이용하는 대사 과정에서 일시적으로 전자가 홀수로 존재하는 활성산소를 만들게 된다. 활성산소가 만들어지면 활성산소들은 자신의 전자를 짝수로 맞추기 위해서 주위의 단백질, 지질, 탄수화물, DNA 들을 공격하여 전자를 빼앗아 온다. 전자를 빼앗긴 단백질, 지질, 탄수화물, DNA는 손상을 받게 되며 손상을 받은 조직에 염증을 유발하거나 반복되면 병이 생기게 되고 오래 지속되면 노화를 유발하게 된다. 따라서 활성산소는 우리 몸에 노화를 유발하는 원인일 뿐만 아니라 여러 질환의 원인이 된다.

산소가 세포를 손상시켜 노화가 진행된다.

2. 교차연결이론(Cross-linkage Theory)

교차연결이론은 정상적으로는 분리되어 있는 분자구조 사이에 강한 연결 띠(화학반응)가 형성되어 노화가 진행된다고 주장하는 것이다. 인간은 나이를 먹어가면서 어떤 화학적 반응에 의해 단백질의 분자들이 서로 과도하게 교차연결되어 |그림 4−1|과 같이 노화가 진행되는 것으로 설명하고 있다. 교차연결은 분자들을 변화시켜 분자구조가 더 이상 똑같은 방식으로 기능할 수 없게 만들고 분자구조의 이동성과 탄력성을 감소시킨다. 탄력소의 교차연결 현상을 잘 드러내는 조직은 피부이다. 부드럽고 탄력 있는 매끄러운 피부는 노화에 의해 건조해지고 탄력성이 떨어져 주름지고 늘어진다. 이는 피부주름과 동맥경화, 백내장, 신장기능 저하, 관절의 경화 등을 일으킨다. 교차연결이 일어나는 주요 방식 중 하나는 포도당 분자로 인해

단백질 분자구조들이 연결되는 **당화**(glycation)[2)]라고 불리는 과정이다. 이는 피부와 뼈, 근육, 혈관이나 심장을 구성하는 결체조직인 콜라겐이나 탄력섬유를 통해 설명될 수 있다. 무엇이 교차연결을 자극하고 어떻게 하면 교차연결을 줄이거나 차단할 수 있을 것인가를 밝힌다면 노화를 지연시킬 수 있을 것이다.

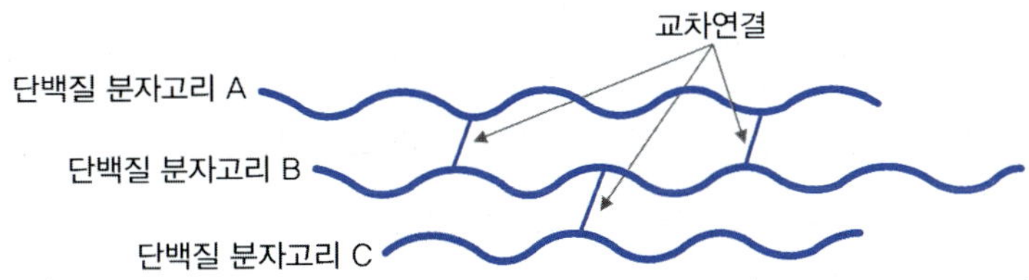

|그림 4-1| 교차연결 고리

> 단백질 분자고리의 교차로 노화가 진행된다.

3. 마모이론(Wear-and-tear Theory)

인간의 몸은 기계와 같이 인체의 어느 부위가 닳게 되면 인체 기능이 저하된다는 견해이다. 1882년 독일의 생물학자인 바이스만(Weismann)에 의해 처음 소개된 초기의 생물학적 노화이론이다. 이 이론은 삶이 생물학적 체계를 손상시킨다고 보고 독성물질, 방사선, 자외선과 같은 자극 요인들로 인해 신체의 세포와 조직, 기관에 손상이 오며 생물학적 체계는 스스로를 복구하는 능력이 있어 그 손상이 초기에는 잘 나타나지 않으나 복구가 완

2) 당이 혈관을 따라 혈액과 함께 흘러 다니다가 단백질과 결합하여 AGEs(최종 당화산물)를 생성하여 변성하는 현상을 말한다. 이렇게 당과 결합하여 변성된 세포는 탄력을 잃고 딱딱해지게 된다. 우리 몸속에서 단백질과 당의 결합을 막는 것은 불가능하며 당화에 의한 AGEs의 생성 및 축적은 피부에 여러 가지 악영향을 주게 된다.

전하거나 충분하게 이루어지지 않고 살아가는 동안 계속 누적된다는 것이다. 손상의 누적은 유전자에 있는 DNA를 해치면서 조직과 기관을 파괴하고 궁극적으로 신체 전부를 파괴하게 된다. 세포 마모현상은 내적 및 외적 스트레스에 의해 가중되며 해로운 부산물이 증가하여 중요한 세포 성분이 대치되고 복구되지 못한 것으로 죽는 세포가 늘어나게 된다. 따라서 인체를 잘 보존하면 마모를 줄이고 기능을 다소간 유지할 수 있다. 그러나 유기체는 기계와는 달리 손상을 복구하는 내적 기전을 지니고 있어 운동 프로그램을 적절히 사용하면 마모되는 것이 아니라 오히려 개선되는 특징이 있다.

결론적으로 마모이론은 가장 오래된 이론의 한 가지로 우리 몸과 세포들을 계속 쓰면 손상이 되어 노화가 일어난다는 이론이다. 마치 오래 탄 자동차의 엔진과 부품들이 마모되듯이 우리 몸도 계속 쓰면 낡고 망가져 간다는 것이다. 금연과 금주에 자연식만 하고 스트레스와 독소를 피한다 해도 장기를 반복해서 사용하는 것만으로도 마모는 일어나며 남용과 과용은 다만 마모 과정을 촉진할 뿐이라고 한다. 젊을 때는 신체를 유지하고 회복시키는 체계가 활발하게 작동하여 마모를 보상하나 나이가 들면 식사, 환경, 박테리아, 바이러스 등으로 인한 손상에서 회복시키는 능력이 떨어져서 질병에 걸리고 결국에는 사망하게 된다는 설명이다. 이러한 마모에 대한 대처방법은 닳아 없어지는 정도를 최소화하는 것이며 그러기 위해 신체의 남용과 과용을 피해야 한다. 즉, 급발진, 급제동을 삼가고, 좋은 연료를 사용하고, 엔진 오일을 자주 갈아주면 자동차를 오래 탈 수 있듯이 유해한 환경을 피하고 좋은 음식을 먹고 규칙적이고 절제된 생활을 한다면 노화를 지연시킬 수 있다.

사용할수록 닳아서 노화가 촉진된다.

4. 노폐물 누적이론(Waste Accumulation Theory)

노폐물 누적이론은 인간이 인생을 살아가는 동안 인간의 신체 내부에서는 끊임없이 노폐물이 발생되고 축적되는데, 즉 살아가는 동안 인체 내부에 해로운 물질과 노폐물이 점진적으로 축적되고 축적된 노폐물이 정상적인 세포 기능을 방해하면서 노화현상이 생긴다는 이론이다.

체내 노폐물 축적이 노화를 일으킨다.

제3절 기관수준의 노화이론

1. 신경 · 내분비 조절이론(Neuro-endocrine Regulation Theory)

신경 · 내분비 조절이론은 우리 몸의 중요한 기능들을 조절하는 생화학 물질의 네트워크인 신경-호르몬 체계에 초점을 맞춘 견해이다. 호르몬은 신체의 한 부분에서 합성되어 혈액을 통하여 다른 곳으로 이동한 후 그곳의 세포나 조직의 기능을 조절하는 생체 신호 전달 물질이다. 호르몬들은 서로 협조하여 신진대사를 비롯해 성기능 등 신체기능을 조절하고 나빠진 기능을 회복시키는 중요한 역할을 한다. 그런데 나이가 들면 호르몬 분비가 감소하므로 신체기능이 떨어지면서 회복능력과 조절능력도 떨어진다. 이 이론에 따른 노화 대처법은 호르몬 분비가 원활하도록 신체를 자극하는 자연호르몬요법이다. 적절한 운동과 좋은 음식 그리고 충분한 숙면 등을 통해 자연스럽게 호르몬 분비를 촉진시키는 것이다. 그러나 나이가 많거나 호르몬이 심하게 떨어져 있는 사람은 자연요법만으로는 충분치 않은 경우가 대부분이다. 이런 경우에는 호르몬 보충요법이 필요하다. 호르몬 보충요법은 호르몬을 투여하거나 분비를 자극하여 노화의 과정을 돌이키거나 지연시키는 것이다. 이 이론에 따라 호르몬 수치를 젊게 유지하면 젊은 사람은 젊음을 오래 유지할 수 있고, 나이 든 사람들은 호르몬 보충에 의해 세포들이 자극되어 신진대사가 활발해지므로 생체나이가 10년 정도 젊어지고 노화의 속도도 지연시킬 수 있게 된다.

신경·내분비 조절이론은 노화를 수정에서 사망에 이르기까지 신경과 호르몬의 신호에 의하여 조절된다고 보는 견해이다. 노화에 기여하는 유전적 생체시계는 신경계와 호르몬계의 조절에 의존한다. 균형유지능력이 감소하여 적응에 실패하면 이로 인하여 노화가 초래되고 결국 사망한다. 성장기와 노화기에 고등 기능을 담당하는 뇌중추의 신경원이 생체시계를 조절하는 박동기로 작용한다. 박동기 역할을 하는 신경원의 활동이 균형을 잃거나 둔화되어 신경 기능과 근육 기능 및 분비 기능에 영향을 미쳐 노화 현상이 나타난다.

호르몬 분비 감소로 신체기능 조절력이 저하되어 노화가 일어난다.

2. 면역이론(Immune Theory)

면역이론은 면역체계가 항체를 만드는 과정에서 정상세포마저 파괴하는 세포를 자동적으로 생산하게 되고, 자동면역 항체의 증가로 인해 정상세포의 파괴가 증가되면서 노화를 야기한다는 이론이다. 결과적으로 자동적인 퇴화 현상에 의하여 자신의 정상세포가 이물질로 인식되고 면역계에 의하여 공격받고 항체세포의 감시 기능도 손상되는 것을 말한다. 이 과정에서 우리 몸속 조직이 손상을 입기도 하는데, 소탕이 끝난 다음에는 재생을 시작할 수 있도록 시작 신호를 보내주기도 한다. 이물질과 싸우고 나면 생겨나는 잔해(병원체의 사체 등)는 고름 형태로 배출한다. 그 이외에 **호산구**[3]는 기생충이나 알레르기 반응에 관여하며, **호염기구**는 염증반응을 일으킨다. 호염기구는 골수모세포에서 생겨나는 또 다른 백혈구 종류인 비만세포와 연계해 염증반응을 한층 강하게 만들기도 한다. 염증과 관련이 있는 만큼 호산구와 함께 알레르기 반응의 원인이 되기도 한다.

면역이론은 면역력이 감퇴하여 감염과 자가면역, 암 발생률이 증가하고 아밀로이드증이나 암, 성인 당뇨병은 면역결손에 의한 노화질환으로 간주된다. 자가면역기전은 죽상경화증, 고혈압, 혈전성 색전증을 유발하고 심맥관질환, 알레르기성 동맥염, 류마티스성 성장질환 역시 부분적으로는 면역계의 기능장애에 그 원인이 있다. 식이변경과 체온조절 및 수술과 투약을 병행하는 방법을 사용하여 면역계의 퇴화를 조절하면 노화를 지연시킬 수 있다.

> 자동면역항체 증가로 염증반응을 일으켜 노화가 일어난다.

---

3) 사람의 피에는 여러 가지 성분이 들어 있다. 피를 현미경으로 관찰하면 물 같은 부분과 건더기 같은 것이 보이는데 그 건더기에 해당하는 것을 세포라고 한다. 세포에는 적혈구, 백혈구, 혈소판으로 나누어진다. 적혈구는 붉은색을 띠는 세포로 우리 몸의 산소와 이산화탄소를 운반하는 역할을 한다. 혈소판은 지혈을 담당하는 세포로 혈소판이 없으면 쉽게 피가 나고 잘 멈추지 않는다. 백혈구는 흰색을 띠는 세포로 우리 몸의 면역기능을 담당하는 세포이다. 나라를 지키는 군대에도 육군, 해군, 공군 등 다양한 종류의 군대가 있는 것처럼 우리 몸을 지키는 백혈구도 담당하는 역할에 따라 호중구(好中球), 호산구(好酸球), 호염기구(好鹽基球), 림프구, 단핵구 등으로 다양하게 나누어진다. 이렇게 다양한 백혈구 중에 하나가 호산구이다.

CHAPTER 05

사회 · 심리학적 노화 이론

제1절 사회유리이론(Social Disengagement Theory)

1. 개 요

사회유리이론은 사회학 행동주의자들에 의해 발전된 다면적이고 포괄적인 이론으로서 커밍과 헨리(Cumming & Henry, 1961)가 5년에 걸친 연구 결과 개발한 이론이다. 노화는 사회적 역할과 사회적 상호작용의 감소를 가져오는데 이러한 사회로부터의 유리는 정상적이며 불가피한 것이다. 따라서 노인은 신체적 활력의 감퇴와 더불어 모든 적극적인 사회활동으로부터 자발적으로 물러나게 되며 이러한 사회적 유리과정이 노인들에게 만족감을 높여주게 된다는 것이 이 이론의 핵심이다.

2. 주요 개념

1) 사회유리

사회유리는 노인과 사회구성원 간의 관계가 분리되고 사회에서의 노인의 역할이 질적으로 변화하는 피할 수 없는 과정이다.

2) 노 화

노화는 불가피한 상호위축 혹은 유리로 인해 노인이 속한 사회체계 내에 있는 노인과 타인 간의 상호작용이 감소하는 것이다.

3) 사 회

사회는 인간이 속해 있는 실질적이거나 상징적인 문화집단과 사회체계이다.

4) 사 기

사기(morale)는 선택한 목표에 도달하기 위해 적극적이고 능동적으로 노력하는 것이다.

5) 성공적인 노화

성공적인 노화는 높은 사기를 유지하는 것이다.

3. 기본 가정

노인은 젊은 집단에 비해 상호작용의 정도가 감소되는 특징이 있다. 그리고 나이가 들어감에 따라 지식과 기술 및 활동능력이 감소된다. 또한 노인의 일상생활에서 관찰되는 사회적 상호작용의 감소, 개인이나 사회에 도움이 되는 기능을 하는 것은 노인 스스로에 의해 시작된다는 것이다. 사회유리이론에서 인간은 노화과정에 따라 자신의 활동수준을 줄이고 수동적이 되려 하며 사회구성원인 다른 사람들과의 상호작용도 줄어들어서 자신 내부의 생활에만 집착하게 되는 것을 피할 수 없는 현실로 받아들이므로 노인들 스스로도 이런 소극적인 노후생활에 만족한다는 것이다(Cumming & Henry, 1961).

4. 명 제

사회유리이론은 노인이 노후에 잘 적응하기 위해서는 활동을 계속해야 한다는 활동이론을 반박하고 인간은 노화과정에서 자신의 활동수준을 줄이고 수동적이 되려 한다고 전제한다. 노화는 불가피하고 위축을 유발하는 사회적 유리과정으로, 노년기에는 노인이 모든 적극적인 활동으로부터 심리적 에너지를 거두어 들이게 되며 이러한 과정이 정상적이며 성공적인 노화과정이라고 본다. 노년기에는 사회적 상호관계에서 역할수행이나 자아투입의 양이 크게 줄어든다. 이는 노화에 따른 신체적 활력의 쇠퇴와 이에 따른 사회적 활동의 축소, 배우자의 죽음 등으로 인하여 전반적으로 사회적 역할이 감소하였기 때문이다(Cumming & Henry, 1961).

사회유리이론은 노인이 사회에 유익하지 않기 때문에 사회는 노인을 사회로부터 분리시키고 개입을 허용하지 않으며 노인은 나이가 들면서 스스로 사회에서 떨어져 가기를 원하기 때문에 노인의 사회유리는 사회와 노인 모두에게 이롭다는 이론이다. 노인이 사회에서 완전히 유리되면 평행 상태를 회복하고 노인과 사회는 멀어지고 사회와 만족스러운 관계에 놓인다고 보았다. 역할과 에너지가 상실된 노인은 생산성과 경쟁력이 사회의 기대수준에 미치지 못하므로 노인 스스로가 그런 사회적 기대로부터 떠나길 원한다. 노인들이 사회적 활동으로부터 유리되지만 사회적 관계나 가족관계 안에서 만족스러운 사회적, 감정적 역할은 지속적으로 수행하게 된다. 사회유리는 노인에게 적응행동일 뿐만 아니라 사회에도 유용한 것이다. 즉, 은

퇴정책은 새로운 의욕과 기술을 가진 젊은이들에게 직업을 얻을 수 있도록 만들어 주는 하나의 방법이다. 사회제도는 노인에게 새로운 활력을 찾는 것보다 은퇴를 하는 데 용기를 북돋워 주어야 한다(Hooyman & Kiyak, 2008).

유리는 개인이 사회로부터 유리를 먼저 시작하는 개인적 유리와 노인의 사회에 대한 공헌 가능성이 감소됨에 따라 사회가 노인을 유리시키는 사회적 유리로 구분된다. 사회유리 과정은 노인 자신 또는 사회에 의해서도 시작될 수 있으며 개인과 사회 사이의 상호적인 과정으로 상호 모두에게 긍정적인 결과를 가져다준다. 사회유리가 완전하게 이루어지면 개인과 사회 사이에 새로운 평형이 이루어진다. 사회유리이론은 사회의 중심역할이 감소하는 것과 자아에 대한 투자가 감소되는 것이 그 특징이다. 유리는 개인과 사회 모두에게 상호 수용할 만하게 점진적으로 일어나는데, 유리에 영향을 미치는 것은 개인의 건강과 에너지, 수입, 역할변화이다. 이상의 사회유리이론에 포함되는 명제는 다음과 같다.

- 노인의 사회적 유리는 정상적이고 불가피한 과정이다.
- 사회유리과정은 노인과 사회 상호에게 만족을 주는 과정이다.
- 노년기에는 사회적 상호관계에서 역할수행이나 자아투입의 양이 크게 줄어든다.
- 역할과 에너지가 상실된 노인은 생산성과 경쟁력이 사회적 기대 수준에 미치지 못함으로 노인 스스로가 그런 사회적 기대로부터 떠나길 원한다.

5. 제한점

일부 노인들의 사회참여가 감소되긴 하지만 모든 노인이 다 그러한 것이 아니며 새로운 역할에 참여하는 노인이 있다. 이 이론은 개인 각각의 취향의 다양성과 사회문화적 환경의 차이를 고려하지 않았다. 결과적으로 노화과정에 스스로 적응하려는 개인의 노력을 무시했다는 제한점이 존재한다.

제2절 활동이론(Activity Theory)

1. 개 요

활동이론은 하비거스트(Havighurst, 1953)에 의해 처음으로 주장되어 노화에 대한 사회적 접근방법으로 주목을 받기 시작한 후 많은 검증과정을 통해 정련되어 왔다. 활동이론에서 기본적으로 성공적인 노화는 높은 활동수준을 유지하는 것에 달려 있으며 활동의 참여는 삶의 만족과 밀접한 관련이 있다고 주장하는 이론이다. 또한 자아개념의 역할과 관련이 있으므로 이전의 역할은 새로운 역할로 대치되어 활동상태를 유지하도록 해야 한다는 것으로 사회적 노화이론 중에서 가장 일반적으로 통용되는 이론 중 하나이다.

2. 주요 개념

1) 활 동

활동은 일상의 신체적 혹은 개인적 유지의 차원을 넘어선 규칙적이거나 조직화된 행동을 하거나 이를 추구하는 것이다. 활동은 비공식적, 공식적, 독자적 활동으로 구분된다. 이는 명제에서 다시 살펴보기로 한다.

2) 자아개념

자아개념은 개인이 자신에 대하여 갖는 신념이나 태도 그리고 견해 등 정신적인 상이다.

3) 생활만족

생활만족은 개인이 자신의 현재 생활상황에 대해 만족하거나 기뻐하는 정도를 말한다.

3. 기본 가정

활동이론의 기본 가정으로 노인은 젊은 집단에 비해 상호작용이 점차 감소하는 특징이 있다. 그러나 노인은 불가피한 생물학적 변화와 건강의 변화를 제외하고는 기본적으로 중년기와 동일한 정신적, 사회적 요구를 지닌다. 그리고 자신과 사회에 대한 개인의 역할요구는 중년기를 거쳐 노년기에 이르기까지 일정하게 남아 있다.

활동이론은 은퇴와 건강, 역할상실 등과 같은 연령과 관련된 변화에 어떻게 적응할 것인가에 대한 대답을 제공한다. 이 이론은 노인이 후기 삶에 있어서 자신의 지위를 유지하고자 노력한다는 점에서 성인기의 확정으로서 노년기를 바라본다. 하비거스트(Havighurst, 1963; 1968)의 성년기 삶에 대한 캔자스 시 연구에 의하면 '잘 적응하는' 노인은 다양한 생산적인 역할을 하며 자발적 조직에서의 활동을 통해 연령에 적합한 교체를 할 수 있다고 보았다. 또한 벵슨(Bengtson, 1969)은 노인이 활동적일수록 삶의 만족도와 긍정적인 자아개념 그리고 적응력이 더 커진다고 하였다. 전반적으로 활동이론은 유급노동과 부, 그리고 생산성을 강조하는 서구 사회와 일치되어 왔다. 유급노동과 부, 생산성을 잃어버리는 것은 바로 쇠퇴의 증거라고 할 수 있다. 따라서 연령에 기반한 정책과 프로그램은 중년기의 행위와 일치하는 새로운 역할과 활동을 개발하고 사회 통합을 이룰 수 있도록 하는 것으로 고안되어야 할 것이다.

4. 명 제

활동이론은 기본적으로 노인의 중년기와 동일한 정신적, 사회적 요구를 지닌다는 것을 전제로 한다. 노인에게도 젊은이와 마찬가지로 다른 사람과 어울리고 집단과 사회에 참여하려는 경향이 있다는 것이다. 그러나 매독스와 톰슨(Maddox & Thompson, 1994)에 의하면, 강제 퇴직과 같은 인위적인 사회제도나 생리적 기능감퇴로 인해 노인들은 욕구가 좌절된다. 노년기의 특성으로 나타난 사회적 상호작용의 저하로 인해 본인들의 욕구와는 반대로 사회로부터 퇴각하게 됨으로써 자아평가에 위기를 초래하고 부정적인 자아개념을 형성하기 쉽다. 따라서 자아개념을 역할과 관련시켜 생각한다는 점에서 활동이론은 역할이론과 관련이 있다.

활동이란 일상의 신체적 혹은 개인적 유지의 차원을 넘어선 규칙적이고 조직화된 행동을 하거나 이를 추구하는 것을 의미하는 것으로 모든 형태의 활동은 어떤 형태로든 역할지지를 제공할 수 있다. 활동은 비공식적, 공식적, 독자적 활동으로 구분된다. 비공식적 활동은 친척, 친구, 이웃과의 사회적 상호작용이며, 공식적인 활동은 공식적인 사회조직에의 자발적인 참여이다. 그리고 독자적 활동은 TV 시청, 독서, 단독의 취미생활 등 여가 이용이나 가사일에 해당하는 혼자하는 활동으로 각 활동에는 상호작용 대상에 따라 친밀도의 순서가 있다.

노년기의 역할상실에 대한 보상으로는 새로운 역할의 대체 및 활동수준의 유지가 필요하다. 이때의 활동유형은 주로 의무적 활동이었던 사회적 형태가 아니라 선택적이고 자발적인 형태의 활동이며, 선택 가능한 활동의 수가 많으면 많을수록 사회적 역할을 박탈당하는 데서 오는 부정적 영향을 줄일 수 있다. 여기서 선택적 활동은 중요한 타자와의 활동을 의미하는데 노인들의 은퇴 이후의 생활세계는 사회중심으로부터 가정이나 이웃, 사회클럽, 종교단체 중심으로 전환하게 되며, 따라서 중요한 타자도 직장동료들로부터 배우자, 자녀, 친척 또는 친구로 바뀌게 된다(김정순, 1988). 활동이론은 노인이 중년기 때의 역할에 참여함으로써 자아개념이 확고해진다고 주장하기 때문에 가능한 한 많은 중년기 활동을 유지하는 것이 중요하다는 것이다.

혼자 남게 되거나 은퇴로 인한 상실은 새로운 역할, 새로운 친구, 취미, 새로운 관심분야로 대체되도록 하는 것이 바람직하며 사회로부터 소외되는 것을 최소화하기 위해 노인은 활동적이고, 바쁘고, 젊음을 유지하는 등의 중년기 생활양식을 유지함으로써 노령에 대한 자신의 인식에서 벗어나도록 해야 한다. 이상의 활동이론에 포함되는 명제는 다음과 같다.

- 활동의 정도는 삶의 만족과 관계가 있다.
- 비공식적 활동은 삶의 만족과 긍정적인 관계가 있으며, 공식적 활동은 자아개념을 저하시킬 수 있으므로 삶의 만족과 부정적인 관계가 있다.
- 활동의 질과 의미는 개인이 참여하는 사회활동의 수보다 더 중요하다.
- 한 분야에서의 활동이 감소되면 다른 분야의 활동은 증가한다.
- 친근감과 활동 빈도의 증가는 개인의 자아개념을 강화한다.

5. 제한점

실제로 많은 노인들이 활동이론의 관점을 받아들이고 생산성이 삶의 만족도를 유지시키는 것이라고 믿어왔다. 그러나 활동이론은 개인적인 특성과 사회경제적 상태, 그리고 라이프 스타일의 변수가 삶의 만족도, 건강, 복지보다 어떻게 중요하게 되는지를 설명하지 못하고 있다(Covey & Stanmore, 1981). 노인이 가지는 활동에 대한 가치는 노인마다 삶의 경험과 인구학적 특성 그리고 사회 경제적 자원에 따라 다양해질 수 있다. 활동이론에 따르면, 노화는 전 발달단계와 유사한 지위와 역할, 활동을 유지할 수 있도록 하는 과정에서 빗어지는 개별 사회 문제로서 정의된다(이러한 관점에 대한 도전이 분리이론으로 만들어졌는데, 분리이론은 노화에 대한 성공적인 적응을 위한 설명변수가 개인으로부터 사회체계로 옮아가는 데 주목하고 있다).

활동이론은 중년기의 활동수준을 유지하지 않으려는 노인들에 대해서는 설명하기가 어렵다. 또한 노인의 성격이나 개인차, 생활양식의 다양성을 고려하지 않는다. 그리고 활동의 수준보다는 타인과의 친밀감 있는 상호관계가 삶의 만족에 영향을 미칠 수 있다. 삶의 만족과 같은 다차원적인 변수와 활동수준과 같은 일차원 변수와의 관계를 밝히는 데는 제한점이 있다.

제3절 사회교환이론(Social Exchange Theory)

1. 개 요

사회교환이론은 호만스(Homans, 1961)가 처음 제시한 사회활동이론으로 행동과학과 실용경제학에 근간을 두고 사회적 상호작용을 설명하는 이론이다.

도드(Dowd, 1975)는 노인의 사회학적 노화과정을 설명하는 데 이 이론을 사용하였다. 사회교환이론은 노인의 감퇴된 사회적 상호작용은 독거, 건강문제, 수입경감 등의 결과일 뿐 아니라 사회와 노인 간의 복잡한 교환과정의 결과라는 인식에서 시작하였다. 노인은 자원이 감소되고 의존성이 증가되며 그 결과 힘과 가치가 떨어지고 사회에 대한 기여도가 감소되는데 이것을 사회적 교환의 결과로 설명하는 이론이다.

로소우(Rosow, 1974)는 전통사회에서 산업사회로 변천됨에 따라 노인의 재산 소유 및 통제권의 약화와 노인 지식의 낙후, 노인의 생산성 약화, 도시화와 핵가족으로 인한 가족공동체적 유대성의 약화 등으로 노인의 교환자원은 점차 약화된다고 주장하였다. 이러한 노인의 교환자원의 부족과 가치성의 저하 또는 고갈 등은 노인이 집단으로서 또는 개인으로서 교환관계를 형성하는 데 열세를 면치 못하는 지위로 하락시켰다고 할 수 있다. 따라서 노인의 지위약화는 일반적으로 산업사회에서 여러 가지 측면으로 노인에게 문제를 안겨주고 있다. 즉, 교환자원의 가치 저하는 의존성을 증가시키고 이는 권력의 약화를 초래하며, 권력의 상대적 약화 또한 교환관계에서의 교환 조건의 약세를 초래하여, 결국 노인은 개인 및 사회와의 관계에서 문제를 경험하게 된다는 것이다.

도드(Dowd, 1975)는 교환이론적 전통에 근거하여 노인생활의 경험을 이해하려 했다. 노인들은 적은 자원(예 낮은 소득, 낮은 교육수준, 건강약화 등)을 소유하고 있기 때문에 젊은층과 상호작용을 할 때 상대적으로 권력의 열세에 처하기 마련이다. 젊은이들의 입장에서는 노인과의 지속적인 상호작용은 그들에게 비용이 되는 셈이다. 그 결과로 의도하든 의도하지 않든 노인들은 사회참여 횟수가 줄어들게 된다. 단지 타 연령과 상호관계를 유지할 만큼의 자원을 소유하고 있는 노인들만 지속적으로 사회생활에 적극 참여하게 된다. 이처럼 개인적 노화의 문제를 자원의 지속적 감축의 문제로 보는 도드(Dowd)는 노년기의 사회적 상호작용 감소를 노년층과 사회 간의 교환과정의 산물로 보고 있다. 그러나 도드(Dowd)는 이와 같은 노년기의 문제를 모든 노인이 동일한 정도로 경험한다고 생각하지는 않았다. 그에 의하면, 어느 한 개인에 있어서 나이와 자원의 소유 정도 간의 관계는 곡선형 관계임이 분명하지만 특정 연령층에서는 사회경제적 지위가 높은 사람일수록 많은 자원을 소유한다고 하였다.

2. 주요 개념

1) 보 상

보상은 교환을 통해 얻게 된 즐거움과 만족을 가져다주는 자원이다. 때로는 자원과 동의어로 사용된다.

2) 비 용

비용은 교환을 통해 상실하게 되거나 혹은 벌을 받게 되는 자원이다. 보상에서 비용을 제한 것이 결과이며, 그 값의 차이가 양적(+)일 경우를 이익이라고 한다.

3) 상호이익

상호이익은 상대방에게서 받은 것을 되돌려 준다는 견해를 일컫는다.

4) 힘

힘은 개인이나 집단이 다른 사람의 활동이나 의도에 영향을 줄 수 있는 능력이다.

5) 교 환

교환은 어떤 한 가지 것에 대한 답례로 다른 것으로 주거나 받는 행위이다.

3. 기본 가정

사회교환이론에서 사회적 행위는 교환의 연속이다. 또한 개인이나 집단은 상호작용에 있어서 보상을 최대화하고 비용을 최소화하려는 특징이 있다. 그리고 개인은 상대방으로부터 보상을 받으면 이에 보답할 의무가 있다고 느낀다. 개인의 비용에 비해 보상이 더 많은 한 계속 상호작용을 유지하려 한다. 한 개인이 타인에게 의존할 때 그 타인에게는 힘이 생겨날 것이다.

4. 명 제

사회교환이론에서는 사회적 행위는 사회가 가치 있고 보상받을 만하다고 하는 것을 행하는 것이라고 한다. 사회교환이론에 의하면, 노인의 지위를 결정하는 주요인은 노인들의 사회에 대한 기여도와 그것을 지지하는 데 드는 비용 간의 균형이다. 또한 사회 계급에 따라 노인이 가치 있는 자원을 소유하고 있는지 혹은 결여되어 있는지가 미리 결정되며, 따라서 노인의 힘을 이해하는 데 중심이 된다. 재물과 능력, 성취, 기타 사회에서 바람직하다고 간주하는 속성들을 소유함으로써 개인들은 사회적 관계에서 자신들의 힘을 행사할 수 있다. 우리 사회에서 일부 노인은 젊은이에 비해 자원을 적게 소유하기 때문에 그들의 지위는 낮아진다.

인간의 상호작용은 그 상호작용이 보상할 만한 것일 때 계속 유지될 수 있다. 그러나 보상을 추구하는 과정에서 불가피하게 비용이 든다. 비용은 보상을 얻는 과정에서 실제 경험하는 부정적 가치나 불쾌함일 수도 있고 보상을 얻기 위해 취한 행동의 가치를 가리킬 수도 있다. 즉, 모든 행위에는 비용이 따른다. 이때 개인이 사회적 교환으로부터 얻어낸 이익은 경제교환에서와 마찬가지로 보상에서 비용을 제한 값이다. 교환이론의 주요 명제는 사회적 행위자 간의 상호작용을 통해 이익을 얻을 때 상호작용이 가장 잘 지속되고 긍정적으로 평가될 것이라는 것이다. 다시 말해 교환에 참여하는 자는 소요된 비용이 보상을 받을 만하다고 인지하는 한에서만 계속 교환을 할 것이다. 힘은 이러한 보상에 가치를 두는 상황에서 이용되는 개념이다.

교환이론의 관점에서 볼 때, 노화 문제는 근본적으로 힘의 자원이 감퇴된 것이다. 노인에게 남아 있는 자원이 감소될수록 힘이 점점 감퇴된다. 노인은 교환할 자원이 부족하거나 거의 없다. 한때 노인이 가졌던 기술은 흔히 시대에 뒤떨어지거나 다른 사람들에 의해서 더 효율적이고 적은 비용으로 제공될 수 있는 것이다. 노인은 교환상대자에게 제공될 특별한 이점, 혹은 힘의 자원을 가지고 있지 않기 때문에 다른 대안이 없이 일반적으로 이용 가능한 반응을 제공한다. 노인이 가지고 있는 힘의 자원에는 금전, 인정, 자존감 혹은 존경, 복종 등이 있다. 노인이 되면서 사회적 이탈이 일어나는 이유에 대한 한 가지 답은 그렇게 하는 것이 자신과 사회에 상호 만족스럽기 때문이 아니라 노인과 사회의 교환관계에서 사회의 힘이 더 우세하기 때문이다. 힘은 타인에게 의존하거나 빚을지지 않고 개인의 욕구를 만족시키는 능력을 통하여 획득된다. 힘의 자원이 없는 노인이 많기 때문에 노인이 복종하는 입장에 놓이는 경우가 많다는 것이다. 이상의 사회교환이론에 포함되는 명제는 다음과 같다.

- 노인의 사회적 상호작용의 감소는 사회적 상호교환관계에서 힘의 감소에 의한 것이다.
- 노인의 사회적 이탈이 일어나는 이유 중 한 가지는 노인과 사회의 교환관계에서 사회의 힘이 더 우세하기 때문이다.
- 노인은 자원이 감소되고 의존성이 증가됨으로써 힘과 가치가 떨어지고 사회에 대한 기여도가 감소된다.

- 노인이 소유한 힘의 자원의 양은 사회적 현대화의 정도와 역관계가 있다.
- 노인이 가지고 있는 힘의 자원에는 금전, 인정, 자존감 혹은 존경, 복종 등이 있다.

5. 제한점

사회교환이론에서는 상호 간에 모두 이익을 얻는 것을 불가능한 것으로 본다. 또한 교환과정에는 사회적 기준은 물론이고 특정 집단에서의 공급과 수용의 관계 및 힘의 관계가 영향을 미치기 때문에 실제로 교환의 정도나 비율을 인식하는 것이 가능하지 않은 경우가 많다. 그리고 교환이라는 이론적 개념을 수량화하는 데 제한이 있기 때문에 연구를 위해 개념을 조작화하는 데 어려움이 있다.

제4절 지속성이론(Persistence Theory)

1. 개 요

지속성이론은 적응의 사회심리학적 이론이다. 이 이론에 따르면, 인간은 나이가 들어감에 따라 자신의 행위 패턴을 지속한다. 잃어버린 역할에 대해서는 비슷한 역할로 대치하며 자신의 전형적인 방법을 사용하여 환경에 적응한다. 즉, 인간은 나이가 들어감에 따라 큰 변화를 하지 않으며 성인기 동안 형성된 특성을 유지한다는 것이다. 삶의 만족도는 자신의 인생경험과 비슷한 활동을 얼마나 유지하느냐에 달려 있다(Atchley, 1972; Neugarten, Havinghurst, & Tobin, 1968). 지속성이론은 노인의 기본적인 성격 성향을 이해하는 수단을 제공하는 것으로 노년기의 성격은 젊을 때의 성격성향이 지속된다는 것이다. 이 이론의 기본적 견해는 남녀 모두 정상 노화과정에서 성격은 일관성 있게 유지되고 역할 활동과 투자에 똑같이 영향을 미치며 역할 활동과 관계없이 생의 만족도에 영향을 미친다는 것이다.

지속성이론은 노화과정이 활동이론이나 사회유리이론과 같이 사회적 노화이론 하나만으로 설명되는 것보다는 개인의 인격과 적응능력을 고려한 지속이론을 포함할 때 잘 설명된다. 지속성이론에서는 개인의 자아는 생활이 변화함에도 불구하고 근본적으로 남아있다고 주장하고 있으며 이러한 지속성은 정상적인 노화과정에서 개인이 결정하고 행동하는 방향을 예측할 수 있게 하는 인간의 기초적인 인격구조의 형성과 유지를 의미한다. 노인의 평생을 통해 유지되는 인격구조와 성향은 노년기의 사회적 활동과 역할에 중요한 영향을 끼치게 되므로 지속성이론에서는 노인의 사회적 구조와 문화적, 역사적 배경을 고려하여 노인을 이해하고 노화과정에 적용할 수 있게 해준다. 노년기는 인생의 다른 부분과 분리되거나, 끝 또는 마지막이라고 인식될 수 없으며 그 앞부분에 연결되어 이어지는 인생주기 전체의 통합시기이므로 지속성이론은 발달이론이라고 할 수도 있다(Lueckenotte, 1996).

2. 주요 개념

1) 지속성

지속성은 개인의 정상적인 노화 과정에서 결정하고 행동하는 방향을 예측할 수 있게 하는 인간의 기초구조의 형성과 유지를 뜻하는데, 내적 지속성과 외적 지속성의 두 가지로 나누어서 설명할 수 있다. 내적 지속성은 생각과 기질, 정서, 경험, 개인의 선호도, 기술 등과 같은 정신적 구조의 연속성으로 개인이 새로운 자아를 유지시키고 지지하며 정당화하기 위해 자신의 과거를 돌아볼 수 있는 건강한 능력이다. 외적 지속성은 사회적 행동과 환경의 일관성을 뜻하는데, 이것은 개인이 친숙한 환경에서 활동하고 친근한 기술을 사용하며 친근한 사람과 상호교류를 유지함으로써 만들어진다. 노화 과정에서 이들 두 종류의 지속성이 끼치는 영향을 살펴보면 우선 내적 지속성은 개인의 현재와 연결된 과거와 미래를 일관성 있게 연결시켜 줌과 동시에 변화를 관망할 수 있게 해주는 정신적 일관성이라고 말할 수 있으며 노년기의 개인은 이를 통해 자아존중감을 증진시키고 자아통합의 감각을 느끼게 된다. 이에 반해 외적 지속성은 사회적 행동과 환경의 일관성을 뜻하며 정상노화와 관련되어 발생되는 신체적, 정신적 변화에 잘 적응할 수 있게 해줌과 동시에 노인이 원하고 기대하는 사회적 지지와 관심을 더 많이 얻을 수 있게 해준다. 그러므로 노인들은 물리, 사회적 환경과 자신의 역할과 그로 인해 맺어지는 대인관계 및 활동들을 그들의 현재 상황과 연결시킴으로써 외적 일관성을 고수하려는 경향이 있다.

2) 성격유형

성격유형은 개인이 자신의 인격의 정서적 합리적 요소들을 통합시킬 수 있는 범위를 말한다.

3) 생활만족

생활만족은 매일의 생활에서 이루어지는 활동들로부터 얻게 되는 쾌락, 즐거움, 개인의 삶의 의미 있는 것이라는 느낌과 자신의 과거를 수용하는 것, 중요한 목표를 달성하는 것, 긍정적인 자아상을 유지하는 것, 행복감과 낙천적인 태도를 유지하는 것 등으로 설명할 수 있다.

3. 기본 가정

지속성이론의 관점은 나이가 들어감에 따라 젊었을 때 이룩했던 것을 더 하고자 한다는 것이다. 나이가 듦에 따라 개인적 특성은 더 분명해지고 핵심적인 가치라고 생각했던 것도 더 완고해진다. 예를 들어, 평생 수동적인 패턴을 가진 사람이 은퇴 후에 활동적으로 되기가 쉽지 않고 다양한 사회조직에 참여했던 사람은 은퇴 후에도 여전히 이러한 활동을 유지하기를 원하거나 잃어버린 것을 대치할 새로운 것을 찾게 된다. 개인적 나이는 나이가 들어가는 동안 성공적이고 '정상적으로' 개인적 특성을 통합해 간다. 지속성이론의 기본 가정으로는 중년과 노년기의 개인은 정상 노화과정에서 일어나는 변화들에 적응하고자 한다. 그리고 노인은 그들의 과거의 경험과 선택, 행동들이 노인의 현재 및 미래의 선택과 행동의 기초를 형성한다.

4. 명 제

지속성이론은 개인이 성인이 되면서 평생 동안 갖게 되는 특수한 습관과 성향, 개인적 흥미, 목적, 소속감 등이 성격의 일부가 되며 노인이 되어도 변하지 않는 이러한 인격 성향들이 각기 다른 노화 패턴을 만들어 낸다고 주장한다. 일반적으로 노인은 나이가 들어서도 과거에 자신이 했던 역할과 비슷한 형태의 역할을 대치시키려 하며, 젊었을 때부터 해오던 일반적인 활동과 태도 등을 똑같은 수준으로 유지하고자 하는 강한 경향이 있다(Covey, 1981).

지속성이라는 의미는 노인이 그들의 인생에서 꼭 성공적으로 적응해야 함을 의하는 것은 아니며 그냥 단순히 개인의 노화에 따른 변화에 적응하는 과정에서 자신이 원래부터 가지고 있던 적응 전략과 자원들을 사용한다는 것을 의미한다. 그러므로 노인이 그들 자신이 기준대로 적응해 나가도록 하는 것이 성공적인 노화를 돕는 길일 것이다. 지속성은 또한 무변화, 침체, 고정 등을 의미하는 것이 아니고 오히려 역동적인 현상이다. 즉, 개인의 세계관과 과거 살아온 역사, 개인의 적응 전략 등이 개인의 지속성의 한 유형으로 자리잡고 있는 가운데서도 변화는 끊임없이 일어나며 이러한 역동적 변화는 개인의 고유한 특성을 바꾸지는 않고 다만 노화와 관련되어 발생되는 여러 가지 생활 변화들에 적응할 수 있게 만들어 주는 것이다(Onega & Tripp−Reimer, 1997). 그러므로 노인들은 물리 사회적 환경과 자신의 역할과 그로 인해 맺어지는 대인관계 및 활동들을 그들의 현재 상황과 연결시킴으로써 외적 일관성을 고수하려는 경향이 있다. 노인들에게서 볼 수 있는 지속성의 구체적인 예로는 고향에 돌아가고 싶어 하는 것, 자기가 즐겨 앉던 의자에 앉으려는 것과 같이 자신이 선호하는 행동유형을 지속하려는 것, 노인이 되어서도 일정한 수준의 사회적 활동을 계속해서 유지하려 하는 것 등으로 설명할 수 있는데, 노인은 이렇듯이 자기가 해왔던 일을 계속해서 수행함으로써 자아존중감과 생활만족감을 유지시킬 수 있다. 이상의 지속성이론에 포함되는 명제는 다음과 같다.

- 지속성은 개인의 주관적인 지각이며 개인의 인격 및 개인이 살아온 과거의 역사와 연결되어 있다.
- 개인이 나이가 들어감에 따라 인격의 통합성을 이루고 성숙해지는 것이 노년기의 삶의 만족에 기초가 된다.
- 개인의 사회적 특성과 환경적 요인들이 노년기의 사회적 활동의 지속과 유지에 영향을 끼친다.
- 노인의 성격은 나이가 들면서 변하지 않으며 개인의 중심 성격 및 가치관 역시 노인기에 더욱 두드러지는데, 노인이 되어도 변화지 않는 이러한 인격성향들이 각기 다른 노화 패턴을 만들어 낸다.
- 지속성은 무변화, 침체, 고정 등을 의미하는 것이 아니고 오히려 역동적인 현상이다.

• 인격은 개인의 노화패턴을 설명하는 중요한 요인으로 역할활동과 생활만족 사이의 관계를 결정짓는 중요한 요소가 된다.

5. 제한점

지속성이론은 생태학적으로 타당하지 않다. 즉, 노년기에 이르면 건강이 나빠지고 경제적인 제한점 등이 나타나므로 젊은 시절의 생활 스타일을 변형시켜야 할 필요가 있다. 또한 노년기에는 자아에너지와 성역할의 변화 등으로 인한 성격과 행동의 변화가 나타날 수도 있다. 지속성이론은 조리 있어 보이기 때문에 일정 정도 액면 타당도를 가진다. 그러나 이 이론은 실증적으로 검증되기 어려운데, 그 이유는 개인의 노화에 대한 반응은 생애기간 동안의 지속적인 행위 패턴과 생물학적 심리적인 변화 간의 상호관계에 의해 설명되기 때문이다. 지속성이론의 또 하나의 제한점은 분석단위를 개인에 초점을 둠으로써 노화과정을 수정하는 사회적 요인에 대한 외부 역할을 간과하고 있다는 점이다. 따라서 지속성이론은 노인의 문제를 해결하는 데 있어 자유방임 또는 "살아온 대로 살게 하라"는 접근방법을 합리화할 뿐이라는 비판을 받는다.

CHAPTER 06

사회학적 노화이론

제1절 현대화이론(Modernization Theory)

현대화이론은 카우길과 홈즈(Cowgill & Holmes, 1972)에 의해서 제창된 이론으로 현대화가 노인의 지위를 하락시키며 현대화의 정도가 높을수록 노인의 지위는 더욱 낮아진다는 것이다. 현대화에 따른 네 가지 사회적 변화 요인들, 즉 건강기술, 경제기술, 도시화, 대중교육이 노인들의 지위를 어떻게 손상시켰는가를 명확히 요약하고 있다(Cowgill, 1974).

첫째, X-레이, 혈액검사와 같은 건강기술의 발전으로 평균수명이 늘어나고, 사망률이 떨어지고, 인구 노령화 현상이 나타났다. 이와 같이 생명이 연장됨에 따라 노인들은 직업전선에서 젊은이들과 경쟁하게 되었고 노동현장에서는 경쟁력이 약한 노인들을 퇴출시키기 위해 퇴직제도가 필요하게 되었다. 그런데 이 퇴직제도가 바로 노인들에게 소득과 일, 사회적 지위의 상실을 야기하게 되었다.

둘째, 현대적 경제기술은 새로운 직업을 창출해 내었는데 노인들은 그 기술을 다룰 수 있는 훈련과 기술이 부족하기 때문에 결국 그 경제적 기술 때문에 노인들은 퇴직하지 않을 수 없게 되었다.

셋째, 도시화는 젊은 사람들을 도시로 이끌어 냈고 확대가족제도를 파괴시켰다. 그 결과로서 더욱더 많은 노인들이 혼자서 살아나가지 않을 수 없게 되었다.

넷째, 대중교육의 확장으로 자녀세대가 부모세대보다 더 많은 지식을 갖게 되었기 때문에 노인에 대한 신화가 깨지게 되었다. 또한 지식의 보존자로서 노인들이 누렸던 명예로운 지위도 사라지게 되었다.

이처럼 현대화이론은 노인의 사회적 지위와 역할의 변화, 산업화로 인하여 사회가 현대화되는 과정에서 발생하는 사회문화적 구조의 변화에 따라 일어난다고 보는 거시적 관점을 가지고 있다. 즉, 노인의 지위와 권력이 사회의 요구에 대해 개인이 소유한 기능 수행 및 능력의 정도에 비례한다고 할 때, 노인의 지위는 현대화가 진행될수록 불명확하며 낮아진다는 것이 현대화이론의 출발점이다. 그러나 현대화 이전에는 모든 노인의 사회적 지위와 권력이 높았다는 가정을 전제로 하고 있으며 문화와 인종, 계층 그리고 성별의 차이가 고령화에 미치는 개인적 영향을 무시하고 있다. 현대화이론은 인생의 후반기에 있어서 사회구조의 역할과 자원의 통제 수단이 노인의 생활 형태에 크게 영향을 미치고 있음을 강조한 것은 의미 있는 공헌으로 볼 수 있으며 현대화이론은 산업사회의 노인문제를 설명하는 준거틀로서 보편적으로 인용되고 있다.

현대화이론은 현대사회에서 노인문제의 발생 원인을 사회변화의 맥락으로 조망하였다는 점에서 노년학연구에 기여한 바가 적지 않지만, 이 이론은 전통사회에서 노인의 지위가 모두 높았다는 사실이 경험적으로 입증되지 않았고, 또한 산업화와 노인지위의 단순한 관계설정도 문제시되었다. 현대화이론은 현대화 이전에는 노인의 지위가 높았다는 가정에 근거하지만, 사회역사가들은 산업화 전 사회에서 노인들이 높은 대접을 받았다는 논의를 일축하고 과거에 노령기가 황금시대였다는 신화를 비판하고 있다. 또한 현대화이론은 특정 사회의 노인집단 간에도 문화, 인종, 민족, 성, 사회계층에 따라 노인들의 지위는 동일하지 않으며, 이로 인하여 노인생활의 경험이 상이할 수 있다는 측면을 간과하고 있다는 비판이 제기되었다. 그리고 산업사회에서는 노인의 지위가 낮지만 후기산업사회에서는 오히려 노인의 세력이 증가되어 지위도 높아질 것이므로 현대화에 따른 계속적인 하락이라는 견해도 문제시되었다.

제2절 사회와해이론(Social Breakdown/Competence Theory)

카이퍼스와 벵슨(Kuypers & Bengson, 1973)이 제안한 사회와해이론은 문제시되는 노화의 측면을 설명하려는 상징적 상호작용론의 또 다른 응용이론이다. 사회적 혹은 심리적 문제가 있는 일부 노인에 대한 부정적 인식으로 인해 노인의 사회적 활동과 관계가 위축됨으로써 사회적으로 와해된다는 이 이론에서 가장 중요한 개념인 사회와해증후군이란, 심리적으로 허약한 개인이 주변 환경으로부터 부정적인 반응을 받게 되고 그 다음으로 자아개념에 영향을 받게 되면서 부정적인 피드백의 악순환을 거치게 된다는 것을 의미한다. 카이퍼스와 벵슨은 이 개념을 토대로 사회와해이론을 발전적으로 제시하였다. 그들은 구체적으로 다음과 같은 단계를 거쳐 부정적인 피드백의 악순환 과정이 발생한다고 주장하였다.

첫째, 역할상실 혹은 노화에 대한 편견 때문에 기왕에 자아개념이 손상되어 있을 수 있는 노인 개인이 건강 관련 위기를 경험하게 된다.

둘째, 사회환경(보건의료진 혹은 가족)에 의해 노인들이 의존적인 존재로 낙인된다.

셋째, 이전에 소유하고 있던 기술 자체가 위축된다.

넷째, 개인들은 병들고 부족하거나 혹은 무능한 자아를 수용하게 된다.

이 같은 부정적인 악순환 과정이 |그림 6-1|과 같이 계속 발생할수록 노인들의 사회·심리적 능력은 점차 감퇴되어 간다고 본다. 그러나 노인 개인의 무능력의 악순환 과정은 사회재건을 통해서 역전될 수 있다고 주장한다(Kuypers & Bengson, 1973). 노인들이 처한 환경적 지지망을 확충하고 또 노인 개인의 장점을 발견하게 하고 계속 그 장점을 유지할 수 있는 기회를 제공하여 노인들의 유능감을 증가시킬 수 있다는 것이다.

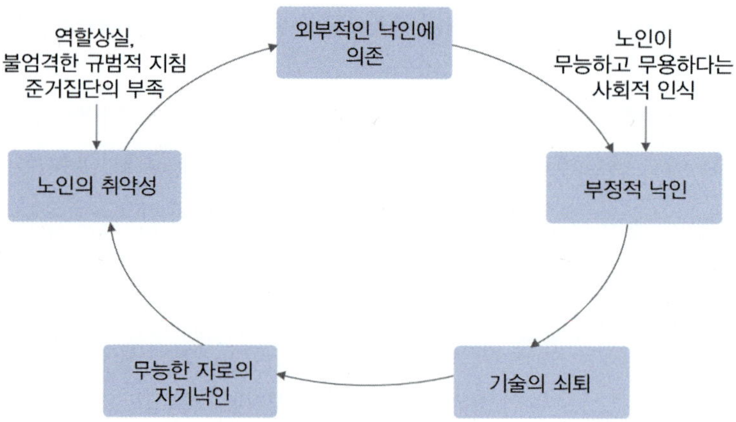

|그림 6-1| 사회적 와해

출처 : Kuypers & Bengson(1973).

제3절 하위문화이론(Subculture Theory)

하위문화이론은 노인이 가지고 있는 공통의 특성과 사회문화적 요인 등에 의해 집단이 형성되고 상호작용을 통해 하위문화가 형성된다는 것이다(Rose & Oklander, 1965). 하위문화이론은 사회규범에 대한 기능주의적 관점을 내포하지만 그것의 주요 논점은 규범의 타자와의 상호작용, 즉 젊은층과의 분리로부터 형성된다는 점이다. 이 이론은 노인기의 공통적 특성으로 노인들끼리만의 상호작용이 일어나서 노인 특유의 하위문화를 형성한다고 주장한다. 이 같은 현상은 다음과 같은 요인으로 더욱 촉진되고 있다.

첫째, 타 연령층과의 상호작용으로부터 배제된 노인층의 증가이다.

둘째, 연령분리정책(예 퇴직과 노인주거공동체 등)의 결과로서 노인들끼리의 증가된 상호작용이다.

셋째, 노인들의 공통된 신념과 관심사(예 건강보호)의 증가이다.

따라서 노인들은 하위문화로서 그들 집단의 고유한 규범과 가치를 창조한다. 노인하위문화는 다른 지위의 특성(예 성, 인종, 사회계층)을 초월하여 노인들만의 집단정체감을 형성하게 한다는 것이다. 결과적으로 노인은 노인들의 공동문제를 논하고 부당한 대우에 분노하여 이를 없애려고 사회적 행동을 취하며 젊은이와 거리감을 두려는 욕구를 가지게 된다. 이런 격리가 결국은 청년문화, 중년문화, 노년문화라는 연령에 의한 하위문화를 형성시킨다. 세대 상호 간에는 갈등과 분화에 대응하여 결속력을 높이며 권력을 얻으려 노력한다.

로즈(Rose, 1965)는 하위문화이론이 노인 자신의 하위문화 구성원들을 통해 자아 개념과 사회적 정체성을 만들어 간다는 것을 주장한다. 하지만 노인이건 아니건 사람들의 행위는 전체적인 사회 기준이나 규범에 의해 평가될 수는 없다. 오히려 그 구성원들의 기대 수준에 의해 평가된다. 노인들은 다른 연령계층 사람들보다는 노인들끼리 더 많은 상호작용을 한다. 왜냐하면, 비슷한 문제와 관심을 공유함으로써 친밀감을 발달시키기 때문이다. 동시에 노인들은 다른 연령계층과 충분히 상호작용하는 것으로부터 배제되기도 하는데, 그 이유는 퇴직공동체처럼 자기분리를 하거나 젊은 사람들이 떠나가 노인들만 거주하는 농촌 지역과 같이 '**비자발적인**' 분리가 이루어지기 때문이다. 노인하위문화의 형성은 노인에게 두 가지 중요한 결과를 가져오는데, 첫째는 그들 자신을 노인으로 규정하고 사회적, 문화적으로 젊은 사회로부터 멀어지게 하는 것, 둘째는 정치적 영향과 사회행동의 가능성을 만들어 집단의식을 만들어 가는 것이다.

제4절 연령계층화이론(Age Stratification Theory)

연령계층화이론은 1970년 초기에 릴리와 포너(Riley & Foner, 1968)가 제창한 이론으로 사회는 기본적으로 연령 등급에 의하여 구분되는 연령층으로 구성되어 있고 서열화되어 있다고 가정하는 것이다. 연령계층화이론은 연령계층과 사회구조 간의 혹은 연령계층들 간의 관계 및 특성을 다루고 있다. 이것은 세대차이나 동년배집단 간의 차이를 설명해 주는 이론이다. 인생주기에 있어서 같은 단계에 있는 사람들은 공유성과 공통성이 있으며 더 나아가 역사적으로 같은 시기에 산 사람들은 같은 삶의 경험을 하기 때문에 연령층들 간의 혹은 세대 간의 차이를 가져온다고 본다.

1970년대에 출생한 베이비붐(baby boom) 집단은 그 사회의 노령인구 구조를 갑자기 변화시키고 이로 인해 앞 세대가 경험했던 것과는 전혀 다른 노동시장 여건에 당면해야 한다. 이 같은 사회변동은 사회가 바라는 새로운 모형과 행동규범을 낳게 하여 사람들의 경험에 영향을 미치며, 따라서 전형적 모형과 규범을 준수하던 고령화 패턴도 변화하게 된다. 연령계층화이론에 의하면 노인 연령집단은 다른 연령집단과 여러 면에서 구별되므로 노인은 다른 집단과 구별되는 자신의 연령집단에서 자신에게 알맞은 위치와 역할을 찾아야 하며 그러한 기회를 확보하기 위해 관심을 기울여야 한다는 것이다. 사람들의 생활과 사회구조의 상호작용을 중시하고 사회적·심리적·생리적 요소들의 상호 의존성을 강조함으로써 연령을 더 넓은 시각에서 보게 하였으며 사회학의 개념적이고 방법론적인 도구를 노년학에 응용하였다는 의미를 가지고 있다.

한 사회가 사회경제적인 계급과 성 그리고 인종 등으로 층화되어 있는 것과 마찬가지로, 인간은 '젊은층', '중년층', '노년층'으로 연령에 따라 구분될 수 있다. 노인층화는 서로 다른 연령 동년배로 정의된다. 이것은 노화에 대한 개인의 경험과 역할이 연령계층에 따라 다르다는 것을 의미한다. 삶에 대한 노인의 평가는 활동적이거나 분리된 것에 의해 단순히 평가될 수는 없다. 그러나 연령계층 체계의 변화는 삶의 만족도에 끼치는 개인의 경험에 영향을 준다(Lynott & Lynott, 1996).

연령계층화이론은 개인적 접근으로부터 사회 연령구조적 접근으로 초점을 옮김으로써 활동이론과 분리이론에 도전한다(Marshall, 1996). 또한 연령계층화이론은 연령구조를 연령계층별 기대와 보상의 체계로 간주함으로써 동년배집단에 구조적 시간을 더하게 된다(Riley, Johnson, & Foner, 1972). 이 이론은 한 층화집단의 구성원은 다른 층화집단의 구성원과 삶의 단계(젊은층, 중년층, 노년층) 및 경험한 삶의 기간 면에서 다르다는 것을 인식한다. 생애경로와 역사적 영역 모두는 어떻게 사람들이 행동하고 생각하는지 그래서 어떻게 사회에 기여하는지가 다르다는 것을 설명해 준다.

역사적 영역에서 기인한 차이는 **동년배 흐름**(cohort flow)[1]으로 언급된다. 같은 기간에 태어난 사람들, 즉 동년배는 과거, 현재, 미래에 있어 공통된 역사적, 환경적 영향을 공유한다. 그들은 비슷한 사건과 조건 그리고 변화에 노출되고 따라서 비슷하게 세상을 바라보게 된다(Riley, 1971). 예를 들어, 성인기 동안 경제적 번영을 경험한 지금의 젊은 노인층 집단에 비해 대공황 기간을 경험한 후기 노인집단은 경제적 자기 효능감과 '힘든 날을 대비

---

1) 시간의 변화에 다른 특정 동류 집단(동년배 집단)의 변화를 말한다. 동류 집단(cohort)이란 동시대에 태어난 동년배일 경우와 같이 유사한 경험을 공유한 집단이다.

한 저축'에 더 가치를 두게 된다. 이것은 재정과 삶의 스타일에 관련하여 다른 사람들의 행위를 이해하는 데 세대 간 차이가 발생한다는 것을 의미한다. 이렇듯 역사적 사건에 대한 특수한 관계 때문에 오늘날 노인계층은 과거나 미래의 노인계층과 매우 다르며, 또한 노화 과정도 다르게 경험하게 된다. 이는 즉, 나이가 들어감에 따라 동년배는 집합적으로 노인연령층화에 영향을 미친다는 것을 의미한다. 유용한 역할에 적절하게 대처하지 못할 때, 동년배 구성원들은 연령층화 내의 기존 패턴을 변화시킬 수 있다. 예를 들어, 평균수명과 공식적 교육수준이 증가한 현세대 노령층은 노화되는 과정과 노화를 바라보는 관점과 노인연령층화체계 자체에 대한 본질을 변화시킬 수 있다. 2000년에 퇴직한 노인과 1950년대에 퇴직한 노인 동년배 집단은 같은 집단 내에서도 이질적일 수 있지만 집단 간 이질성을 더 크게 가질 수 있다. 2000년에 퇴직한 노인 동년배는 은퇴와 여가를 더 긍정적으로 간주하고, 신체적으로 활동적이고 더 건강할 수 있으며, 앞선 동년배에 비해 연령차별금지운동, 법적 옹호 활동, 정치적 조직화 등을 통해 노동자 및 지역사회참여자로서의 역할에 대한 제한에 더 도전적일 수 있다. 또한 조부모 및 증조부모의 역할이 기대되고 노화와 죽음의 과정에 더 계획적이고 순응적이 될 수 있다. 결국 이러한 차이는 미래 세대의 동년배의 경험과 기대에 영향을 미칠 수 있다. 따라서 동년배는 연령계층을 연속적으로 이동하여 이전의 동년배 집단이 보던 방식으로 세상을 보지 않고, 나이에 따라 다양한 방식으로 세상을 보는 정도에 따라 그 조건을 변화시킨다는 것이다.

연령계층화이론은 구조적, 인구학적, 역사적 특성에 초점을 맞춤으로써 사회가 연령을 구조적 지위에 적합한 사람을 만들어 내게 하는 데 사용된다는 것을 이해하게 만들며, 이러한 연령 구조가 시간의 변화에 따라 어떻게 달라지는지 이해할 수 있도록 한다. 연령계층화이론은 노인집단을 한 사회체계 내 층화집단의 구성원으로 바라보고, 사회를 변화시키는 적극적 참여자로서 간주함으로써 동년배와 관련된 연령 차이에 대한 사회학적 설명을 가능하게 한다. 그러나 연령계층을 인종이나 성과 같이 동일한 사회계층 요소로 보는 것이 적절한지에 대한 지적을 받고 있으며 개인의 자율성을 무시하고 문화 결정론적 시각이 강하다는 비판을 받고 있어서 개인과 사회의 구조적 특성을 통합하는 결정적 연대 관계를 재개념화할 필요성이 제기되고 있다.

3

PART

노인복지정책의 이해

CHAPTER 07

노인복지정책

제1절 노인의 욕구와 노인복지정책

1. 노인의 욕구

욕구는 개인이 도달하고자 하는 상태에서 현재 상태를 뺀(–) 것으로, 즉 생존, 자립, 웰빙(well–being) 유지에 필요한 기회나 자원의 결핍 상태를 말한다. 인간에게는 사회성원 다수가 처한 상황이 일정 목표나 기준에서 괴리되어 그 상태의 회복과 개선이 필요하다고 인정되는 사회적 욕구가 존재한다. 이러한 사회적 욕구의 내용과 범위는 소득, 주택, 여가, 건강, 교육, 사회관계, 정서안정 등 다양하게 존재한다. 이러한 욕구가 미충족되면 역기능이나 혼란, 문제 등이 발생하게 된다. 이러한 문제에 대응하기 위해 국가는 소득보장, 건강보장, 주거보장, 사회(복지)서비스를 통해 노인의 **사회적 욕구**[1]를 충족시켜야 한다. 그러나 모든 사회적 욕구가 대상이 될 수 없으며 기본 욕구이면서 노인복지의 고유 영역과 관련되어 있고 제한된 사회자원으로 해결 또는 완화가 가능한 사회적 욕구가 노인복지정책의 대상이 된다.

1) 사회구성원 다수가 처한 상황이 일정 목표나 기준에서 괴리되어 그 상태의 회복, 개선이 필요하다고 인정되는 욕구를 의미한다.

2. 노인욕구의 다양성

노인들은 다양한 욕구를 가지며 이러한 욕구는 역동적으로 변화해 나간다. 이러한 노인의 욕구는 **욕구해소주체**에 의해 충족되며 욕구해소주체로는 노인 자신, 가족, 사회복지제도 등을 들 수 있을 것이다. 그런데 현대사회에서는 노인복지정책이 노인의 욕구충족에 있어서 가장 주도적인 책임을 맡게 된다. 노인의 기초적 욕구는 일반적으로 경제적 욕구, 건강상의 욕구, 심리·사회적 욕구 등으로 분류될 수 있다. 그리고 이러한 노인의 기초적 욕구를 충족시키기 위한 수단인 노인복지정책은 **소득보장정책**, **의료보장정책**, **노인복지서비스**로 체계화되고 있다.

첫째, 노인을 위한 **소득보장정책**의 주요 프로그램은 대체로 사회보험제도의 일환인 연금보험과 극빈층을 위한 공공부조제도로 구분될 수 있으며 이러한 정책은 대부분의 중앙정부의 주도로 실시되고 있다.

둘째, **의료보장정책**은 크게 영국의 국민보건서비스(National Health Service) 방식과 의료보험 및 의료보호의 방식으로 구분될 수 있으며 일반적으로 모두 중앙정부의 주도하에 실시되고 있다.

셋째, **노인복지서비스**는 거의 대부분의 서구 선진국에서 지방자치단체의 주도하에 개발·실시되고 있다.

노인의 기본적 생존과 욕구를 본인이나 가족의 노력으로 해결하거나 충족하지 못해 삶의 불만족스러운 상태가 지속되는 현상으로 노인문제가 발생된다. 따라서 국가는 소득보장, 건강보장, 주거보장, 사회(복지)서비스 등을 통해 노인의 사회적 욕구충족을 지원해야 한다.

제2절 노인복지정책의 개념과 원칙 그리고 유형

1. 노인복지정책의 개념

노인복지정책을 이해하기 위해서는 노인복지정책이란 무슨 의미인가를 알아야 할 것이다. 노인복지정책에는 노인복지행정을 내포하고 있다. 노인복지행정은 노인을 대상으로 하는 복지에 관한 일을 수립하고 집행하고 평가하는 것을 말한다. 따라서 노인복지행정의 주요한 대상은 전체 노인 중에서 사회적으로 부적응 노인 그리고 경제적으로 저소득 노인을 주로 할 수 밖에 없을 것이다. 이러한 뜻을 가진 **노인복지행정이 추구하는 목적과 수단이** 바로 노인복지정책이다. 노인의 문제를 해결하여 노인들을 신체적, 생리적, 사회적으로 안정시키고자 하는 노인복지정책은 다른 사회복지 분야보다 많은 다른 특성을 가지고 있으며 이것은 노인복지가 다루어야 할 문제의 성격과 노인복지의 중요성을 강조해 두고 있는 것이기도 하다.

노인복지정책의 개념은 노인복지를 위한 정책적 접근방법으로, 특정 목적 달성을 위한 국가나 기관이 선택한 행동 원칙이나 계획으로 이해될 수 있다. 노인문제의 발생 원인은 '**사회구조적 모순**' 때문이라는 것이다. 따라서 이러한 모순으로 발생되는 노인의 욕구에 대해 사후대책적 혹은 사전예방적인 기능을 국가 책임하에 수행하여야 한다는 것이다. 즉, 노화의 여러 가지 측면과 관련되어 야기되는 노인 문제의 대부분은 현대화라는 사회적 변화로 야기되고 있다. 이에 대한 해결은 개인과 가족의 차원보다는 사회 및 노인복지정책적인 측면에서 지역사회 및 국가사회적인 차원에서 이루어져야 하며 계획적이고 조직적으로 접근함으로써 개선되고 해결할 수 있다. 노인복지정책에 대해서는 학자들마다 견해를 달리하고 있으나 공통적인 것은 건강과 의료, 경제적인 측면과 고용, 주거 및 시설보호, 기타 사회

(복지)서비스를 포함하고 있는 것으로 볼 수 있다. 이러한 노인복지정책은 다양하게 이해될 수 있는데, 노인과 관련된 일을 융통성 있게 효율적으로 운영하기 위한 방침, 방책 또는 장래의 행동계획으로 공공정책, 즉 정부의 정책이라는 것이다.

2. 노인복지정책의 접근방법

노인복지 향상을 위한 정책적 접근이 국가 중심으로 이루어져야 하는 이유는 보이지 않는 손에 의해 움직이는 시장 메커니즘과 복지의 비 배제성, 비 경쟁성으로 인한 무임승차에 대한 공급의 문제와 경쟁체제 내에서 고령인력의 저소득층화와 같은 외부적 결함 때문이다. 이러한 접근은 고령화사회에 대비한 노인복지정책 원칙(OECD)으로 이해될 수 있다. 즉, ① 조기퇴직자에 대한 인센티브, ② 노동가능인구의 취업기회 보장 및 기술습득지원, ③ 국가재정의 확보, ④ 비용대비 효과성 제고, ⑤ 개혁에 대한 국민들의 이해 및 지지 확보이다.

3. 노인복지정책의 목표

노인복지정책의 목표는 노인이 가정이나 사회로부터 격리되거나 소외되지 않고 젊은 세대와 상호의존적인 관계 속에서 통합적인 노후생활을 영위하고 자신의 잠재능력을 개발하고 기본 욕구를 충족할 수 있도록 사회구조와 정책 등이 조정되어야 한다는 것이다.

생활유지 – 사회적 통합 – 개인의 성장 욕구 충족

4. 노인복지정책의 유형

노인복지서비스는 사회적 서비스 중에서 노인인구를 대상으로 하는 서비스를 말한다. 노인을 위한 직접적인 사회적 서비스는 소득과 건강 그리고 주택 프로그램에 대한 욕구를 충족하기 위하여 발달해 왔다. 구체적으로 노인복지서비스는 경제적인 보조, 정보제공, 상담, 교육, 신체적인 도움, 가사보조, 주택임대료 보조, 무료급식 등을 포함한다. 노인복지정책적 입장에서 본 노인을 위한 사회적 서비스는 재가복지서비스와 시설서비스로 분류되고 있다. 노인복지정책은 소득보장정책, 의료보장정책, 주거보장정책, 재가노인복지정책 등의 정책으로 분류할 수 있다. 소득보장정책에는 연금제도와 공공부조, 그리고 정년연장과 고령자 취업이 포함된다. 의료보장정책에는 의료보호제도와 건강검진, 치매와 와상노인 대책 등이 있고, 주거보장정책에는 저소득층 노인과 독거노인 대책 등이 중요하게 다루어진다. 그리고 재가노인복지정책에는 노인들의 심리적 안정감과 노인복지비용의 절감을 위한 비시설화 경향을 말한다.

5. 노인복지정책의 기본 원칙

1) 사회정의의 원칙

사회정의의 원칙은 사회의 전문적, 문화적 제도로 인간의 일반적 생활조건을 전제로 운영되므로 평균능력 이하의 사회적 약자는 제외될 수밖에 없다. 평균 이하의 능력조건이나 특수한 욕구를 가진 노인은 현실적으로 기본적인 삶을 유지할 수 있는 조건에서 보호되어야 한다는 것이다.

2) 세대 간 연대성의 원칙

노인복지정책은 전통적인 요소와 혁신적인 요소 사이의 균형을 유지하여야 한다. 다양한 구조와 형태를 가지고 있는 가족은 세대를 이어가는 사회의 기본적인 단위이며 전통과 관습에 따라 세대 간에 연대하여 유지되고 강화되고 보호되어야 한다.

3) 자발적 참여의 원칙

자발적 참여의 원칙은 노인의 욕구를 해결하기 위한 개입 방법과 지원과정이 노인 당사자가 스스로의 능력에 맞추어 문제와 욕구를 해결하는 실마리를 스스로 생각하고 실행하도록 돕는 것이다. 이는 지방정부, 민간단체, 개인 자원봉사자, 그리고 노인협회를 비롯한 자발적 단체들이 가정과 지역사회에서 노인들을 위한 지원과 보호에 중요한 기여를 할 수 있다.

4) 독립성의 원칙

독립성의 원칙은 소득, 가족과 지역사회의 지원 및 자조를 통하여 적절한 의식주 및 건강보호에 접근할 수 있어야 한다는 것이다. 일을 할 수 있는 기회를 제공받거나, 직장에서 언제, 어떻게 그만둘 것인지에 대해 스스로 결정할 수 있어야 한다는 것이다. 적절한 교육과 훈련 프로그램과 개인의 선호와 변화하는 능력에 맞추어 안전하고 적응할 수 있는 주거와 환경에서 살 수 있어야 함을 의미한다.

5) 포괄성의 원칙

포괄성의 원칙은 노인 개인이 갖는 다양한 사회복지적 욕구가 전체로 조화될 수 있어야 한다는 원칙이다. 노인복지정책은 노인의 육체적, 심리적,

문화적, 정신적, 경제적 건강 및 기타 요소들을 포괄적으로 충족시킬 수 있는 통합적인 분야가 되어야 한다는 것이다.

6) 지속성의 원칙

지속성의 원칙은 노인들의 정신적, 문화적, 사회·경제적인 기여는 사회에 귀중한 것이므로 노인이 생산적인 활동에 더 많이 참여할 기회가 제공되어야 한다는 것이다. 노인의 참여와 동기 그리고 기여를 촉진하기 위한 사회적 지출은 지속적인 투자로 간주되어야 한다는 의미이다.

7) 사회적 보호의 원칙

사회적 보호의 원칙은 노인의 신체적 건강과 욕구에서부터 가족문제, 돌봄문제, 보호서비스의 요구, 경제적 안정의 욕구에 이르기까지 다양한 욕구를 지니고 있고 이 욕구에 대한 사회복지적 개입은 노인의 욕구를 포괄적이며 체계적으로 해결할 수 있도록 지원되어야 한다는 것이다.

제3절 노인복지의 재정정책

1. 조세방식

국가의 책임을 전제로 제공되는 급여들의 경우는 조세방식에 의해 운용되며 공공부조, 노인복지서비스의 형태로 국가가 부담하여 제공하는 프로그램에 지출된다. 공공부조는 국가가 생활에 어려운 국민에게 최저생활을 보장해 주는 일종의 구빈사업으로 지구촌의 거의 모든 나라가 실시하고 있다.

2. 사회보험방식

사회보험방식은 국가나 공익단체가 보험 운영 주체가 되어 노동자가 일정 기간 이상 일을 하면서 고용주 및 국가가 공동부담하거나 고용주와의 공동부담으로 납입한 보험료에 따라 일정 연령에 도달했을 때 정기적 연금으로 지급하거나 지급 사유 발생 시마다 지급해 주는 제도이다. 불입은 강제적이며 임금의 일정률로 지급하므로 개인마다 보험료가 다르다.

사회보험방식의 특징은 다음과 같다.

첫째, 자신의 기여로 이루어진 권리이므로 수치심을 가질 필요가 없다.

둘째, 소득의 일정률 납입으로 소득 이전과 소득재분배 효과가 가장 크다.

셋째, 국가 입장에서 비용을 가장 적게 들이고 가장 효과적으로 소득보장을 할 수 있다.

넷째, 노동 수입이 있는 자에게만 적용되어 자영업자는 임의 적용되므로 적용의 한계가 있다.

다섯째, 초기에는 저소득층, 비근로층이 제외되어 소득보장의 의의가 약화되기 쉽다(연금보험 : 국민연금, 공무원연금, 사립교원연금, 군인연금 등).

3. 민간자원동원방식

민간자원동원방식은 비정부적 민간자원에 의해 비용을 충당하는 재정확보 방법으로 민간위탁방식과 순수민간자원방식이 있다. 민간자원동원방식은 대표적으로 공동모금회를 통한 자원조달이다. 민간자원의 종류로는 물적자원으로서의 물품과 현금, 인적자원으로는 자원봉사활동이 있다.

4. 데모그란트방식

데모그란트[2)]방식은 노인의 경제적 수준이나 부양자의 유무에 관계없이 일정 연령(예 65세 이상) 또는 특정한 부류(예 광부출신 노인)에 속한 노인에게 지급되는 혜택이다. 이는 국가가 책임지고 도와주기 위하여 정부의 예산지출에 의한 지원방식(현재 영국, 호주)이다. 모든 노인에게 보편적으로 적용되므로 국민으로서의 복지권 확보, 세대 간의 소득재분배, 사회적인 통합 면에서 효과적인 프로그램으로 간주될 수 있다.

5. 노인복지정책의 특성

노인복지정책의 특성은 다음과 같이 이해될 수 있다.

- 노인복지정책 : 노인의 사회적 욕구충족과 문제해결을 위한 정부나 공공기관의 행동원칙과 계획
- 정책결정의 주체 : 국가와 공공단체
- 정책의 목표 : 공공의 선 또는 국민의 복지증진
- 결정성 : 정치적 과정을 거쳐 내려진 공적 결정으로 강제성을 지님
- 선택성 : 문제해결을 위한 대안 중 적절하고 효율적 대안에 대한 선택

2) 특정 연령집단에 대한 정액의 현금급여로 사회수당이라고도 하며 사회보장 프로그램으로 늦게 도입된 제도이지만 가장 발전된 제도이며 가장 보편적인 프로그램 유형이다. 초·중등학교 무상교육, 무상급식, 영국의 국민건강서비스(National Health Service)와 일정한 인구학적 조건을 갖춘 사람에게 급여를 제공하는 아동(가족)수당, 장애인수당, 노인 기초연금 등이 있다.

6. 노인복지정책의 영역

노인복지정책의 영역은 다음과 같이 이해될 수 있다.

- **소득보장** : 사회보험, 공공부조, 사회수당, 경로우대제도, 고령자 고용 등
- **의료보장** : 건강보험, 의료급여, 건강진단사업, 장기요양보장제도, 치매 상담 등
- **사회(복지)서비스** : 노인돌봄, 여가지원, 평생교육, 사회참여 등
- **주택보장** : 주택수당, 주택임대료 보조 및 할인, 주택수리 및 개조비용 융자, 임대료 및 재산세 변제, 공영주택입주권 우선 부여 등, 시설보호 목적의 주거보장은 노인복지법상의 노인주거복지시설과 노인의료복지시설 설립과 운영 지원을 포함

CHAPTER 08

노인소득보장정책

제1절 노인소득보장의 이해

1. 노인소득보장

노인소득보장은 고령으로 인한 실업과 소득상실로 인한 노인 빈곤을 대비하고 소득재분배를 통해 공평한 사회로 가기 위한 제도이다. 이는 국가가 최소한의 정기적인 소득을 보장해 주려는 복지정책이다. 노인의 빈곤은 개인적인 문제점이라기보다 생물적 및 사회적 요인이 크기에 사회적 차원에서 노인에 대한 소득보장의 대책이 필요하기 때문이다. 소득보장은 노인 빈곤에 대한 사회적 대책으로 국가와 사회가 노인이 빈곤 상태를 벗어나도록 최소한의 정기적인 소득을 확보해 주는 활동이다.

노인의 소득보장과 관련해서 가장 빈번히 등장하고 있는 두 가지 기본적인 정책 방향이 있다면, 노인인력의 활용과 공공부조 및 연금제도의 확충이 바로 그것이다. 연금제도가 노인세대에게까지 확립되지 않은 우리나라의 경우 일정한 소득이 없는 노인들의 경제적 상황은 안정되지 못하고 개선될 가능성조차 크지 않은 것이 일반적인 현실이다. 따라서 경제적 여건이 좋지 못한 노인들이 최소한의 인간적인 생활을 유지하기 위해서는 노후의 소득보장을 위한 사회적 차원의 조치가 불가피하다. 이러한 사회적 조치의 대표적인 것이 바로 소득보장제도라 할 수 있다. 현재 노인들의 소득보장을 위한 사회적 프로그램 중에서 노인들에게 직접적으로 현금이 지급되는 것은 국민연금제도, 국민기초생활보장제도, 기초연금제도, 퇴직금제도 등을 꼽을 수 있다. 그 밖에 경로우대제도, 노인능력은행(취업알선센터), 생업지원, 세제감면제도 등의 간접적 소득보장제도도 있다.

2. 노인소득보장의 방법

1) 직접급여

(1) 데모그란트

데모그란트는 고용상태, 경제적 수준에 관계없이 한 나라의 국민 전체 또는 일정한 부류에 속하는 사람 전체에게 국가가 일정한 액수의 금품이나 서비스를 제공하는 것으로 노년기의 경제적 욕구충족 또는 사회발전에 기여한 공헌에 대한 보상제도이다(예 노인수당, 가족수당 등).

(2) 사회보험

사회보험은 국가나 공익단체가 고용주로서 국가 공동부담으로 납입한 보험료를 상황에 따라 지급하는 형태로 강제성이 있고 납입자에게만 지급하게 되는 급여이다(예 국민연금법, 공무원연금, 군인연금 등). 자신을 돌볼 수 없는 아이들은 부모에게 의지하고, 부모가 나이가 들면 반대로 자녀들에게 의존하는 것은 전통 농경사회와 서구 선진 산업사회에서의 이른바 **세대 간 계약**에서 볼 수 있는 공통적인 현상이다. 특히 효(孝)를 강조하는 유교의 전통에서는 그 정도가 보다 강했다고 할 수 있다. 그러나 산업화가 진행되면서 각 국가는 가족과 무관한 노후의 생활보장방법을 모색하게 되었고 그 대표적인 것 가운데 하나가 바로 사회보험방식의 프로그램이다.

(3) 공공부조

공공부조는 최저한도의 빈곤자에게 국고에서 최저한의 생활을 할 수 없을 시 노인에게 지급되는 급여를 말한다(예 현금, 물품, 의료급여, 주거급여, 장제급여 등). 즉, 공공부조는 개인에게 구체적으로 보호를 필요로 하는 상황이 발생했을 때 최저한도의 인간다운 생활을 보장하기 위하여 급여가 지급되는 것이다. 보호를 필요로 하는 상황이 발생하면 위험의 종류를 불문하고 보호를 행한다는 점에서 특정한 원인(예 질병, 노령, 장애, 산업재해 등)에 의하여 발생한 상황을 보호하는 사회보험과는 구별된다.

(4) 사적연금 또는 퇴직연금

사적연금 또는 퇴직연금은 공적연금제도에 의한 퇴직 후 연금 또는 일시금을 뜻하는데, 급여자가 퇴직한 경우에 급여 자격이 부여되며 현금과 퇴직연금, 장해연금, 유족연금의 형태로 지급되며 근로연수와 봉급수준 기여금 부담 등에 따라 차등 분배한다.

2) 간접급여

(1) 세금감면 할인 혜택

세금감면 할인 혜택은 제산세를 감면해 주고 할인혜택을 부여하는 것으로 지출의 감소 형태로 나타나며 재정은 재산세 감면, 할인혜택 등으로 충당되며 현금, 물품의 지급이 아니지만 지출을 감소시킨다는 것과 노인이 동거하는 가족의 재산세를 감면한다는 것으로 재산세 감면과 경로 우대제도 등이 있다.

(2) 정년연장과 고령자 취업

노인의 소득보장에 있어서 전 국민 연금제도 못지않게 중요한 이슈가 있다면 그것은 정년연장과 고령자 취업에 관한 문제이다. 이에 관한 연구의 대부분은 정년퇴직 연령을 점진적으로 연장할 것을 주장하고 있으며 고령자의 재취업 활성화 정책에 대해 논의하고 있다. 노인소득의 일차적인 확보방법은 시장경제시스템을 통한 방법이다. 대체로 평균수명의 신장과 노령인구의 증가를 이유로 들면서 노령인구의 활용에 대해 수긍하고 있다. 그러나 그와 같은 요인들이 정년연장과 노인인구의 재취업을 당연한 것으로 받아들이게 하는 데 다소 설득력이 부족하다. 왜냐하면 평균수명이 증가하는 것에도 많은 해석의 여지가 있기 때문이다. 단지 수명상태만 증가한 것인지, 아니면 건강상태까지 양호해진 것인지에 대한 분석이 미흡하기 때문에 더욱 그렇다. 즉, 노인들의 건강 및 근로능력에 대한 연구는 미흡한 실정이다. 노인인구에 대한 근로능력을 분석하지 않고 정년연장과 고령자 재고용에 관한 주장을 한다면, 이는 마치 지도 없이 전략을 수립하려는 것과 다름없다.

노인인력에 대한 기존의 관념에서 탈피하여, 새로운 시각을 가져야 할 필요가 있다. 노인이라 할지라도 경쟁사회에서 기업과 국가에 기여할 수 있는 신체적, 사회적, 정신적 능력을 보유하여야 한다. 즉, 고령자에게 있는 경험과 지혜뿐 아니라 그를 뒷받침할 만한 건강과 활동력이 있어야 정년연장과 재고용에 대한 명분이 있다는 것이다. 그럼에도 불구하고 정년연장과 고용촉진은 퇴직한 노인이나 저소득층에 취업의 기회를 제공하는 제도로 노인을 고용하는 것으로 유휴인력을 적절히 활용하면서 그들의 경제적 욕구도 충족시켜 주는 것이므로 계속해서 연구하고 발전되어야 할 것이다(예 시간제 고용, 노인복지공장의 설치 운영 등).

제2절 노인소득보장 프로그램

1. 국민연금

1) 국민연금이란

국민연금은 소득이 있을 때 꾸준히 보험료를 납부하였다가 나이가 들어 생업에 종사할 수 없어졌을 때, 예기치 못한 사고나 질병으로 장애를 입거나 사망하였을 때 본인 또는 유족에게 매월 연금을 지급하여 기본적인 생활을 유지할 수 있도록 지원하는 소득보장제도이다. 국민연금은 연금 프로그램에 가입하여 급여 종류에 따른 급여 자격이 갖추어졌을 때 급여를 받을 수 있으며 수급연령은 현재를 기준으로 볼 때 60세이고 4년 단위로 1년씩 증가하도록 규정하고 있다. 국민연금에는 매월 지급하는 연금급여로 노령연금, 분할연금, 장애연금(1~3급), 유족연금이 있고, 일시금급여로는 반환일시금, 사망일시금 장애일시보상금(4급)이 있으며, 가입자의 연금 납부로 국민연금관리공단을 통해 지급받는다(표 8-1 참조).

2) 가입대상

국민연금은 만 18세 이상 만 60세 미만 국민이면 가입대상이 되고, 최소 가입기간 10년을 채웠을 때 해당 연령이 되면 노령연금을 받을 수 있다. 10년이 되지 않는다면 일시금으로 지급받을 수 있다.

3) 수령연령

노령연금 수급연령은 현재 만 60세이나 고령화 추세를 반영해 1953~1956년생은 만 61세, 1957~1960년생은 만 62세, 1961~1964년생 만 63세, 1965~1968년생은 만 64세 그리고 1969년 이후 출생자는 만 65세부터 노령연금을 수령하도록 1998년 말에 법이 개정되었다. 이때 받는 연금액은 본인의 가입기간 및 가입 중 평균 소득액, 전체 가입자의 평균 소득액을 기초로 계산된다.

4) 국민연금 종류별 수급요건과 급여수준

국민연금은 <표 8-1>과 같이 노령연금, 소득활동에 따른 노령연금액, 조기노령연금, 분할연금, 장애연금, 유족연금, 반환일시금, 사망일시금이 있으며, 세분화하여 종류별 수급요건과 급여수준을 살펴보기로 한다.

〈표 8-1〉 노령연금 종류별 수급요건 및 급여수준

구 분	수급요건	급여수준
노령연금	가입기간 10년 이상, 수급 개시 연령에 도달한 경우	기본연금액 + 부양가족연금액 ☞기본연금액 : 1.29(A+B)(1+0.05n/12) * A : 연금수급 직전 3년간의 전체가입자 평균소득월액의 평균액 * B : 가입자의 가입기간 중 기준소득월액의 평균액 * n : 20년 초과 가입월수 2022년 부양가족연금액 : 배우자 연 269,630원, 자녀 · 부모 연 179,710원
소득활동에 따른 노령연금액	노령연금수급권자가 수급연령 도달 후 5년 이내에 소득이 있는 업무에 종사하는 경우	• 2015. 7. 29. 이후 수급권 취득자 : A값을 초과하는 소득월액에 대해 구간별로 감액하여 지급 * A값 : 사업장 및 지역가입자의 최근 3년간 평균소득월액의 평균액(2021년 1월부터~2021년 12월까지 2,539,734원) • 2015. 7. 29. 전 수급권 취득자 : 기본연금액 × 연령에 따른 지급률 ☞ 연령에 따른 지급률(수급연령 도달 후) : 1년 이내 50%, 2년 이내 60%, 3년 이내 70%, 4년 이내 80%, 5년 이내 90%

조기 노령연금	가입기간 10년 이상, A값 이하의 소득인 자가 수급연령 도달 5년 전부터 청구 가능	• 노령연금액(부양가족연금액 제외 금액)× 연령에 따른 지급률 + 부양가족연금액 ☞ 연령에 따른 지급률(수급연령 도달) : 5년 전 70%) 4년 전 76%, 3년 전 82%, 2년 전 88%, 1년 전 94%
분할연금	가입기간 중 혼인기간이 5년 이상인 노령연금수급권자의 이혼한 배우자가 수급개시 연령에 도달한 경우	• 배우자의 기본연금액 중 혼인 기간에 해당하는 연금액의 1/2 • 2016. 12. 30. 이후 분할연금 수급권이 발생한 사람은 협의 등으로 분할비율을 달리 정할 수 있음 • (2018. 6. 20. 시행) 실질적 혼인관계가 존재하지 않았던 기간은 혼인기간에서 제외 ※ 국민연금법 시행령 제45조의2
장애연금	① 질병 또는 부상의 초진일 당시 연령이 18세 이상이고 노령연금 지급연령 미만 ② 다음 중 하나에 해당 ☞초진일 당시 가입기간이 10년 이상일 것 ☞초진일 당시 연금보험료를 낸 기간이 가입대상기간의 3분의 1 이상일 것 ☞초진일 5년 전부터 초진일까지의 기간 중 연금보험료를 낸 기간이 3년 이상일 것 (단, 3년 이상 체납기간이 없을 것)	• 장애등급(1~3급)에 따라 기본연금액의 100~60%(*) 지급, 장애4급은 기본연금액의 225%를 일시보상금으로 지급 *1급 : 기본연금액 100%+부양가족연금액 *2급 : 기본연금액 80%+부양가족연금액 *3급 : 기본연금액 60%+부양가족연금액 ※ 국민연금 장애심사규정에 따른 완치일을 기준으로 결정, 완치되지 않은 경우에는 초진일로부터 1년 6개월이 경과된 날을 기준으로 장애등급을 결정

유족연금	사망한 자가 아래의 요건 중 어느 하나에 해당하는 경우 ① 노령연금 수급권자 ② 가입기간이 10년 이상인 가입자 또는 가입자였던 자 ③ 연금보험료를 낸 기간이 가입대상기간의 3분의 1 이상인 가입자 또는 가입자였던 자 ④ 사망일 5년 전부터 사망일까지의 기간 중 연금보험료를 낸 기간이 3년 이상인 가입자 또는 가입자였던 자(단, 3년 이상 체납기간이 없을 것) ⑤ 장애등급이 2급 이상인 장애연금 수급권자	• 사망자의 가입기간에 따라 기본연금액의 40~60%(*) 지급 *10년 미만 : 기본연금액 40% + 부양가족연금액 *10년 이상 20년 미만 : 기본연금액 50% + 부양가족연금액 *20년 이상 : 기본연금액 60% + 부양가족연금액 ※ 유족의 범위 배우자 → 자녀 → 부모 → 손자녀 → 조부모의 순으로 가입자 또는 가입자였던 자가 사망할 당시 그에 의하여 생계를 유지하는 자[다만, 자녀는 25세 미만이거나 장애등급 2급 이상인 경우, 손자녀는 19세 미만이거나 장애등급 2급 이상인 경우, 부모와 조부모는 수급연령(현재 62세) 이상이거나 장애등급 2급 이상인 경우]
반환일시금	① 가입기간이 10년 미만인 사람이 60세에 도달한 경우 ② 가입자 또는 가입자였던 자가 사망한 경우 ③ 국적을 상실하거나 국외로 이주한 경우	• 납부한 연금보험료에 대통령령으로 정하는 이자(3년 만기 정기예금 이자율)를 더한 금액
사망일시금	아래에 해당하는 사람이 사망하였으나 유족연금 또는 반환일시금을 받을 수 있는 유족이 없는 경우 ① 가입자 또는 가입자였던 사람 ② 노령연금 수급권자 ③ 장애연금(1~3급) 수급권자 ※ 노령・장애(1~3급) 수급권자는 조기 사망으로 사망 시까지 받은 총연금액이 사망일시금 상당액(*)보다 적은 경우에만 해당	① 가입자 또는 가입자였던 사람 : 사망일시금 상당액(*) ② 노령・장애연금(1~3급) 수급권자 : 사망일시금 상당액*과 지급받은 연금총액과의 차액 *사망일시금 상당액 : 반환일시금 상당액(최종 기준소득월액 또는 생애 평균소득월액의 4배 이내로 제한)

2. 기초연금

1) 기초연금이란

1988년부터 국민연금제도가 시행되었지만 제도가 시행된 지 오래되지 않아 국민연금에 가입하지 못한 노인들이 많고 가입을 하였더라도 그 기간이 짧아 충분한 연금을 받지 못하는 경우가 발생하였다. 이에 따라 기초연금은 어려운 노후를 보내는 노인들을 돕기 위한 제도로 현재 심각한 노인 빈곤 문제를 해결하면서 미래세대의 부담을 덜어주고 노후에 안정된 혜택을 누릴 수 있도록 2014년 7월 기초연금이 도입되었다. 결과적으로 기초연금은 65세 이상인 사람으로서 소득인정액이 보건복지부장관이 정하여 고시하는 금액 이하인 사람에게 정기적, 안정적인 소득기반 제공을 통한 노후소득 보장을 위한 기초급여를 지급하는 제도이다[종전 기초노령연금법(제도)는 폐지되고 종전 기초노령연금 수급자는 기초연금 수급자로 전환].

2) 수급대상 및 신청

수급대상은 만 65세 이상 한국 국적을 가지고 국내 거주하는 전체 노인인구 중 소득 하위 70%에 해당하는 사람들에게 제공된다. 기초연금은 본인을 비롯해 배우자, 자녀, 형제자매, 친족(8촌 이내 혈족 및 4촌 이내 인척), 사회복지 시설장 등 대리인이 주소지 관할 읍·면·동 행정복지센터, 국민연금관리공단 지사나 상담센터에 만 65세 생일이 속하는 달의 1개월 전부터 신청할 수 있으며 복지로(www.bokjiro.go.kr)를 통한 온라인 신청도 가능하다.

3) 선정기준액

2024년도 기초연금 선정기준액[1)]을 <표 8-2>와 같이 단독가구 213만 원, 부부가구 340만 8,000원으로, 2023년 대비 11만 원(단독가구 기준)이 인상되었다.

〈표 8-2〉 기초연금 선정기준액(2023년 대비)

구분(가구)		2023년	2024년	증가액(비율)
선정기준액	단독	202만 원	213만 원	11만 원(5.4%)
	부부	323.2만 원	340.8만 원	17.6만 원(5.4%)

※ 상기 내용은 매년 물가변동률 등을 감안하여 변화될 수 있음.

이에 따라, 노인 단독가구의 경우 2024년 1월부터 월 **소득인정액**[2)]이 213만 원 이하이면 기초연금을 받을 수 있게 되며, 2023년도에 소득인정액이 202만 원을 초과하여 기초연금을 받지 못하던 노인들도 2024년도에는 소득인정액이 213만 원을 넘지 않으면 기초연금을 신규로 받을 수 있다. 기초연금이 도입된 2014년 435만 명이던 수급자는 2024년 약 701만 명으로 증가하였으며 기초연금 도입 당시 6.9조 원이었던 관련 예산은 2024년에는 24.4조 원으로 약 3.5배 증가할 것으로 예상된다.

4) 지급시기 및 방법

기초연금의 지급시기는 신청일이 속하는 달부터 지급한다(사전신청의 경우 만 65세 생일이 속한 달부터 지급). 연금지급일은 매달 25일이며 지급 방법은 수급자 본인 금융계좌에 개별 입금을 원칙으로 하되 금융기관이 없는 지

1) 65세 이상 중 기초연금 수급자가 70%가 되도록 소득・재산수준, 생활실태, 물가상승률 등을 고려하여 보건복지부 장관이 정하여 고시하는 금액(기초연금법 제3조).
2) 노인가구의 근로소득, 연금소득 등의 소득과 일반재산, 금융재산, 부채 등을 소득으로 환산한 금액을 합산한 금액

역에 거주하는 등 부득이한 사유가 있는 경우에는 직접지급이 가능하다.

3. 공무원연금[3)]

1) 공무원연금이란

공무원연금은 공무원이 받는 연금을 말한다. 공무원은 일반인과 달리 국민연금이 아닌 공무원연금공단이 운영하는 공무원연금에 가입한다. 퇴직 이후 재직기간과 재직 당시 임금을 기준으로 연금을 수령하는 방식은 국민연금 및 퇴직연금과 비슷하다. 그러나 공무원연금은 단순히 국민연금 역할을 하는 것이 아니라 기초연금, 국민연금, 퇴직연금, 산재보험 3개의 연금과 사회보험을 하나로 통합한 구조다. 즉, 국가공무원법과 지방공무원법, 교육공무원법에 의한 공무원 및 대통령이 정하는 국가 또는 지방자치단체의 기타 직원에게 지급되며 급여의 종류나 급여 내용, 수급방법 등도 규정되어 있다. 공무원연금관리공단을 통하여 지부나 공공관서에 위탁하여 지급되고 재정은 공무원의 기여금과 지방자치단체의 부담금, 공탁운영 보조금으로 충당한다.

2) 도입 취지

공무원이 10년 이상 성실히 근무하고 퇴직하거나 공무상 질병과 부상으로 퇴직 또는 사망한 때에 연금 또는 일시금을 지급하여, 공무원과 그 유족의 노후 소득보장을 도모하는 한편, 장기재직과 직무충실을 유도하기 위한 인사정책적 차원에서 1960년에 도입되었다.

---

3) https://www.mpm.go.kr/mpm/info/retireAnnuity/infoAnnual/annuity02/

3) 공무원연금의 특징

우리나라 최초의 공적연금제도로서 직업공무원을 대상으로 하는 특수직역연금제도로 국가(지방)공무원법에 의한 공무원과 국가 · 지방자치단체에 근무하는 기타 직원으로 적용 대상이 한정되어 있다. 사회보험원리와 부양원리가 혼합된 제도로 운영되며, 비용부담은 정부와 공무원이 균등 부담하는 사회보험 성격과 재정수지 부족액을 재정으로 보전하는 부양원리를 채택하였고, 그리고 2000년 공무원연금법 개정 시에 정부보전금제도를 도입하였다. 독일, 프랑스 등 대다수 선진국 공무원연금도 정부 부양원리를 채택하고 있다. 공무원연금은 부과방식에 기반을 둔 세대 간 부양시스템으로 장기 재정전망, 적정 비용 부담률 등 전반적인 재정상황을 5년마다 재계산하여 장래의 연금재정 균형을 유지하고 있다. 또한 공무원에 대한 종합복지 프로그램으로 연금, 퇴직수당, 후생복지 등을 종합적으로 실시하며, 유능한 인재 등용을 위한 인사정책적 의의 및 연금에 퇴직금의 일부가 포함되어 후불임금적 성격도 내포하고 있다.

4) 운영주체

공무원연금의 운영주체는 |그림 8-1|과 같이 인사혁신처, 공무원연금공단, 연금취급기관으로 되어 있다. 인사혁신처는 공무원연금제도를 총괄하며, 공무원연금공단은 급여의 지급, 공무원연금기금 증식사업, 기여금 · 부담금 기타비용 징수, 공무원 후생복지사업, 기타 인사혁신처장이 위탁하는 사업을 하고, 연금취급기관은 기여금징수 · 급여사유의 확인 등 소속 공무원에 대한 연금업무를 수행한다.

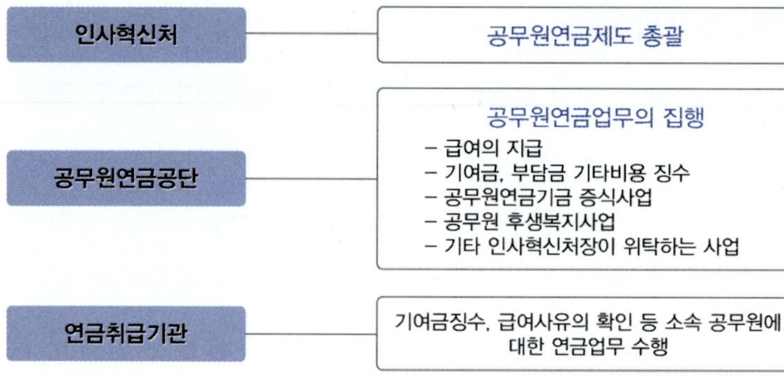

|그림 8-1| 공무원연금의 운영주체

5) 재정체계

기여금 및 급여산정의 기준이 되는 것으로 전년도 공무원 보수관계 법령 등에 의하여 지급한 전체과세소득 중 8개 보수[4]를 제외하고 8개 보수의 직종·직급별 평균액을 더하여 12개월로 나눈 후 공무원 보수인상률을 곱한 금액으로 산정한다.

6) 급여의 종류

공무원연금 급여의 종류로는 퇴직·사망 시 지급되는 퇴직급여와 유족급여가 있고 비공무상 부상·질병에 따른 장해급여가 있다(표 8-3).

〈표 8-3〉 공무원연금 급여의 종류

구 분		급여종류
퇴직·사망	퇴직급여	퇴직연금, 조기퇴직연금, 퇴직연금일시금, 퇴직연금공제일시금, 퇴직일시금
	유족급여	퇴직유족연금, 퇴직유족연금부가금, 퇴직유족연금특별부가금, 퇴직유족연금일시금, 퇴직유족일시금
비공무상 부상·질병	장해급여	비공무상 장해연금, 비공무상 장해일시금

4) 성과연봉, 성과상여금, 상여금, 직무성과금, 시간외근무수당, 야간근무수당, 휴일근무수당, 연가보상비 및 이에 상응하는 수당

퇴직유족급여의 종류 및 지급요건은 <표 8-4>와 같다.

〈표 8-4〉 퇴직유족급여

종 류	지급요건
퇴직유족연금	10년 이상 재직한 공무원이 재직 중 사망한 때 - 퇴직연금수급권자가 사망한 때
퇴직유족연금 일시금	10년 이상 재직한 공무원이 재직 중 사망하여 유족연금에 갈음하여 일시금으로 지급받고자 할 때
퇴직유족연금 부가금	10년 이상 재직한 공무원이 재직 중 사망하여 유족연금에 갈음하여 일시금으로 지급받고자 할 때
퇴직유족연금 특별부가금	퇴직연금수급권자가 퇴직 후 3년 이내에 사망한 때
퇴직유족연금 일시금	10년 미만 재직한 공무원이 사망한 때

7) 유족의 범위

퇴직연금수급자(공무원) 사망 시 유족의 범위는 다음 |그림 8-2|와 같다.

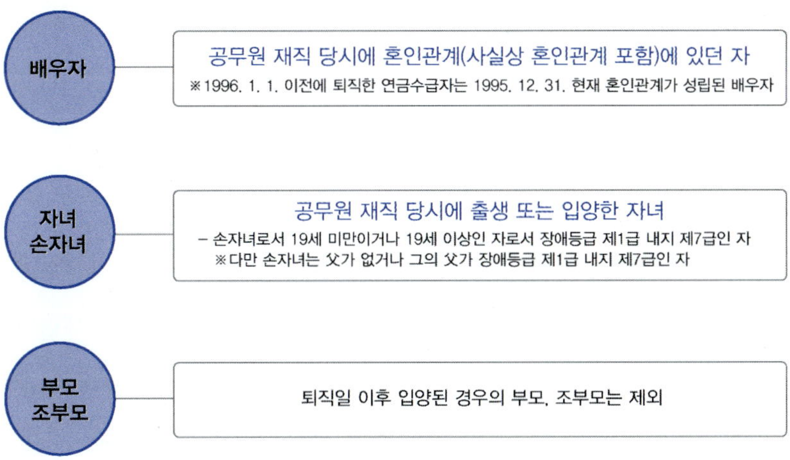

|그림 8-2| 퇴직연금 수급 유족의 범위

유족연금을 받을 유족의 순위는 민법상의 상속순위에 의한다. 따라서 배우자는 최우선순위자와 동순위가 된다. 유족급여를 받을 동순위자가 2인 이상인 경우에는 등분하여 지급하거나 동순위자 중에서 대표자를 선정하여 급여수령을 위임 시 대표자에게 전액 지급된다(2인 이상의 유족이 급여를 분할하여 지급받을 경우, 동순위 유족의 사망 시 사망한 자의 지분은 다른 동순위 유족에게 이전됨).

4. 사립학교 교직원 연금

1) 사립학교교직원연금제도란

사립학교교직원연금제도는 사학교직원만을 위한 공적연금제도로서 법률에 의하여 가입이 의무화되어 있으며 가입 기간과 부담금 납부 및 각종 급여의 지급 요건 등이 일률적으로 정형화되어 있다. 사학연금제도는 사립학교 교직원의 퇴직·사망 및 직무상 질병·부상·장해에 대하여 적절한 급여 제도를 확립함으로써 교직원 및 그 유족의 생활 안정과 복리향상을 목적으로 1975년 1월 1일부터 시행하였으며 부담률과 급여의 내용 등 제도의 근간이 공무원연금제도와 동일하다.

2) 사학연금 적용 범위

사학연금의 적용대상은 초등학교부터 대학교에 이르는 모든 사립학교와 사립특수학교, 그리고 이를 설치·운영하는 학교 경영기관에서 근무하는 정규 교직원이다(당연적용). 또한 사립학교 중 유치원, 각종학교, 기술학교, 공민학교 등의 정규 교직원과 법률에 의해 대학원을 설치·운영하는 연구기관의 교직원 등도 그 대상이 될 수 있다(임의적용 및 특례적용). 유치원과 기술학교, 공민학교 등은 교육감이 지정하며 법률에 따라 고등학교 과정 이하의 학교 또는 대학원을 설치·운영하는 연구기관은 교육부장관이 지정한다. 평생교육법에 따른 학교 형태 또는 원격대학형태의 평생교육시설의 경우도 교육부장관이 지정한다. 적용대상의 교직원 범위에서 교원은 사립학교법 제54조[5]의 규정에 의하여 그 임명에 관하여 관할청에 보고된 사람이며 사무직원은 사립학교법 제70조의2[6]의 규정에 의하여 정관상 정원의 범위 내에서 임명된 사람이다.

3) 비용부담체계

사학연금제도의 비용부담 방식은 갹출형 제도로서 가입자인 사학교직원과 사용자인 법인, 그리고 국가가 공동으로 부담하고 있다. 사립학교 교직원의 경우는 가입자 개인의 경우 매월 기준소득월액의 9%로, 법인이 5.294%, 국가가 3.706%를 부담하며 직원에 대해서는 개인이 9%, 법인이 9%를 부담한다. 다만, 재해보상 급여는 법인이 전액 부담하고 있고, 사용자 부담 성격의 급여인 퇴직수당의 경우 법인과 국가, 그리고 공단이 매년 전액을 부담하고 있다.

4) 재정방식

연금제도에서 장래 급여 지출을 충당하는 데 필요한 비용 조달을 위한 재정계획을 재원조달 방식 또는 재정방식(financing methods)이라 하며 비용의 조달 시기에 따라서 적립방식(funding methods)과 부과방식(PAYG method)

5) 각급 학교의 교원 임용권자는 교원을 임용(각급 학교의 장으로서 임기 만료로 해임된 경우는 제외한다)하였을 때에는 임용한 날부터 7일 이내에 관할청에 보고하여야 한다.
6) 각급 학교 소속 사무직원은 학교의 장의 제청으로 학교법인 또는 사립학교경영자가 임용한다.

으로 구분된다. 적립방식은 급여 지출에 소요될 비용을 가입시점부터 탈퇴 시까지의 기간 동안 평준보험료(level premium)에 의해 비용을 조달하는 방식이다. 그리고 부과방식은 지급해야 할 급여가 발생할 때마다 이에 상응하는 비용을 조달하는 방식으로 적립금을 보유하지 않거나 보유하더라도 위험준비금 수준에 그치는 방식이다.

5) 재정전망

현행 제도가 지속될 경우 사학연금제도는 2028년에 기금 규모가 최고점에 도달할 것으로 예상되고 이듬해부터는 재정 수지가 적자로 전환되어 기금이 감소하기 시작하여 2049년에는 완전히 고갈될 것으로 전망되고 있다. 이러한 연금제도의 재정 상황을 고려할 때 연금 재정 안정화를 위한 제도 개혁의 지속적 추진이 필요하며 이에 대해 가입자는 물론 이해관계자의 사회적 합의 등이 요구되는 실정이다.

6) 공적연금 연계신청

연계신청을 희망하는 경우 가입되었던 연금기관 중 편리한 곳을 선택하여 신청할 수 있다. 국민연금에서 사학연금으로 이동한 경우 이를 연계하려면 둘 중 편리한 곳에서 신청할 수 있다. 연계신청은 처리된 이후 원칙적으로 취소가 불가하다. 연계하여도 20년 이상을 채울 수 없거나, 연금을 받을 목적이 아니라면 신청 시 충분한 검토가 필요하다. 취하 및 취소 가능 사유는 연계신청최종결과통지서 도달 전 철회 요청, 직역연금 재임용으로 인한 합산 승인, 퇴직일시금 반납금 6개월 이상 연체 시이다.

7) 연계신청시기

연계신청시기는 다음과 같다.

- 국민연금에서 직역연금으로 이동한 경우 : 직역연금 가입자가 된 때
- 직역연금에서 국민연금으로 이동한 경우
  → 퇴직급여 미수령 시 : 퇴직일로부터 5년 이내 국민연금 가입자 자격 취득 후 연계신청
  → 퇴직일시금 수령 시 : 국민연금 가입자 자격 취득 후 연계신청(직역연금기관에 퇴직일시금 반납)

※ 퇴직연금 일시금, 퇴직연금, 조기퇴직연금, 연금공제 일시금 수령 시 연계신청 불가능. 2016년 1월 1일 이후 연금가입자였던 자도 확대함으로써 국민연금 가입 이력이 있는 직역연금 퇴직자가 별도로 국민연금에 임의가입신청을 하지 않고 연계신청 가능(직역연금법에 따른 퇴직급여를 수령하지 않은 경우)
(예 사학연금 재직기간 5년, 국민연금 가입기간 15년일 경우 5년분은 사학연금에서, 15년분은 국민연금에서 각각 지급)

5. 군인연금

1) 군인연금이란

군인연금은 군인이 상당한 기간을 성실히 복무하고 퇴직하거나 사망한 경우에 본인이나 그 유족에게 적절한 급여를 지급함으로써 본인 및 그 유족의 생활 안정과 복리 향상에 이바지함을 목적으로 한다. 군인연금은 직업군인으로서 일정 기간 이상 복무한 후 전역(퇴역)하면 지급되는 연금이다. 대한민국에서는 군인연금법 및 시행령, 시행규칙에서 상당 부분 규정하고 있으며, 일부 연금의 경우 군인 재해보상법 및 시행령, 시행규칙에서 해당 연금을 규정하고 있다.

2) 연금 종류

군인연금의 종류는 크게 퇴직급여, 유족급여(퇴직유족급여, 재해유족급여), 장해급여, 부조급여와 공무상요양비, 퇴직수당, 그리고 분할연금 등이 있다. 아래는 군인연금법, 군인 재해보상법에 따라 분류했다. 일반적으로 군인이 퇴역하게 되면 기본적으론 퇴직수당을 지급받고 추가로 퇴역연금, 상이연금, 퇴직일시금 중에 하나를 지급받게 된다.

(1) 퇴직급여

퇴직급여의 종류는 다음과 같다.

- **퇴역연금** : 군인이 20년 이상 복무하고 퇴직한 경우, 그때부터 사망할 때까지 지급하는 연금이다. 보통 군인연금이라 하면 퇴역연금을 의미하는 경우가 많다.
- **퇴역연금일시금** : 퇴역연금 해당자 본인이 연금이 아닌 일시금 수령을 원하는 경우 지급하는 일시금이다.
- **퇴역연금공제일시금** : 20년을 초과하는 복무기간 중 본인이 원하는 기간에 대해서 그 기간에 해당하는 퇴역연금을 갈음하여 지급하는 일시금이다.
- **퇴직일시금** : 군인이 20년 미만 복무하고 퇴직한 경우에 지급하는 일시금이다. 다만 1개월 이상~5년 미만의 경우와, 5년 이상~20년 미만의 경우는 산정 금액의 산식에 차이가 있다. 1개월 미만 복무한 경우에는 퇴직급여 수령이 불가능하다.
- **퇴직수당** : 군인이 1년 이상 복무하고 퇴직하거나 사망한 경우에 지급하는 수당이다. 위의 퇴직급여들과는 별개로 지급받는다.

(2) 장해급여

장해급여에는 상이연금과 장애보상금이 있다. 이와는 별개로 공무상 요양비도 따로 정의하고 있다.

- **상이연금** : 군인이 공무상 부상/질병으로 장해가 되어 퇴직했거나, 이로 인해 퇴직 후에 장해가 된 경우에 지급하는 연금이다.
- **장애보상금** : 군인이 복무 중에 부상/질병으로 인한 심신장애 판정을 받고 퇴직하거나 퇴직 후 6개월 이내에 이로 인한 심신장애 판정을 받았을 경우 지급하는 보상금이다.
- **공무상 요양비** : 군인이 공무상 부상/질병으로 인해 진단, 약 처방이나 수술, 치료 등의 요양을 하게 된 경우에 지급하는 요양비이다.

(3) 유족급여

퇴직급여를 수령하던 군인의 유족에게 지급하는 퇴직유족급여, 복무 중 재해를 입은 군인의 유족에게 지급하는 재해유족급여로 분류된다. 퇴직유족급여는 군인연금법상에, 재해유족급여는 군인 재해보상법상에 정의되어 있다.

(4) 퇴직유족급여

퇴직유족급여에는 퇴역유족연금, 퇴역유족연금부가금, 퇴역유족연금특별부가금, 퇴역유족연금일시금, 퇴역유족일시금이 있다.

- **퇴역유족연금** : 퇴역연금을 받을 권리가 있는 사람이 사망한 경우에 그 유족에게 지급하는 연금이다. 그 금액은 수령하던 퇴역연금액의 60%이다.
- **퇴역유족연금부가금** : 군인이 20년 이상 복무 중 사망한 경우에 그 유족에게 퇴역유족연금 외에 부가금을 추가로 지급한다.

- **퇴역유족연금특별부가금** : 퇴직 당시의 퇴역연금일시금(퇴역연금공제일시금을 받는 경우에는 연금을 선택한 기간에 해당하는 퇴역연금일시금을 말한다)에 해당하는 금액의 25%에 다음 비율을 곱한 금액으로 한다.

(36－사망 시 퇴역연금을 받을 수 있는 개월 수) × 1/36

- **퇴역유족연금일시금** : 퇴역연금을 받을 권리가 있는 사람이 군 복무 중 사망한 경우에 유족이 원할 때 위의 유족연금과 유족연금부가금에 갈음하여 지급하는 일시금이다.
- **퇴직유족일시금** : 군인이 20년 미만 복무하고 사망한 경우에 그 유족에게 지급하는 일시금이다.

(5) 재해유족급여

재해유족급여에는 상이유족연금, 순직유족연금, 순직유족연금일시금, 사망보상금이 있다.

- **상이유족연금** : 상이연금을 받을 권리가 있는 사람이 사망한 경우에 그 유족에게 지급하는 연금이다. 그 금액은 수령하던 상이연금액의 60%이다.
- **순직유족연금** : 군인이 공무상 사망한 경우에 재해보상심의를 거쳐 유족에게 지급하는 연금이다.
- **순직유족연금일시금** : 순직유족연금을 받을 권리가 있는 유족이 원할 때 위 순직유족연금에 갈음하여 지급하는 일시금이다.
- **사망보상금** : 군인이 공무상 사망한 경우 전공사상심사를 거쳐 유족에게 지급하는 보상금이다.

(6) 부조급여

부조급여에는 재난부조금과 사망조위금이 있다.

- **재난부조금** : 군인이 화재나 수재 등의 재난으로 인해 재산에 손해를 입었을 때 지급하는 부조금이다.
- **사망조위금** : 군인의 배우자나 부모, 배우자의 부모, 자녀가 사망한 경우 그 군인에게 가지급하는 조위금이다.

(7) 분할연금

분할연금은 군인복무기간 중 정신적, 물질적으로 뒷받침한 배우자의 재산형성 공동기여 부분을 인정하여 이혼한 배우자에게 퇴역급여 일부를 분할해 주는 연금제도이다. 군 복무기간 중 실질적 혼인기간이 5년 이상이고, 2020년 6월 11일 이후에 배우자와 이혼했을 경우 배우자였던 군인이 퇴역연금 수급권자로서 생존 중인 전 기간에 지급한다.

6. 국민기초생활보장

1) 제도의 취지

국민기초생활보장제도는 생활이 어려운 사람에게 필요한 급여를 실시해 이들의 최저생활을 보장하고 자활을 돕고자 실시하는 제도이다.

2) 기초생활보장 급여의 지급원칙

국민기초생활보장 급여는 수급자가 자신의 생활의 유지 · 향상을 위하여 그의 소득, 재산, 근로능력 등을 활용하여 최대한 노력하는 것을 전제로 이를 보충 · 발전시키는 것을 기본원칙으로 한다(국민기초생활 보장법 제3조 제1항). 부양의무자의 부양과 다른 법령에 따른 보호는 국민기초생활보장법에 따른 급여에 우선한다. 다만, 다른 법령에 따른 보호의 수준이 국민기초생활보장법에서 정하는 수준에 이르지 않은 경우에는 나머지 부분에 관하여 국민기초생활보장법에 따른 급여를 받을 권리를 잃지 않는다(국민기초생활 보장법 제3조 제2항). 기초생활보장 급여는 건강하고 문화적인 최저생활을 유지할 수 있는 것이어야 하며, 국민기초생활보장법에 따른 급여의 기준은 수급자의 연령, 가구 규모, 거주지역, 그 밖의 생활 여건 등을 고려하여 급여의 종류별로 보건복지부장관이 정하거나 급여를 지급하는 중앙행정기관의 장이 보건복지부장관과 협의하여 정한다(국민기초생활 보장법 제4조 제1항 및 제2항).

65세 이상의 노인으로 부양받지 못하여 최저생계를 유지할 수 없는 노인도 해당되며 당사자가 신청을 하고 사회복지전담 공무원이 대신 신청할 수도 있다. 현금 지급 방식이며 생계급여, 의료급여, 자활급여, 장제급여, 교육급여, 해산급여, 주거급여 등이 있고, 보건복지부를 통해 전달되며, 재정은 모두 국비와 지방비에서 충당되고, 대상자는 매년 감소하고 있으며 노인의 비율이 높다.

3) 기초생활보장 급여의 종류

국민기초생활보장 급여의 종류는 생계급여, 주거급여, 의료급여, 교육급여, 해산급여, 장제급여 및 자활급여가 있다(국민기초생활 보장법 제7조 제1항).

(1) 생계급여

생계급여는 수급자에게 의복, 음식물 및 연료비와 그 밖에 일상생활에 기본적으로 필요한 금품을 지급하여 그 생계를 유지하게 하는 것을 말한다(국민기초생활보장법 제8조 제1항). 생계급여의 수급권자는 부양의무자가 없거나, 부양의무자가 있어도 부양능력이 없거나 부양을 받을 수 없는 사람으로서 가구의 소득인정액이 생계급여 선정기준 이하인 사람을 대상으로 지급한다(국민기초생활 보장법 제8조 제2항; 보건복지부, 2022).

다음의 수급자는 다른 법령에 따라 생계급여를 지원받고 있으므로 가구의 소득인정액이 생계급여 선정기준 이하이더라도 생계급여를 지급하지 않는다(보건복지부, 2022).

- 노숙인 자활시설 및 청소년쉼터 또는 한국법무보호복지공단시설 거주자
  → 갱생보호사업자 시설, 일부 청소년 시설 등 거주 수급자의 생계급여는 일반수급자 선정기준에 따라 소관부처 및 기관에서 지원되는 일부 생계지원금 등을 공적이전소득으로 반영하고 그 나머지 부분은 지급
- 하나원에 재원 중인 북한이탈주민 등 타 법령에 따라 국가 또는 지방자치단체 등으로부터 생계를 보장받는 자

생계급여 지급대상자의 예외는 조건부수급자이다. 조건부수급자는 수급자의 선정요건에는 해당하지 않으나 18세 이상 64세 이하로 근로능력이 있다고 인정되어 자활에 필요한 사업에 참가하는 것을 조건으로 수급자가 되어 생계급여를 지급받는 사람을 말한다(국민기초생활 보장법 제9조 제5항, 국민기초생활 보장법 시행령 제7조 제1항 전단 및 제8조 제1항). 최저생계비와 자활근로에 참여해 받은 소득 등을 고려해 1인당 월소득이 90만 원 이하인 사람은 조건부수급자로 선정될 수 있다(보건복지부, 2020).

생계급여 지급방법은 생계급여는 금전을 지급하는 것이 원칙이다. 다만, 금전으로 지급할 수 없거나 금전으로 지급하는 것이 적당하지 않다고 인정하는 경우에는 물품을 지급할 수 있다(국민기초생활보장법 제9조 제1항). 생계급여에 해당하는 금전을 매월 정기적으로 미리 지급하는 경우에는 매월 20일에 은행, 상호저축은행, 농협은행, 보험회사 등의 금융회사 등의 수급자 명의의 지정된 계좌에 입금된다(국민기초생활보장법 시행령 제6조 제1항). 수급

자로 결정된 사람에게 최초의 생계급여 금품을 지급하는 경우 급여가 개시되는 달의 생계급여 금품을 전부 지급한다(국민기초생활보장법 시행규칙 제6조 제1항). 수급자로 보장결정 이전에 긴급히 생계급여를 지급해야 할 필요가 있는 경우 관할 특별자치시장·특별자치도지사·시장·군수·구청장이 직권으로 긴급생계급여를 지급할 수 있다(국민기초생활 보장법 제27조 제2항). 이때 급여기간은 1개월로 하되 필요한 경우에는 1개월의 범위에서 연장할 수 있다(국민기초생활 보장법 시행규칙 제41조 제1항).

(2) 주거급여

주거급여는 수급자에게 주거 안정에 필요한 임차료, 수선유지비, 그 밖의 수급품을 지급하는 것을 말한다(국민기초생활 보장법 제7조 제1항 제2호, 제11조 제1항 및 주거급여법 제2조 제1호). 주거급여의 최저보장수준은 임차급여의 경우 기준임대료로 하고, 수선유지급여의 경우 경보수, 중보수, 대보수 등 보수범위별 수선비용을 기준금액으로 한다[주거급여법 제7조 및 주거급여 실시에 관한 고시(국토교통부고시 제2021－1223호, 2021. 11. 9. 발령, 2022. 1. 1. 시행) 제4조 제1항]. 주거급여 수급권자는 소득인정액이 주거급여 선정기준(중앙생활보장위원회의 심의·의결을 거쳐 결정하는 금액) 이하인 사람으로 하는데, 주거급여 선정기준은 기준 중위소득의 100분의 43 이상으로 한다(주거급여법 제5조 제1항). 이 외에도 그 밖에 생활유지 능력이 없거나 생활이 어려운 사람으로서 보건복지부장관이 의료급여가 필요하다고 인정하는 사람에게 지급한다.

(3) 의료급여

의료급여는 수급자에게 건강한 생활을 유지하는 데 필요한 각종 검사 및 치료 등을 지급하는 것으로 한다. 의료급여 수급권자는 부양의무자가 없거나, 부양의무자가 있어도 부양능력이 없거나 부양을 받을 수 없는 사람으로서 그 소득인정액이 제20조 제2항에 따른 중앙생활보장위원회의 심의·

의결을 거쳐 결정하는 금액 이하인 사람으로 한다. 이 경우 의료급여 선정기준은 기준 중위소득의 100분의 40 이상으로 한다(국민기초생활보장법 제12조의3).

(4) 교육급여

교육급여는 학교나 시설에 입학해 입학금, 수업료, 학용품비, 그 밖의 수급품 등이 필요한 기초생활보장수급자에게 지급된다(국민기초생활 보장법 제7조 제1항 제4호 및 제12조).

다음의 어느 하나에 해당하는 학교 또는 시설에 입학 또는 재학하는 사람에게 교육급여가 지급된다(국민기초생활 보장법 제12조 제1항, 국민기초생활 보장법 시행령 제16조 제1항 및 초·중등교육법 제2조).

- 초등학교
- 중학교·고등공민학교
- 고등학교·고등기술학교
- 특수학교
- 각종학교(초등학교·공민학교·중학교·고등공민학교·고등학교·고등기술학교와 유사한 학교), 학교 형태의 평생교육시설(고등학교 졸업 이하의 학력이 인정되는 시설로 지정한 시설만 해당)

(5) 해산급여 및 장제급여

해산급여는 생계급여, 주거급여 및 의료급여 중 하나 이상의 급여를 받는 수급자 중 조산을 했거나 분만하기 전후로 조치와 보호가 필요한 기초생활보장수급자에게 지급된다(국민기초생활 보장법 제7조 제1항 제5호, 제13조 제1항). 해산급여액은 1명당 700,000원이 현금으로 지급되고, 추가 출생영아 1명당 700,000원이 추가로 지급된다.

장제급여는 생계급여, 주거급여 및 의료급여 중 하나 이상의 급여를 받는 수급자가 사망해 사체의 검안(檢案)·운반·화장 또는 매장, 그 밖의 장제조치가 필요한 경우에 지급되는 급여이다(국민기초생활보장법 제7조 제1항 제6호 및 제14조 제1항). 특별자치시장·특별자치도지사·시장·군수·구청장은 단독가구주의 사망 등 불가피한 경우에는 직접 장제를 실시할 수 있는 사람을 지정하여 장제급여를 할 수 있다(국민기초생활 보장법 시행규칙 제18조 제2항).

(6) 자활급여

자활급여는 기초생활보장수급자의 자활을 돕기 위하여 실시되는 급여이다(국민기초생활 보장법 제7조 제1항 제7호 및 제15조 제1항).

수급자에게는 다음의 급여가 지급된다(국민기초생활 보장법 제15조 제1항).

- 자활에 필요한 금품의 지급 또는 대여
- 자활에 필요한 근로능력의 향상 및 기능습득의 지원
- 취업알선 등 정보의 제공
- 자활을 위한 근로기회의 제공
- 자활에 필요한 시설 및 장비의 대여
- 창업교육, 기능훈련 및 기술·경영 지도 등 창업지원
- 자활에 필요한 자산형성 지원
- 그 밖에 자활을 위한 각종 지원

자활급여의 지급은 자활근로사업, 직업훈련, 취업알선, 자금대여, 창업지원, 자산형성지원이 있다.

(7) 기타

65세 이상 노인에게 지하철, 고속버스, 시내버스 등 월 12회분의 버스 요

금에 해당하는 현금을 지급하는 경로승차권(교통수단) 제도가 있다. 항공기, KTX기차는 30% 할인(단, 토·일·공휴일은 제외)된다. 봉양가족에 대한 간접적 소득보장 방법으로 상속세공제, 소득공제, 양도소득공제, 생계형 저축 비과세 등 세제감면이 있다. 또한 65세 이상의 노인에게 공공 및 민영시설 할인 혜택을 제공하는 것으로 국립공원, 박물관, 각종 공연에서 경로우대 제도를 시행하고 있다. 그리고 노인일자리사업, 노인취업알선센터, 노인공동작업장, 고령자인재은행, 고령자고용정보센터, 고령자고용촉진, 고령자 고용촉진 장려금 등 취업증진이 있다.

제3절 노인지원

1. 노인 일자리 및 사회활동지원

1) 목 적

노인 일자리 및 사회활동지원은 노인이 활기차고 건강한 노후생활을 영위할 수 있도록 공익활동과 일자리 그리고 재능나눔 등 다양한 사회활동을 지원하여 노인복지 향상에 기여함을 목적으로 하고 있다.

2) 참여유형 및 대상

노인일자리 참여유형 및 대상은 공공형, 사회서비스형, 시장형이 있다. 공공형은 만 65세 이상 기초연금 수급자이며 사회서비스형은 만 65세 이상 사업참여 가능자이다. 사회서비스형은 일부 유형 만 60세 이상도 사업참여 가능하다. 그리고 사회서비스형 선도모델과 시장형은 만 60세 이상이 사업 참여 가능자이다. 구체적인 사업유형은 <표 8-5>와 같다.

〈표 8-5〉 노인 일자리 및 사회활동 지원사업 유형

<table>
<tr><th colspan="2">유 형</th><th>정 의</th><th>예 시</th></tr>
<tr><td colspan="2">공공형(공익활동)</td><td>노인이 자기만족과 성취감 향상 및 지역사회 공익증진을 위해 자발적으로 참여하는 봉사활동</td><td>노노케어(취약노인 안부확인) 취약계층지원, 보육시설 봉사 등 공익 증진을 위한 프로그램</td></tr>
<tr><td colspan="2">사회서비스형</td><td>노인의 경력과 활동역량을 활용하여 사회적 도움이 필요한 영역(지역사회 돌봄, 안전 관련 등)에 서비스를 제공</td><td>가정 및 세대 간 서비스, 취약계층 전문서비스, 공공전문 서비스 (공공행정업무지원) 등</td></tr>
<tr><td colspan="2">사회서비스형
선도모델</td><td>지역사회가 보유한 자원과 기업 등의 외부자원을 활용하여 신규 노인일자리 아이템 개발, 창출</td><td>돌봄, 안전, 환경문제 등 지역사회가 당면한 현안을 해소하는 일자리 등</td></tr>
<tr><td rowspan="4">시
장
형</td><td>시장형
사업단</td><td>노인에게 적합한 업종 중 소규모 매장 및 전문 직종 사업단 등을 공동으로 운영하여 노인일자리 창출</td><td>식품제조 및 판매, 매장운영(실버카페), 운송(실버택배) 등</td></tr>
<tr><td>취업
알선형</td><td>일정 교육을 수료하거나 관련 업무능력 있는 자를 수요처로 연계하여 근무기간에 대한 일정 임금을 지급받을 수 있는 일자리</td><td>시험감독 보조, 경비원 시설관리자, 가사도우미 등</td></tr>
<tr><td>시니어
인턴십</td><td>노인에게 기업 인턴 연계 후 인건비 지원 계속 고용 시 기업에 인건비 추가 지원</td><td>한식조리, 매장관리원, 영화관 보조원, 자동차 검사대행원 등</td></tr>
<tr><td>고령자
친화기업</td><td>노인의 경륜을 활용하여 경쟁력을 갖추고 양질의 노인일자리를 창출할 수 있는 기업의 설립 및 운영지원</td><td>공모심사에 따른 기업 모집</td></tr>
</table>

3) 수행기관

수행기관은 참여자 활동 지원 등 노인 일자리 및 사회활동 지원 사업을 직접적으로 수행하는 기관이다. 이에는 시·군·구(노인복지 담당과), 노인복지관, 시니어클럽, 대한노인회 취업지원센터, 종합사회복지관, 노인복지센터, 지역문화원, 지방자치단체 전담기관(실버인력뱅크 등)이다.

4) 노인 일자리 및 사회활동 지원사업 참여방법

참여방법은 시·군·구 또는 수행기관(모집기관)에 관련서류를 제출하고 상담을 통해 참여신청서, 개인정보 수집·이용에 관한 동의서(자필서명), 해당 활동 관련 자격증 사본(해당자에 한함) 등을 제출하면 된다. 참여자 선발(시·군·구 또는 수행기관)은 관련 서류와 전산시스템(사회보장정보시스템, 새누리시스템)을 통한 국민기초생활수급 여부 등 자격확인 후 참여자 선발기준에 따라 고득점자 순으로 선정(공익활동은 시·군·구 최종선발)한다. 사업참여로 선발된 자는 사업별로 해당 협약서를 작성하거나 근로계약을 체결하고 관련 교육 실시 후 사업을 수행한다.

5) 참여자 선발기준

참여자 선발기준은 <표 8-6>과 같다.

〈표 8-6〉 노인 일자리 및 사회활동 참여자 선발기준

<table>
<tr><th colspan="2">유 형</th><th>선발 공통 기준</th></tr>
<tr><td colspan="2">공익활동</td><td rowspan="7">• 당해연도 만 65세 이상(일부 유형 만 60세 이상)
• 건강상태 : 일할 수 있는 건강 정도면 모두 가능
• 세대주형태 : 노인독신가구 및 경제무능력자와 동거하는 노인 가구 우선</td></tr>
<tr><td colspan="2">사회서비스형</td></tr>
<tr><td colspan="2">사회서비스형 선도모델</td></tr>
<tr><td rowspan="4">시장형</td><td>시장형사업단</td></tr>
<tr><td>취업알선형</td></tr>
<tr><td>시니어인턴십</td></tr>
<tr><td>고령자친화기업</td></tr>
</table>

6) 선발 제외

노인 일자리 및 사회활동 참여자 선발 제외 대상자는 다음과 같다.

- 국민기초생활보장법에 의한 생계급여 수급자
  → 의료급여, 교육급여, 주거급여 수급자는 신청 가능
- 국민건강보험 직장가입자(취업알선형 제외)
  → 사회서비스형 및 시장형사업단은 해당사업의 건강보험 직장가입자 일 경우 해당 없음
- 장기요양보험 등급 판정자 1~5등급, 인지지원등급
- 정부부처 및 지방자치단체에서 추진하는 일자리 사업에 2개 이상 참여하고 있는 자
  → 노인일자리 및 사회활동 지원사업 내 중복 참여 불가[그 외 신청 제외자 해당 여부(실업급여 수급 이후 재참여 제한 등)는 직접일자리 사업 중앙-지자체합동 지침에 따름]
- 국내 거주자 중 외국민은 국적 취득자(주민등록번호 소유자)에 한하여 참여 가능

2. 노인자원봉사활성화

1) 목 적

노인의 경륜을 사회에 재투자할 수 있도록 노인자원봉사를 활성화하여 노인의 적극적인 사회참여 및 노인의 인적자원 활용 극대화 추진에 목적이 있다.

2) 서비스 내용

(1) 전문 노인자원봉사 프로그램 지원

전문 노인자원봉사 프로그램 지원은 위탁사업 수행기관을 선정하여 은퇴 노인의 경험과 지식을 활용한 전문적인 봉사활동이 활성화될 수 있도록 전문 노인자원봉사 프로그램을 지원하는 것이다. 이를 위해 노인 전문자원봉사 프로그램 개발・보급, 노인 전문자원봉사단 선정 및 지원 업무를 수행한다.

(2) 대한노인회 노인자원봉사센터 지원

대한노인회 노인자원봉사센터 지원은 노인자원봉사클럽 운영 지원 및 노인자원봉사자 교육, 대외 홍보, 지역사회 네트워크 구축, 노인자원봉사 홈페이지 운영 등 노인자원봉사 활성화를 지원한다. 구체적으로는 경로당 중심의 노인자원봉사클럽을 조직・운영하여 월 2회 이상 활동 시 운영비를 지원한다. 또한 역량 있는 리더를 육성하여 지역사회를 변화시키는 다양한 노인자원봉사활동을 지원한다.

(3) 전국노인자원봉사대축제 개최

전국노인자원봉사대축제는 노인자원봉사자 간 교류 활성화 및 노인자원봉사활동에 대한 다양한 정보공유의 기회를 마련하기 위해 매년 하반기 노인자원봉사클럽 및 봉사단 소속 자원봉사자 및 관계자, 수행기관 실무자가 참여하는 행사이다. 우수 자원봉사자 시상, 노인자원봉사 프로그램 우수사례 발표, 노인자원봉사 리더십 교육, 노인자원봉사단 공연, 포토스토리 및 영상 공모전 전시 등의 행사를 진행한다.

CHAPTER 09

노인의료보장정책

제1절 노인의료보장정책의 이해

현대의 의료보장은 사회보장 프로그램의 하나로서 질병, 부상, 분만, 사망 등으로 인한 생활상의 불안을 극복하고 국민이 신체적 및 정신적으로 건강한 생활을 유지할 수 있도록 국가가 개입하여 보장해 주는 제도라 할 수 있다. 세계 최초로 시행된 사회보장 성격의 의료보장은 독일의 비스마르크(L. Bismarck)에 의해 1883년 제정된 의료보험인 만큼 인간에게 건강의 중요성은 부인할 수 없는 사실이다. 의료보장은 별도의 의료보험료를 납부하지 않고 조세를 통한 일반 재정에서 의료에 필요한 재원을 부담하는 국영 의료서비스 방식과 국가와 노사 또는 의료 수혜 당사자가 일정한 의료보험료를 내는 건강보험(의료보험) 방식 등 두 가지 형태가 있다. 우리나라의 의료보장은 의료보험 방식의 건강보험을 근간으로 채택하고 거기에 공적부조 차원의 의료보호법에 의해 실시되는 의료보호가 있다. 아울러 노인을 위한 의료서비스 차원으로 노인병원과 노인요양시설 등도 있다.

노인들의 경우 질환이 만성퇴행성으로 발전되는 것이 보통이어서 여타의 연령층에 비해 의료수요가 높은 반면, 소득기반이 취약하여 특별한 의료보장이 요구되는 것은 일반적인 현상이다. 특히 아직 의료보험 체계가 제대로 확립되지 않은 상태이기 때문에 저소득층 노인 세대들에게는 건강보험보다 의료보호의 중요성이 보다 크다. 노인들은 대부분 육체적 · 정신적 노화로 인한 노인성 질환을 가지고 있고 노인병의 특성상 정기적인 진료나 장기적인 치료가 필요한 경우도 많기 때문에 건강문제가 그 무엇보다도 중요하다. 따라서 정부에서는 노인질환을 조기에 발견하고 건강지도 및 보건교육을 실시하여 노인건강 증진을 도모하여야 한다. 특히 치매나 중풍, 관절염과 같은 퇴행성 만성질환을 몇 개씩 가지고 있는 저소득 및 중산층 노인들은 치료비, 간병비, 약값 등을 감당하기가 곤란하다. 더욱이 장기적으로 진행되는 질병의 경우 대부분 경제적 비용문제가 제기되기 때문에 선진국의 사례에서도 노인들의 장기치료나 요양으로 노인의료비가 크게 증가하고 있지만 아직 적당한 묘책이 나오지 못하고 있는 실정이다. 그리고 장기요양보호는 일상적이고 정상적인 수입으로는 노인 개인이나 가족들이 부담하기에 한계가 있을 수밖에 없다. 이에 노인들의 만성질환은 돌봄과 치료를 요하고 비용 또한 많이 소요되기 때문에, 국가의 공공의료급여 재정에도 심각한 위협이 되고 있다는 문제점들을 일찍이 간파한 독일의 경우 노인성 만성질환에 대한 대책으로 공공의료급여와는 다른 정책을 도입하게 되었다. 독일은 기존의 연금보험, 의료보험, 실업보험, 재해보험에 이어 1995년부터 제5의 사회보험이라 불리는 수발보험을 제정하여 실시하고 있다.

결과적으로 노인은 다른 연령집단에 비하여 발병률이 높을 뿐 아니라 노인성 질병 자체가 만성적이고 합병적인 경우가 많아 장기적인 치료와 요양을 요한다. 특히 노인성 질병의 경우 가족의 힘만으로는 의료비 부담을 감당하기 어려울 뿐만 아니라 노년층은 대부분 빈곤의 위험에 노출되어 있기 때문에 의료비를 지출할 능력이 부족하다. 또한 노인성 질병은 대부분 만성적이고 퇴행성의 특성을 가지고 있어 환자와 그 부양가족의 빈곤을 야기하는 중요한 원인일 뿐만 아니라 노인학대 및 방임과 같은 인권문제와도 연결된다. 노인을 위한 의료보장 프로그램은 노인소득보장과 더불어 현대복지국가 노인복지의 중심적인 정책 중 하나로서 의료급여제도, 국민건강보험제도와 노인장기요양보험제도 그리고 노인건강진단제도와 치매예방사업 등이 있다.

제2절 의료급여제도

1. 의료급여

1961년 생활보호법이 제정되면서부터 의료급여제도는 시작되었고 수많은 제도적 시행착오와 개선의 노력을 통해 2000년 국민기초생활보장법이 시행되었으며 동법의 테두리 안에서 의료급여로 전환하여 2001년부터 의료급여법을 근거로 하여 실시되고 있다. 국민보건의 향상과 사회복지의 증진에 이바지함을 목적으로 생활유지능력이 없거나 생활이 어려운 저소득 국민의 의료문제를 국가 재정에서 의료서비스를 부담하는 공적부조 형태의 의료보장제도이다. 이는 건강보험, 산재보험 등과 함께 우리나라 의료보장제도의 한 축으로서의 큰 의미를 지니고도 있고 국민의 건강과 생명을 보호하는 데 소외되는 계층이 없는 건강한 사회를 만들기 위해 지속적인 발전을 시켜야 할 한 분야로서 인식해야 하는 제도이다. 의료급여는 질병·부상·출산 등으로 생활유지능력이 없거나 생활이 어려운 저소득 국민의 의료문제를 국가가 보장하는 공공부조제도로서 건강보험과 함께 국민 의료보장의 중요한 수단이다(의료급여법 제1조, 국민기초생활 보장법 제7조 제1항).

2. 노인의료급여제도의 목적

노인의료보장은 노화에 따른 신체적인 기능쇠퇴와 질병으로 인한 건강상의 문제를 해결하기 위해 국가적인 차원에서 건강보호에 필요한 의료서비스를 제공함으로써 노인의 삶의 질을 향상시키고자 하는 사회적 노력을 의미한다고 할 수 있다. 이에 사회보장법의 범위에서는 질병을 사회적 위험의 하나로서 규정하고, 이에 대한 사회보험이나 공공부조 형태의 의료보장을 사회보장법의 테두리 안에서 다루고 있음을 알 수 있다. 따라서 사회적 약자 층에 속하는 노인도 이런 사회보장의 범위 안에 있는 대상이 되며, 특히 빈곤이라는 문제와 건강이라는 부분에 있어서의 주된 보호의 대상이 된다고 할 수 있다.

3. 대상자

의료급여 수급권자는 다음과 같다(의료급여법 제3조 제1항).

- 국민기초생활 보장법에 따른 수급자
- 재해구호법 제2조에 해당하는 이재민 중 재난 및 안전관리 기본법에 따라 특별재난지역으로 선포된 지역에서 발생한 이재민
- 의사상자 등 예우 및 지원에 관한 법률 제11조에 의한 1~6급 의상자 및 의사자의 유족
- 입양특례법에 따라 국내에 입양된 18세 미만의 아동
- 독립유공자 예우에 관한 법률, 국가유공자 등 예우 및 지원에 관한 법률, 보훈보상대상자 지원에 관한 법률에 따른 국가유공자와 그 가족
- 무형문화재 보전 및 진흥에 관한 법률에 따라 지정된 국가무형문화재의 보유자(명예보유자를 포함)와 그 가족

- 북한이탈주민의 보호 및 정착지원에 관한 법률에 따른 북한이탈주민
- 5 · 18민주화운동 관련자 보상 등에 관한 법률에 따른 5 · 18민주화운동 관련자
- 노숙인 등의 복지 및 자립지원에 관한 법률에 따른 노숙인

제3절 국민건강보험제도

1. 제도의 목적

국민건강보험은 국민의 질병, 부상에 대한 예방, 진단, 치료, 재활과 출산, 사망 및 건강증진에 대하여 보험급여를 실시함으로써 국민보건을 향상시키고 사회보장을 증진함을 목적으로 하는 사회보험제도이다. 보험가입을 기피할 수 있도록 제도화될 경우 질병위험이 큰 사람만 보험에 가입하여 국민 상호 간 위험분담 및 의료비 공동해결이라는 건강보험제도의 목적을 실현할 수 없기 때문에 일정한 법적 요건이 충족되면 본인의 의사와 관계없이 건강보험가입이 강제되며 보험료 납부의무가 부여된다. 또한 국민건강보험은 사회보험방식으로 운영되는데 사회적 연대를 기초로 의료비 문제를 해결하는 것을 목적으로 하므로 소득수준 등 보험료 부담능력에 따라서 보험료를 부과한다. 또한 민간보험은 보험료 수준과 계약내용에 따라 개인별로 다르게 보장되지만, 사회보험인 국민건강보험은 보험료 부담수준과 관계없이 관계법령에 의하여 균등하게 보험급여가 이루어진다.

2. 제도의 역사

국민건강보험제도의 역사는 1963년에 의료보험법을 제정하였고 1976년부터 기존의 의료보험법을 개정하여 실시하였다. 1989년부터 도시지역의료보험을 실시함으로써 전 국민대상의 의료보험을 실현하게 되었고 1997년 국민의료보험법 제정, 1998년부터 시행하였다. 이후 2000년 7월부터 공무원 및 사립학교 교직원 의료보험, 지역의료보험 및 직장의료보험이 단일체계로 통합되어 현재에 이르고 있다.

3. 적용대상

국민건강보험은 직장가입자와 지역가입자로 적용대상을 구분하는데, 직장가입자는 사업장의 근로자 및 사용자와 공무원 및 교직원, 그리고 그 피부양자로 구성되고 지역가입자는 직장가입자를 제외한 자를 대상으로 한다. 건강보험 대상자 중 피부양자는 직장가입자에 의하여 주로 생계를 유지하는 자로서 보수 또는 소득이 없는 자를 의미하며, 직장가입자의 배우자, 직계존속(배우자의 직계존속 포함), 직계비속(배우자의 직계비속 포함) 및 그 배우자, 형제・자매를 포함한다.

4. 급여의 종류

국민건강보험급여로서 실제로 보험가입자가 받는 것은 의료서비스 및 관련서비스이다. 의료서비스에 대한 비용은 본인이 지불하는 대신 제3자인 보험자인 국민건강보험공단이 진료기관에 지불한다. 여기에는 세 가지 종류의 급여가 있다.

- 요양급여 : 진료, 검사, 약제, 치료재료, 처치, 수술, 기타 치료, 예방, 재활, 입원, 간호, 이송
- 임의급여 : 장제비, 상병수당, 기타급여
- 건강검진 : 가입자 및 피부양자

5. 전달체계

전달체계는 전국적으로 단일체계인 국민건강보험공단과 별도 요양급여비용을 심사하고 요양급여비용을 평가하기 위하여 건강보험심사평가원을 설립하여 운영하고 있다.

6. 재 정

국민건강보험의 재정은 지역가입자의 경우 피보험자(가입자)의 보험료, 직장가입자의 경우 사용자의 부담금과 피보험자(가입자)의 보험료, 국가의 보조금으로 충당하여 운영하고 있다. 지역가입자의 경우 월 보험료는 개인단위로 산정하고 표준보수월액에 보험료율을 곱하여 산출, 지역가입자의 월 보험료는 세대단위로 산정하고 부과 표준소득에 따라 대통령이 정하는 등급 구분에 따라 공단 재정운영위원회의 의결을 거쳐 공단의 정관이 정하는 금액으로 산출한다. 직장가입자의 경우 월 보험료는 표준보수월액(직장가입자가 일정 기간 동안 지급받는 보수)을 기준으로 하여 등급별로 산정한다.

CHAPTER 10

재가노인복지정책

재가복지서비스는 1950년대 영국을 비롯한 서구의 여러 국가에서 시설복지 또는 시설보호의 문제점을 개선하기 위하여 탈시설화(deinstitututionalization)의 필요에 대한 인식이 확산되었다. 서구에서는 그동안 시설 위주의 노인에 대한 서비스를 해오다가 1970년대부터는 지역사회보호(communituy care)로 대체하기 시작하였다. 시설중심에서 지역사회중심으로 서비스를 전환한 이유를 살펴보면, ① 시설보호가 불가피한 통제성 때문에 노인의 자율성과 독립성을 유지하기 어렵고, ② 사람은 가능하면 일반사회와 분리된 시설보다는 정상적인 환경 속에서 일반인과 어울려 생활하는 것이 바람직하며, ③ 시설보호보다 지역사회나 가정의 보호가 보다 경제적이고 효율적이라는 점, ④ 사회적으로 볼 때, 시설수용에는 한계가 있고 시설에 상주하는 직원을 확보하기도 쉽지 않다는 점 등이 그 배경이 되었다. 이와 같은 시설보호의 문제점에 대한 반성과 함께 그 대안으로 등장한 것이 지역사회보호이며 가족과 친지 등의 비공식적 보호를 대체 혹은 보완하는 기능으로서 공식적 기관이 전문적 인력을 동원하여 대상자에게 필요한 서비스를 제공하는 방식이다.

노인들의 욕구는 최저한의 생계 보장의 수준을 넘어 사회적, 심리적 존재로서 질적 수준을 갖춘 삶을 누리고자 하는 방향으로 발전하고 있다. 이러한 욕구는 주택보장과 연계되어 있기 때문에 앞으로 노인에 대한 주택정책은 새로운 관심사가 되지 않을 수 없다. 왜냐하면 노령인구의 증가에 따라

고령화로 인한 장기적인 요양과 돌봄을 필요로 하는 노인의 수는 크게 증가할 것이지만 아직까지 이렇다 할 시설도 마련되지 않은 상태에서 시설보호 정책을 무리하게 추진하기보다는 가능한 한 보호정책부터 내실 있게 실천해 가는 것이 현실적으로 보다 더 중요하기 때문이다. 노인에 대한 시설보호중심에서 가정보호의 지원으로 전환하는 것이 노인 당사자를 위해서나 재정적 부담을 져야 하는 국가의 측면에서도 보다더 바람직하다는 서구복지 선진국의 경험적 깨달음을 우리는 비교적 수월하게 얻은 듯한 인상이다. 현재 우리나라의 노인보호는 가정보호를 우선으로 하고 있고 노인친화형 주택정책은 아직 시작조차 되지 못한 상황에서 가정에서 가족과 함께 혹은 혼자서 살아가는 노인들의 삶에 가능한 편의를 제공하기 위해서는 결국 재가노인복지사업이 그만큼 중요할 수밖에 없다.

제1절 재가노인복지서비스

1. 목 적

재가노인복지서비스의 목적은 정신적, 신체적 이유로 혼자서 일상생활을 수행하기에 불편이 있는 노인 가정을 대표하여 필요한 각종 서비스를 제공함으로써 지역사회 내에서 가정 및 친지와 더불어 건전하고 안정된 생활을 영위할 수 있도록 하고 가족의 돌봄 부담을 덜어주도록 하는 데 있다. 다시 말하면, 노인이 정신적, 신체적인 이유로 독립적인 일상생활을 수행하기 곤란한 노인과 노인부양가정에 필요한 각종 서비스를 제공함으로써 노인이 가족 및 친지와 더불어 건강하고 안정된 노후생활을 영위할 수 있도록 함과 동시에 노인부양으로 인한 가족의 부담을 덜어주기 위함이다.

2. 연 혁

- 1980년대 중반부터 노인에 대한 시설보호중심에서 가정에 있는 노인에 대한 보호와 지원으로 전환할 필요성을 인식하고 1987년 한국노인복지회에서 최초로 가정봉사원 파견사업을 시범 실시하고, 이어 은천노인복지회 등으로 시범사업 확대
- 1989년 12월 제1차 노인복지법 개정 시 "가정봉사사업", "재가노인" 용어사용
- 1991년부터 가정간호사업, 1992년부터 주간보호사업, 단기보호사업 등 여러 가지 형태의 재가노인복지사업이 시작
- 1992년에는 정부가 사회복지관 부설 재가복지봉사센터를 설치하는 사업에 예산을 지원
- 1993년 12월 제2차 노인복지법 개정 시 "재가노인복지" 명시
- 1997년 재가노인복지시설 규정 및 가정봉사원 교육훈련의무, 교육기관 설치 명시, 시설평가제 도입
- 2003년 1월 중산·서민층 노인보호를 위한 "실비주간보호사업" 실시
- 2005년부터 재가노인복지사업 운영을 "지방이양 사업"으로 추진
- 2006~2009년 농어촌재가복지시설 신축 기능 보강 지원
- 2009년 (종합)재가노인지원센터 신축 기능 보강 지원
- 2008년 4월 4일 이후 재가노인복지시설로 명칭을 통일하고, 서비스 종류로 구분

  * 재가노인복지시설(가정봉사원파견시설, 주간보호시설, 단기보호시설)→ 재가노인복지시설(방문요양서비스, 주·야간보호서비스, 단기보호서비스, 방문목욕서비스)
- 2010년 재가노인지원서비스 신설

- 2016년 7월 재가노인복지시설이 제공할 수 있는 서비스에 방문간호서비스 추가

3. 재가노인복지시설의 종류

재가노인복지시설은 방문요양서비스, 주야간보호서비스, 단기보호서비스, 방문목욕서비스, 방문간호서비스, 복지용구지원서비스, 재가노인지원서비스 중에서 하나 이상의 서비스를 제공함을 목적으로 하는 시설이다.

4. 이용대상

재가노인복지시설의 이용대상자는 장기요양급여수급자와 장기요양급여수급자 이외의 자 중에서 기초수급권자 및 부양의무자로부터 적절한 부양을 받지 못하는 자로서 혼자서 일상생활을 수행하기 어려워 재가서비스의 제공이 필요한 자를 대상으로 한다(노인보호전문기관에서 학대피해노인으로 입소의뢰를 받은 노인 포함). 그리고 2008년 7월 1일 이전에 국가 및 지방자치단체로부터 운영비를 지원받는 시설을 이용하고 있는 장기요양급여수급자 이외의 자 중 기초수급권자 및 실비이용자이다.

5. 이용절차

장기요양인정을 받지 않은 자는 먼저 국민건강보험공단으로 장기요양인정 신청을 하여 장기요양급여수급자로 판정을 받은 후 장기요양인정서를 첨부하여 다음의 절차에 따라 이용할 수 있다.

※ 입소·이용을 위한 사전 절차 : 장기요양인정신청(공단 지사) → 방문조사 → 등급판정위원회 → 장기요양인정서 수령 → <표 10-1>과 같이 입소·이용 절차에 따라 이용

〈표 10-1〉 이용절차

대상자 유형		시·군·구 (읍면동 대리접수)		시·군·구		장기요양 기관		장기요양 기관
① 기초생활 수급노인 ② 기타 의료급여 수급자	▶	입소신청 (장기요양 인정서 첨부)	▶	장기요양 기관에 이용의뢰 (공단, 본인 통보	▶	입소대상자 확인(※) ↓ 수급자와 급여제공 계약서 작성	▶	장기요양 급여 계약내역서 공단통보 ↓ 서비스 실시
③ 일반노인	→	→	→	→	→			

※ 기초생활수급노인이나 기타 의료급여수급자에 대한 급여비용은 입소이용 신청일부터 인정하며, 장기요양기관에서는 반드시 기초생활수급노인이나 기타 의료급여수급권자에 대한 입소이용 의뢰서를 확인한 후 수급자와 계약을 체결하여야 함

※ 기초생활수급노인이나 기타 의료급여수급권자에 대한 서비스 제공 시 시·군·구청장이 이용 의뢰하지 않았거나 이용의뢰서가 공단으로 통보되지 않은 자에 대한 서비스 비용은 수급자가 전액 본인부담

제2절 노인장기요양보험제도

1. 노인장기요양보험

노인장기요양보험은 65세 이상의 노인 또는 치매·뇌혈관성 질환 등 노인성질병이 있는 65세 미만의 자 중 6개월 이상 동안 혼자서 일상생활을 수행하기 어려워 장기요양등급을 받은 자에게 신체활동 또는 가사활동 지

원 등의 장기요양급여를 받을 수 있는 제도이다. 즉, 장기요양급여는 6개월 이상 동안 혼자서 일상생활을 수행하기 어렵다고 인정되는 사람 중에서 장기요양등급판정에 따라 장기요양급여를 받을 수 있는 사람(수급권자)으로 판정받는 절차가 필요한데 이를 장기요양인정이라고 하며, 수급자는 장기요양등급에 따른 월 한도액 내에서 장기요양급여를 이용할 수 있다.

2. 신청자격 및 제출 서류

장기요양인정을 신청할 수 있는 사람은 노인 등으로서 다음의 어느 하나에 해당하는 자격을 갖추어야 한다(노인장기요양보험법 제12조).

- 장기요양보험가입자 또는 그 피부양자
- 의료급여수급권자(의료급여법 제3조 제1항)로서 65세 이상 노인과 65세 미만의 노인성 질병이 있는 자

장기요양인정을 신청하는 사람은 다음의 서류를 해당 국민건강보험공단에 제출해야 한다.

- 장기요양인정신청서(노인장기요양보험법 시행규칙 별지 제1호의2 서식)
- 의사 또는 한의사의 소견서(노인장기요양보험법 시행규칙 별지 제2호 서식)

의사소견서는 공단이 장기요양등급판정위원회에 자료를 제출하기 전까지 제출할 수 있다. 다만, 신청인이 65세 미만인 사람으로서 신청 시에 의사소견서를 제출하지 않는 경우에는 노인성 질병을 확인할 수 있는 진단서 등의 증명서류를 장기요양인정신청서에 첨부해야 한다.

다음에 해당하는 사람은 의사소견서를 제출하지 않아도 된다.

- 신청인의 심신상태나 거동상태 등이 현저하게 불편한 사람으로서 거동 불편자에 해당하는 자에 해당하는 사람
- 가족요양비 지급 및 의사소견서 제출 제외대상 섬·벽지지역 고시에 따른 지역에 거주하는 사람
- 신청인은 장기요양인정을 신청할 때 의사소견서를 첨부하지 않은 경우에 다음의 구분에 따라 공단으로부터 필요한 조치를 통보받는다.

1. 위의 의사소견서 제출 제외자에 해당하는 사람 : 의사소견서를 제출하지 않아도 됨을 통보받는다.
2. 위 1.에 해당하지 않는 사람
   가. 최초로 장기요양인정을 신청하는 사람이나 장기요양인정의 갱신신청을 하는 사람 : 의사소견서 발급의뢰서를 발급받는다.
   나. 위 가.에 해당하지 않는 사람 : 의사소견서 발급비용을 전액 본인이 부담해야 함을 통보받는다.

의사소견서 발급의뢰서를 받은 사람은 그 발급의뢰서를 의료기관에 제출하고, 의사소견서를 의료기관으로부터 발급받아 공단에 제출해야 한다.

3. 장기요양인정 신청에 대한 조사

신청인은 장기요양인정신청서를 접수한 후에 공단의 소속 직원으로부터 다음의 사항을 조사받는다.

- 신청인의 심신상태
- 신청인에게 필요한 장기요양급여의 종류 및 내용
- 그 밖에 장기요양에 관하여 필요한 사항

4. 등급판정(장기요양급여)

조사가 완료되면 신청인은 장기요양등급판정위원회로부터 장기요양인정 신청자격요건을 충족하고 6개월 이상 동안 혼자서 일상생활을 수행하기 어렵다고 인정되는 경우 심신상태 및 장기요양이 필요한 정도 등 다음의 등급판정기준에 따라 수급자로 판정을 받는다. 즉, 65세 이상 노인 또는 치매, 중풍, 파킨슨병 등 노인성 질병을 앓고 있는 65세 미만인 자 중 6개월 이상의 기간 동안 일상생활을 수행하기 어려워 장기요양서비스가 필요하다고 인정되는 자이다.

- **장기요양 1등급** : 심신의 기능상태 장애로 일상생활에서 전적으로 다른 사람의 도움이 필요한 사람으로서 장기요양인정 점수가 95점 이상인 사람
- **장기요양 2등급** : 심신의 기능상태 장애로 일상생활에서 상당 부분 다른 사람의 도움이 필요한 사람으로서 장기요양인정 점수가 75점 이상 95점 미만인 사람
- **장기요양 3등급** : 심신의 기능상태 장애로 일상생활에서 부분적으로 다른 사람의 도움이 필요한 사람으로서 장기요양인정 점수가 60점 이상 75점 미만인 사람
- **장기요양 4등급** : 심신의 기능상태 장애로 일상생활에서 일정부분 다른 사람의 도움이 필요한 사람으로서 장기요양인정 점수가 51점 이상 60점 미만인 사람
- **장기요양 5등급** : 치매(노인장기요양보험법 시행령 제2조에 따른 노인성 질병에 해당하는 치매로 한정)환자로서 장기요양인정 점수가 45점 이상 51점 미만인 사람

- **장기요양 인지지원등급** : 치매(노인성 질병에 해당하는 치매로 한정)환자로서 장기요양인정 점수가 45점 미만인 자

등급판정위원회는 신청인이 신청서를 제출한 날부터 30일 이내에 장기요양등급판정을 완료해야 한다. 다만, 신청인에 대한 정밀조사가 필요한 경우 등 기간 이내에 등급판정을 완료할 수 없는 부득이한 사유가 있는 경우 30일 이내의 범위에서 이를 연장할 수 있다.

5. 장기요양인정 결과 통지

신청인은 등급판정위원회가 장기요양인정 및 등급판정의 심의를 완료한 경우 지체 없이 다음의 사항이 포함된 장기요양인정서를 받는다.

- 장기요양등급
- 장기요양급여의 종류 및 내용
- 장기요양인정의 유효기간
- 등급판정위원회의 의견
- 특별현금급여수급계좌의 이용에 관한 사항

신청인은 장기요양인정서와 함께 장기요양급여를 원활히 이용할 수 있도록 장기요양급여의 월 한도액 범위 안에서 작성된 개인별 장기요양이용계획서를 받는다.

※ 장기요양등급을 받지 못하면 어떻게 하나요?

Q : 저는 현재 혼자 일상적인 생활을 할 수 없는 상태인데요. 장기요양인정을 신청했지만 등급판정을 받지 못했어요. 앞으로 어떻게 생활해야 할지 막막합니다. 저는 어떻게 해야 하나요?

A : 장기요양인정을 신청하여 장기요양급여를 받으려면 1~5등급을 받아야 해요. 하지만 장기요양수급자에 선정되지는 못했지만 일상적인 생활에 어려움이 있는 사람들이 많아요. 그래서 정부에서는 장기요양등급 제외자 중 등급 외 A 또는 등급 외 B를 받은 사람들에게 장기요양급여를 대신하여 관련 서비스를 제공하는 “노인맞춤돌봄서비스”를 시행하고 있어요. 장기요양등급을 받지 못했더라도 노인돌봄종합서비스를 신청하여 도움의 손길을 받아보세요.

6. 급여내용

급여는 시설급여와 재가급여 그리고 특별현금급여가 있다. 시설급여는 요양시설에 장기간 입소하여 신체활동 지원 등 제공하는 것이고, 재가급여는 가정을 방문하여 신체활동 및 가사활동 등 지원, 목욕, 간호 등 제공, 주간보호센터 이용, 복지용구 구입 또는 대여가 있다. 특별현금급여는 장기요양 인프라가 부족한 가정, 천재지변, 신체·정신 또는 성격 등 그 밖의 사유로 장기요양기관이 제공하는 장기요양급여를 이용하기 어렵다고 인정하는 경우 가족요양비 지급이 있다.

7. 장기요양기관 및 인정 유효기간 그리고 관리운영체계

장기요양기관은 노인복지법상 노인요양시설 및 노인요양공동생활가정인 시설급여 제공기관, 노인복지법상 재가노인복지시설 및 노인장기요양보험법상 재가장기요양기관 재가급여 제공기관이 있으며 시·군·구청장의 지정 또는 설치신고를 하여야 한다. 관리운영체계는 |그림 10−1|과 같다. 장기요양인정의 유효기간은 2년이고, 장기요양인정의 갱신 결과, 직전 등급과 같은 등급으로 판정된 경우에는 그 갱신된 장기요양인정의 유효기

간은 다음의 구분에 따라 다르다.

- 장기요양 1등급의 경우 : 4년
- 장기요양 2등급 또는 4등급까지의 경우 : 3년
- 장기요양 5등급 및 인지지원등급의 경우 : 2년

장기요양인정의 유효기간은 장기요양인정서가 수급자에게 도달한 날부터 산정한다. 위에도 불구하고 공단이 업무 수행 과정에서 해당 수급자의 갱신 의사를 확인한 경우에는 장기요양인정의 갱신을 신청한 것으로 본다. 이 경우 수급자는 의사소견서를 공단에 제출해야 한다.

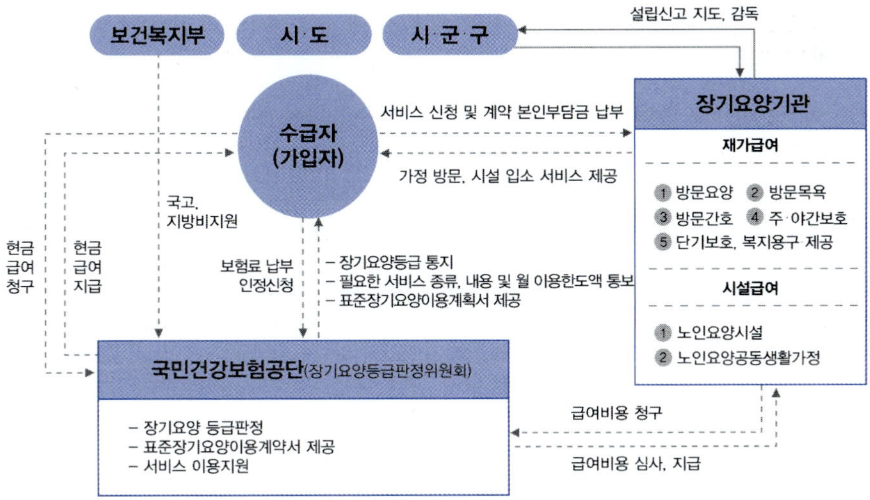

|그림 10-1| 장기요양 관리운영체계

8. 재원조달방식

1) 장기요양보험료

장기요양보험료는 수급자에게 장기요양급여를 제공하는 데 필요한 재원 마련을 위해 건강보험가입자에게 건강보험료의 일정률을 부과하는 보험료를 말한다. 즉, 노인장기요양보험 가입자는 국민건강보험 가입자와 동일하며 건강보험료와 통합 징수한다. 공단은 통합징수한 장기요양보험료와 건강보험료를 각각 독립회계로 관리한다. 장기요양보험료는 건강보험료액에 장기요양보험료율을 곱하여 산정한다. 장기요양보험료율은 보건복지부장관 소속 장기요양위원회의 심의를 거쳐 대통령령으로 정한다.

2) 국가 및 지방자치단체의 부담

국가는 매년 예산의 범위 안에서 해당 연도 장기요양보험료 예상수입액의 100분의 20에 상당하는 금액을 공단에 지원한다. 국가와 지방자치단체는 의료급여수급권자의 장기요양급여비용, 의사소견서 발급비용, 방문간호지시서 발급비용 중 공단이 부담하여야 할 비용과 관리운영비의 전액을 대통령령이 정하는 바에 따라 부담한다.

급여비용에 대한 본인 일부 부담은 다음과 같다.

- 재가급여 이용자는 장기요양 급여비용의 15%를 본인이 부담
- 시설급여 이용자는 장기요양 급여비용의 20%를 본인이 부담
- 의료급여법 제3조 제1항 제1호[1] 규정에 따른 수급권자는 본인부담이 없음

1) 국민기초생활 보장법에 따른 의료급여 수급자

- 의료급여법 제3조 제1항 제2호부터 제9호[2)]까지의 규정에 따른 수급권자와 건강보험료 순위 50% 이하자는 본인일부부담금의 60%를 감경(최대 시설 8%, 재가 6%)
- 보건복지부장관이 정하여 고시한 소득·재산 등이 일정 금액 이하인 자는 본인일부부담금의 40% 또는 60%를 감경

급여비용에 대한 전액 본인 부담은 다음과 같다.

- 노인장기요양보험법 규정에 따른 급여범위 및 대상에 포함되지 아니하는 장기요양 급여비용
- 장기요양인정서에 기재된 장기요양급여의 종류 및 내용과 다르게 선택하여 장기요양급여를 받은 경우
- 월 한도액을 초과하는 장기요양급여비용
- 비급여 항목(시행규칙 제14조)
  → 식사재료비, 상급침실 이용에 따른 추가비용, 이·미용비, 그 외 일상생활에 통상 필요한 것과 관련된 비용으로 수급자에게 부담시키

---

2) 2. 「재해구호법」에 따른 이재민으로서 보건복지부장관이 의료급여가 필요하다고 인정한 사람
3. 「의사상자 등 예우 및 지원에 관한 법률」에 따라 의료급여를 받는 사람
4. 「입양특례법」에 따라 국내에 입양된 18세 미만의 아동
5. 「독립유공자예우에 관한 법률」, 「국가유공자 등 예우 및 지원에 관한 법률」 및 「보훈보상대상자 지원에 관한 법률」의 적용을 받고 있는 사람과 그 가족으로서 국가보훈처장이 의료급여가 필요하다고 추천한 사람 중에서 보건복지부장관이 의료급여가 필요하다고 인정한 사람
6. 「무형문화재 보전 및 진흥에 관한 법률」에 따라 지정된 국가무형문화재의 보유자(명예보유자를 포함한다)와 그 가족으로서 문화재청장이 의료급여가 필요하다고 추천한 사람 중에서 보건복지부장관이 의료급여가 필요하다고 인정한 사람
7. 「북한이탈주민의 보호 및 정착지원에 관한 법률」의 적용을 받고 있는 사람과 그 가족으로서 보건복지부장관이 의료급여가 필요하다고 인정한 사람
8. 「5·18민주화운동 관련자 보상 등에 관한 법률」 제8조에 따라 보상금 등을 받은 사람과 그 가족으로서 보건복지부장관이 의료급여가 필요하다고 인정한 사람
9. 「노숙인 등의 복지 및 자립지원에 관한 법률」에 따른 노숙인 등으로서 보건복지부장관이 의료급여가 필요하다고 인정한 사람

는 것이 적당하다고 보건복지부장관이 정하여 고시한 비용(전액 본인부담 항목에 따른 비용은 국민기초생활수급권자 및 의료급여수급권자의 경우에도 본인이 전액 부담)

9. 장기요양인정 갱신

수급자는 장기요양인정의 유효기간이 만료된 후 장기요양급여를 계속하여 받으려는 경우 공단에 장기요양인정의 갱신을 신청해야 한다. 장기요양인정의 갱신신청은 장기요양인정 유효기간이 끝나기 90일 전부터 30일 전까지의 기간에 장기요양인정 갱신신청서(노인장기요양보험법 시행규칙 별지 제1호의2 서식)에 의사소견서를 첨부하여 공단에 제출해야 한다.

10. 장기요양등급의 변경

장기요양급여를 받고있는 수급자는 장기요양등급, 장기요양급여의 종류 또는 내용을 변경(장기요양급여의 종류를 가족요양비로 변경하는 경우는 제외함)하여 장기요양급여를 받으려는 경우 장기요양등급 변경신청서(노인장기요양보험법 시행규칙 별지 제1호의2 서식)를 공단에 제출해야 한다(노인장기요양보험법 제21조 제1항 및 노인장기요양보험법 시행규칙 제9조 전단). 이 경우 장기요양등급의 변경을 신청하려는 때에는 의사소견서를 첨부하여 제출해야 한다.

11. 장기요양급여 수급 시기

수급자는 장기요양인정서와 개인별 장기요양이용계획서가 도달한 날부터 장기요양급여를 받을 수 있다.

※ 장기요양인정서가 아직 도착하지 않았지만, 장기요양급여를 받을 수 없나요?

Q : 저는 지금 혼자 거동하기 불편한 상태예요. 그래서 장기요양급여 수급자로 선정되기 위해 장기요양인정 신청을 한 상태인데요. 혹시 저 같은 경우, 미리 장기요양급여를 받을 수는 없나요?

A : 수급자는 ① 주거를 같이하는 가족이 없는 경우 또는 ② 주거를 같이하는 가족이 미성년자 또는 65세 이상의 노인 외에는 없는 경우에는 장기요양인정신청서를 제출한 날부터 장기요양인정서가 도달되는 날까지의 기간 중에도 장기요양급여를 받을 수 있습니다(「노인장기요양보험법」 제27조 제2항 및 「노인장기요양보험법 시행령」 제13조).

이 경우 장기요양인정신청서를 제출한 날부터 장기요양급여를 받으려면, 장기요양급여 제공시기 예외 적용 신청서(「노인장기요양보험법 시행규칙」 별지 제18호 서식)를 공단에 제출해야 합니다(「노인장기요양보험법 시행규칙」 제21조 제1항).

이때, 장기요양인정의 유효기간은 장기요양인정신청서 제출일부터 산정합니다(「노인장기요양보험법 시행규칙」 제7조 단서).

12. 장기요양급여 월 한도액[3)]

장기요양급여는 월 한도액 범위 안에서 제공된다. 재가급여(복지용구는 제외함)의 2024년도 월 한도액은 <표 10-2>와 같다.

3) 본 내용은 물가변동에 따라 매년 변동된다(연간 평균 약 4% 이상 상승하고 있음).

〈표 10-2〉 2024년도 급여유형별 급여비용 인상률을 반영한 재가급여 월 한도액

(단위 : 원)

등급	1등급	2등급	3등급	4등급	5등급	인지지원 등급
월 한도액	2,069,900	1,869,600	1,455,800	1,341,800	1,151,600	643,700

※ 상기 금액은 매년 변동됨.

13. 치매가족휴가제 급여제공기준

가정에서 치매가 있는 수급자를 돌보는 가족의 휴식을 위하여 치매가 있는 수급자는 연간 9일 이내에서 월 한도액과 관계없이 단기보호급여를 이용하거나 방문요양급여를 1회당 12시간 동안 이용(종일 방문요양급여)할 수 있으며(치매가족휴가제), 종일 방문요양급여를 2회 이용한 경우 1일로 산정한다. 단기보호급여를 이용할 수 있는 수급자는 1~5등급 치매수급자 및 인지지원등급 수급자이다. 단, 종일 방문요양급여를 이용할 수 있는 수급자는 위 수급자 중에서 1등급 및 2등급 수급자에 한한다. 종일 방문요양급여는 규칙 별지 제20호 서식(장기요양기관지정서)상 "제공 가능한 장기요양급여" 항목에 "방문요양급여"가 "방문간호, 주・야간보호 또는 단기보호급여"와 함께 표기된 기관에서 제공할 수 있다. 종일 방문요양급여를 제공하는 기관의 시설장(관리책임자)은 응급상황 등에 대처할 수 있도록 대비하여야 하며, 동일 기관에서 종일 방문요양급여를 2회 이상 연속하여 제공(2회 이상 연속이라 함은 1회 제공 후 2시간 미만 내에 연속하여 제공하는 경우를 말함)하는 경우 간호(조무)사는 급여제공 중 1회 이상 수급자의 가정을 방문하여 수급자의 상태확인 및 요양보호사의 급여제공내용을 지도・감독하고, 규칙 별지 제12호 서식 특이사항란에 업무수행내용, 방문일시, 본인성명 등을 작

성한다. 종일 방문요양급여를 제공하는 요양보호사는 제17조 제1항에 따른 방문요양급여 제공기준을 준수하여 서비스를 제공하고, 수급자를 안전하게 보호·관찰하여야 하며 응급상황 발생 시 시설장(관리책임자) 등에게 신속하게 보고하여야 한다. 간호(조무)사의 근무시간에 대한 세부사항은 공단 이사장이 정한다.

14. 가족인 요양보호사 급여비용 산정기준

수급자의 배우자와 직계혈족 및 형제자매, 직계혈족의 배우자, 배우자의 직계혈족 및 배우자의 형제자매가 수급자에게 급여를 제공하는 경우, 수급자 외 가족을 위한 행위에 대하여는 급여비용을 산정하지 아니하고 신체활동 지원 등 수급자만을 위한 행위에 대하여만 급여비용을 산정한다.

즉, 수급자의 가족인 요양보호사(가족인 요양보호사)가 방문요양 및 방문목욕급여를 제공하고자 할 경우 장기요양기관의 장은 수급자와 요양보호사의 가족관계를 확인하여 이를 공단에 통보하여야 하며, 그 내용이 변경된 경우에도 또한 같다. 이 경우 가족관계를 누락하거나 통보된 가족관계 여부가 사실과 다를 때에는 해당 수급자의 급여비용을 산정하지 아니한다. 가족인 요양보호사가 일정한 직업에 종사하면서 가족인 수급자에게 급여를 제공한 경우에는 급여비용을 산정하지 아니한다. 일정한 직업에 종사한다는 것은 소속된 직장(장기요양기관 포함)에서 근무한 시간의 합이 월 160시간 이상인 경우를 말하고 이 경우 요양보호사가 가족인 수급자에게 제공한 시간은 포함하지 아니한다. 가족인 요양보호사가 방문요양급여(인지활동형 방문요양급여를 포함한다)를 1일 60분 이상 제공하더라도 수급자 1인에 대하여 급여비용(24,120원, 표 11－3 참조)을 산정하고 가산 규정을 적용하지 아니한다. 가족인 요양보호사가 제공한 방문요양 급여비용은 1일 1회에 한하여 매월 20일 범위 내에서 산정하고, 가족인 요양보호사가 제공한 방문요양 급여비용을 산정하는 날에는 동 비용 이외의 방문요양 급여비용을 산정하지 아니한다. 그러나 다음의 어느 하나에 해당하는 경우에는 1일당 90분 이상(32,510원, 표 11−3 참조) 급여비용을 월 20일을 초과하여 산정할 수 있고, 이 경우 가산 규정은 적용하지 아니한다.

- 65세 이상인 요양보호사가 그 배우자에게 방문요양급여를 제공하는 경우
- 수급자가 다음 각 목의 요건을 모두 갖춘 경우
  - ☞ 규칙 별지 제5호 서식 장기요양인정조사표 제2호 라목 '행동변화영역' 중 ①, ⑧, ⑩, ⑱ 항목의 증상 여부의 '예'란에 하나 이상 표시된 경우로, 폭력성향, 피해망상, 부적절한 성적 행동과 같은 문제행동을 보이는 경우(부록 참조)
  - ☞ 의사소견서에 치매상병이 있거나 최근 2년 이내 치매진료 내역이 있는 경우

15. 시설급여 제공기준 및 급여비용 산정방법

1) 시설급여 제공기준

시설급여기관은 수급자를 장기간 보호하면서 수급자의 기능상태 및 욕구 등을 반영하여 신체활동 지원 및 심신기능 유지·향상을 위한 교육·훈련 등을 제공하여야 한다. 또한 시설급여기관은 입소정원 및 모집방법, 입소계약, 이용료 등 비용에 대한 변경방법 및 절차, 서비스의 내용과 그 비용의 부담에 관한 사항 등 노인복지법 시행규칙 제22조 제2항에 따른 운영

규정을 마련하여야 한다. 시설급여기관은 급여제공과정에서 수급자를 격리하거나 억제대 등을 사용하여 묶는 등 신체를 제한하여서는 안 된다. 다만, 수급자 또는 시설급여기관 종사자 등의 생명이나 신체에 위험을 초래할 가능성이 현저히 높은 경우에 한해 수급자 본인의 치료 또는 보호를 도모하는 목적으로 신체적 제한이 행해질 수 있다. 이 경우 시설급여기관의 장은 수급자 본인이나 가족에게 이 사실을 통지하여 동의를 받고, 수급자의 심신상태, 신체적 제한을 가한 시간, 신체적 제한을 가할 수밖에 없는 사유 등을 급여제공기록지에 자세히 기재·관리한다.

시설급여기관은 수급자의 건강상태 등을 고려하여 식사, 구강관리, 목욕, 배변관리, 이동지원 등의 급여에 따라 제공하고, 그 내용을 급여제공기록지에 기재·관리한다. 다만, 수급자의 상태에 따라 급여가 제공되지 못한 경우 그 사유를 구체적으로 기재한다.

2) 시설급여 비용

노인요양시설의 1일당 급여비용은 장기요양등급에 따라 <표 10-3>, <표 10-4>, 노인요양공동생활가정은 <표 10-5>와 같다. 이때 각 호의 입소자 2.3명당 1명이라 함은 입소자 수를 2.3으로 나누어 계산한 결과 소수점 이하는 반올림한 값을 의미한다. 단, 계산한 결과가 0.5 미만인 경우에는 기본 1명을 배치하여야 한다.

〈표 10-3〉 노인요양시설에서 배치한 요양보호사 수가 입소자 2.3명당 1명 이상인 경우

(단위 : 원)

분 류	금 액
장기요양 1등급	84,240
장기요양 2등급	78,150
제2조 제2항 단서에 따른 장기요양 3~5등급	73,800

〈표 10-4〉 노인요양시설에서 배치한 요양보호사 수가 입소자 2.3명당 1명 미만인 경우

(단위 : 원)

분 류	금 액
장기요양 1등급	80,630
장기요양 2등급	74,810
제2조제2항 단서에 따른 장기요양 3~5등급	68,990

〈표 10-5〉 노인요양공동생활가정의 1일당 급여비용

(단위 : 원)

분 류	금 액
장기요양 1등급	71,010
장기요양 2등급	65,890
제2조 제2항 단서에 따른 장기요양 3~5등급	60,740

CHAPTER 11

노인장기요양서비스정책

제1절 방문요양서비스

1. 목 적

방문요양서비스는 가정에서 일상생활을 영위하고 있는 노인으로서 신체적・정신적 장애로 어려움을 겪고 있는 노인에게 지역사회 안에서 건전하고 안정된 노후를 영위하도록 장기요양요원(요양보호사)이 가정을 방문하여 신체활동 및 가사활동 등 필요한 각종 서비스를 제공하는 것을 목적으로 한다.

2. 이용대상

방문요양서비스 이용대상은 장기요양급여 수급자 1~5등급이며 심신이 허약하거나 장애가 있는 65세 이상의 자(이용자로부터 이용비용의 전부를 수납받아 운영하는 시설의 경우에는 60세 이상의 자)로서 가정에서의 보호가 필요한 자이다. 단, 노인돌봄서비스, 가사간병도우미, 독거노인생활지도사 등 타 서비스를 제공받고 있는 자는 대상에서 제외된다.

3. 서비스 내용

서비스 내용은 다음과 같다.

- 신체활동지원서비스 : 세면도움, 구강관리, 몸 청결, 머리 감기기, 몸단장, 옷 갈아 입히기, 목욕도움, 배설도움, 식사도움, 체위변경, 이동도움, 신체기능의 유지 · 증진 등
- 가사활동지원서비스 : 취사, 생활필수품 구매, 청소 · 세탁 · 주변 정돈 등
- 개인활동지원서비스 : 외출시 동행 · 부축, 일상업무 대행 등
- 정서지원서비스 : 말벗, 격려 및 위로, 생활상담, 의사소통 도움 등

참고 | 구, 가정봉사원파견시설, 방문요양, 재가노인지원서비스의 변화

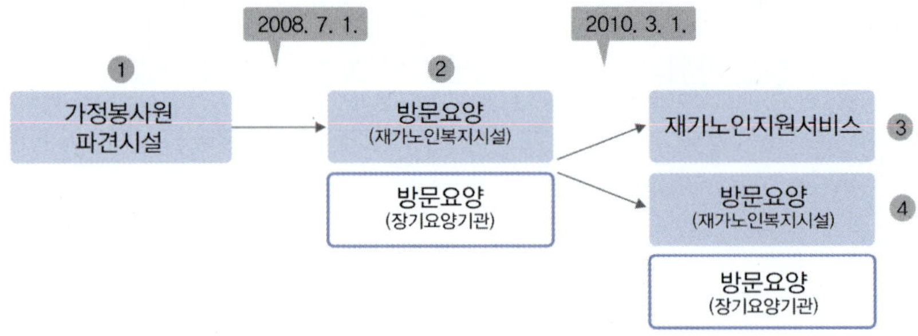

※ 2008. 7. 1. : 가정봉사원 파견시설에서 방문요양(재가노인복지시설)로 전환 서비스 대상 및 인력기준 변경, 서비스내용 유지

※ 2010. 3. 1. : 방문요양(재가노인복지시설)과 재가노인지원서비스(신설)로 분리 서비스 내용 분리, 인력기준 변경(2010. 2. 24)

※ 2013. 8. 29. : 2010. 2. 24. 개정된 인력기준 시행 당시 종전의 규정에 따라 설치 신고한 방문요양(재가노인복지시설 및 재가장기요양기관)기관은 2015. 8. 28. 까지 현행기준에 적합하게 하여야 함

– 2010. 2. 24. 개정 : 요양보호사 3명(농어촌 2명) → 15명(5명) 이상, 상근 20% (3명) 이상

4. 시설 및 인력기준

1) 시설규모 및 설비기준

방문요양서비스는 시설전용면적 16.5㎡ 이상(연면적 기준)이어야 한다. 시설 및 설비 기준은 <표 11-1>과 같다.

〈표 11-1〉 시설 및 설비 기준

구 분	사무실	통신설비, 집기 등 사업에 필요한 설비 및 비품
방문요양	○	○

방문요양서비스를 제공하는 시설이 하나 이상의 다른 재가노인복지서비스(재가노인지원서비스 제외)를 함께 제공하는 경우 사업에 지장이 없는 범위에서 생활실, 침실 외의 사무실은 병용할 수 있다. 방문요양서비스를 제공하는 시설을 사회복지시설에 병설하여 운영하는 경우 사업에 지장이 없는 범위에서 상호 중복되는 시설과 설비를 공동으로 사용할 수 있다. 그리고 아파트 등 다른 용도로 사용하고 있는 공간에 방문요양기관을 설치하고자 하는 경우에는 벽면(커튼, 홀딩도어 등 이동식·접이식 칸막이 종류는 불가)을 설치하거나 독립된 공간에 설치하여 방문요양기관으로만 사용하여야 한다. 또한 방문요양기관은 관계법령에 따라 장기요양급여계약에 관한 서류, 장기요양급여제공기록지 등 개인정보가 포함된 서류를 작성, 보관하여야 하므로 당해 방문요양기관종사자 외의 자가 사무실을 임의로 출입하거나 관련 서류를 열람할 수 없도록 시건장치 등 필요한 조치를 하여야 한다.

2) 직원의 자격기준 및 인력기준

직종별 직원의 자격기준은 <표 11-2>와 같다.

〈표 11-2〉 직원의 자격기준

직종별	자격기준
시설장	• 사회복지사업법에 따른 사회복지사 자격증 소지자 • 의료법 제2조에 따른 의료인의 자격을 취득한 자 • 물리치료사 또는 작업치료사 중 노인복지시설 또는 장기요양기관에서 1년 이상 근무한 자 • 요양보호사(요양보호사 2급은 제외) 또는 간호조무사 중 노인복지시설 또는 장기요양기관에서 5년 이상 근무하고 보건복지부장관이 정하여 고시하는 소정의 교육을 이수한 자
요양보호사	법에 따른 요양보호사 자격증 소지자
물리치료사 또는 작업치료사	의료기사 등에 관한 법률에 따른 물리치료사 또는 작업치료사 면허 소지자

인력기준은 시설장 1명과 사회복지사 1명(수급자 15명 이상), 요양보호사 15명(농어촌지역의 경우에는 5명 이상)이 있어야 한다. 시설의 장은 상근(1일 8시간, 월 20일 이상 근무)하는 자로 두어야 한다. 방문요양서비스를 제공하는 시설의 장이 하나 이상의 재가노인복지시설(재가인지원서비스 포함)을 동시에 관리하는 경우 사업에 지장이 없는 범위에서 그 사업의 시설의 장을 겸직하여 운영할 수 있다.

방문요양서비스를 제공하는 시설을 사회복지시설에 병설하여 운영하는 경우 사회복지시설의 장은 사업에 지장이 없는 범위에서 방문요양서비스 제공 시설의 장을 겸직하여 운영할 수 있다. 모든 종사자의 근로계약서에는 근무시간, 시간급 임금, 초과근무 등을 명시하여야 한다. 요양보호사의 임금은 방문요양서비스 제공 시간뿐만 아니라 서비스 준비, 이동, 관리 교육 등 포함하는 총 근무시간을 기준으로 계산하는 것이 바람직하다. 주야간보호 또는 단기보호 제공 기관에서 방문요양서비스를 함께 제공하는 경우에는 방문요양사업의 요양보호사는 10명 이상(농어촌은 5명 이상)으로 운영 가능하다.

5. 급여비용

방문요양서비스 급여비용은 1회 방문당 급여제공시간에 따라 달라지며 <표 11-3>과 같다.

〈표 11-3〉 2024년도 방문요양 시간당 급여비용

(단위 : 원)

분 류	금 액
30분 이상	16,630
60분 이상	24,120
90분 이상	32,510
120분 이상	41,380
150분 이상	48,250
180분 이상	54,320
210분 이상	60,530
240분 이상	66,770

방문요양 및 방문간호급여의 원거리교통비용은 교통비용 적용대상 수급자의 실 거주지부터 운영 중인 가장 가까운 방문요양 및 방문간호기관까지의 거리에 따라 방문당 산정한다(3,400~13,600원). 다만, 수급자를 방문한 종사자가 수급자와 가족이거나 5km 미만의 거리에 거주하고 있는 경우에는 산정하지 아니한다.

제2절 방문목욕서비스

1. 목 적

방문목욕서비스는 목욕장비를 갖추고 재가 노인을 방문하여 목욕서비스를 제공하는 데 목적이 있다.

2. 이용대상

이용대상은 장기요양급여 수급자 1~5등급이며 심신이 허약하거나 장애가 있는 65세 이상의 자(이용자로부터 이용비용의 전부를 수납받아 운영하는 시설의 경우에는 60세 이상의 자)로서 가정에서의 목욕이 필요한 자이다.

3. 서비스 내용

방문목욕서비스는 목욕준비, 입욕 시 이동보조, 몸 씻기, 머리 말리기, 옷 갈아 입히기 등이며, 목욕 후 주변 정리까지를 포함한다.

4. 시설 및 인력기준

1) 시설기준

시설기준은 시설전용면적 16.5㎡ 이상(연면적)이며 <표 11-4>와 같다.

〈표 11-4〉 시설기준

구 분	사무실	통신설비, 집기 등 사업에 필요한 설비 및 비품	이동용 욕조 또는 이동목욕차량
방문목욕	○	○	○

※ 이동목욕차량이란 욕조, 급탕기, 물탱크, 펌프, 호스릴 등을 갖춘 차량으로 자동차등록증의 차량용도(차명)에 "이동목욕용"으로 표기되어 있는 차량이거나 자가용 또는 사업용으로 등록된 일반 차량을 이동목욕용으로 구조변경하여 자동차등록증의 구조·변경사항에 해당 내용이 표기된 차량을 의미함
※ 이동용 욕조란 통상 실내에서 목욕이 가능하도록 만든 욕조(예를 들면, 공기주입식 욕조)를 의미

2) 인력기준

방문목욕서비스의 인력기준은 시설장은 사회복지사, 의료인, 물리치료사 또는 작업치료사 중 노인복지시설 또는 장기요양기관에서 1년 이상 근무한 자이며 요양보호사 또는 간호조무사 중 노인복지시설 또는 장기요양기관에서 5년 이상 근무하고 보건복지부장관이 고시하는 교육을 이수한 자로 상근하는 자이다. 요양보호사는 2명 이상 배치하여야 한다.

5. 급여비용

방문목욕서비스의 급여비용은 1회 방문당 급여제공방법에 따라 <표 11-5>와 같다. 방문목욕 차량을 이용한 경우에 차량 내 목욕과 방문목욕 차량을 이용한 경우 가정 내 목욕과 방문목욕 차량을 이용하지 아니한 경우에 산정되는 비용으로 구분된다.

〈표 11-5〉 2024년도 방문목욕 급여비용

(단위 : 원)

분 류	금 액
방문목욕 차량을 이용한 경우(차량 내 목욕)	84,670
방문목욕 차량을 이용한 경우(가정 내 목욕)	76,340
방문목욕 차량을 이용하지 아니한 경우	47,670

제3절 방문간호서비스

1. 목 적

방문간호서비스는 간호사 등이 의사, 한의사 또는 치과의사의 지시서에 따라 재가노인의 가정 등을 방문하여 간호와 진료의 보조 그리고 요양에 관한 상담 또는 구강위생을 제공하는 것을 목적으로 한다.

2. 이용대상

방문간호서비스 이용대상은 가정 등에서 간호, 진료의 보조, 요양에 관한 상담 또는 구강위생 등이 필요한 자이다.

3. 서비스 내용

방문간호서비스의 서비스 내용은 간호사정 및 진단 등 기본간호, 욕창치료 및 단순 상처치료 등 간호, 검사 관련 사항, 투약 관련 지도, 환자·가족 대상 건강관리에 필요한 식이요법 등 교육훈련, 상담 등이다.

4. 시설 및 인력기준

1) 시설기준

방문간호서비스 시설기준은 <표 11-6>과 같다.

〈표 II-6〉 시설기준

구 분	사무실	통신설비, 집기 등 사업에 필요한 설비 및 비품	혈압계, 온도계 등 방문간호에 필요한 비품
방문간호	○	○	○

※ 의료기관(의사가 배치된 지역보건법에 따른 보건소, 보건의료원 또는 보건지소와 농어촌 등 보건의료를 위한 특별조치법에 따른 보건진료소를 포함)을 개설·운영하는 자가 방문간호를 제공하는 경우 시설·설비·비품 등 해당 의료기관과 공동 사용 가능

2) 인력기준

방문간호서비스의 시설장은 간호업무경력이 2년 이상인 간호사로서 해당 시설에 상근하는 자이다(보건진료소를 제외한 의료기관이 방문간호를 하는 경우에는 의사, 한의사 또는 치과의사 중에서 해당 시설에 상근하는 자).

- 간호사 : 의료법 제2조에 따른 간호사로서 2년 이상의 간호업무경력이 있는 자
- 간호조무사 : 의료법 제80조에 따른 간호조무사로서 3년 이상의 간호보조 업무경력이 있고 보건복지부장관이 정하는 교육을 이수한 자
  → 간호학과가 있는 대학, 산업대학 또는 전문대학 등 방문간호 간호조무사 교육기관으로 지정을 신청하는 대학에 대하여 보건복지부에서 지정요건을 심사하여 지정함
  → 방문간호 간호조무사 교육과정(700시간)을 이수한 자에 대하여 해당 대학 명의로 수료증을 교부함
- 치과위생사 : 의료기사 등에 관한 법률 제2조에 따른 치과위생사(치과위생 업무를 하는 경우에 한정)

5. 급여비용

방문간호서비스의 급여비용 및 산정방법은 급여비용이 1회 방문당 급여 제공시간에 따라 <표 11-7>과 같이 금액이 산정되고 있다.

〈표 11-7〉 2024년도 방문간호 급여비용

(단위 : 원)

분 류	금 액
15분 이상~30분 미만	40,760
30분 이상~60분 미만	51,110
60분 이상	61,490

제4절 주야간보호서비스

1. 목 적

주야간보호서비스는 부득이한 사유로 가족의 보호를 받을 수 없는 심신이 허약한 노인과 장애노인을 주간 또는 야간 동안 보호시설에 입소시켜 필요한 각종 편의를 제공하여 이들의 생활안정과 심신기능의 유지·향상을 도모하고 그 가족의 신체적·정신적 부담을 경감하는 목적이 있다.

2. 이용대상

주야간보호서비스의 이용대상은 장기요양급여 수급자 1~5등급 또는 인지지원등급자이다. 심신이 허약하거나 장애가 있는 65세 이상의 자(이용자로부터 이용비용의 전부를 수납받아 운영하는 시설의 경우에는 60세 이상의 자)로서 주간 또는 야간 동안의 보호가 필요한 자이다.

3. 서비스 내용

(1) 생활지도 및 일상동작훈련 등 심신의 기능회복을 위한 서비스

- 일상생활지원 : 취미 · 오락, 운동 등 여가생활 서비스
- 일상동작훈련 : 이동, 체위변경, 기능훈련(물리치료적 훈련, 작업치료적 훈련, 언어 치료적 훈련) 등

(2) 급식 및 목욕서비스 등

- 서비스 내용 : 몸청결, 머리감기, 얼굴씻기, 손씻기, 구강관리, 몸단장, 옷 갈아 입히기, 배설, 식사도움, 그 밖에 이동서비스와 노인 가족에 대한 교육 및 상담

(3) 보호기간

보호기간은 1일이며 8:00~22:00시로 하되 시설의 운영여건 및 이용노인과 그 가정의 형편에 따라 2시간 이내에서 신축성 있게 운영한다. 그러나 특별한 사유가 없는 한 24시 이후에는 수급자를 보호해서는 안 된다.

4. 시설 및 인력기준

1) 시설기준

주야간보호서비스의 이용정원은 5명 이상이다. 단, 주야간보호 제공시설 안에 치매전담실을 두는 경우 1실당 이용정원은 25명 이하이다. 그리고 동일일 및 동일시간에 정원을 초과하지 않아야 한다.

2) 시설규모

주야간보호서비스의 시설규모는 5명에 대한 생활실을 포함하여 시설 연

면적 $90m^2$ 이상을 확보하되, 이용정원이 6명 이상인 경우에는 5명을 초과하는 인원에 대하여 1명당 $6.6m^2$ 이상의 생활실 공간을 추가로 확보하여야 한다.

예 이용정원이 9명일 경우 면적산정

- 기준면적($90m^2$ 이상)[1] ＋ 추가면적(생활실) : $26.40m^2$(4명×$6.6m^2$) 이상[2]
- 합계 : $116.40m^2$($90m^2$＋$26.40m^2$) 이상

주야간보호서비스를 제공하는 시설이 하나 이상의 다른 재가노인복지서비스(재가 노인지원서비스 제외)를 함께 제공하는 경우 사업에 지장이 없는 범위에서 생활실, 침실 외의 시설은 병용할 수 있다. 그리고 주야간보호서비스를 제공하는 시설을 사회복지시설에 병설하여 운영하는 경우 생활실, 침실 외의 시설은 사업에 지장이 없는 범위에서 병용할 수 있다. 다만, 이 경우 시설의 연면적은 공동으로 사용하는 시설의 면적을 포함하여 $90m^2$ 이상이 되어야 한다. 그리고 주야간보호 제공시설 내 치매전담실의 경우에는 1실 이상의 생활실과 프로그램실을 갖추어야 한다. 또한 주야간보호 제공시설 내 치매전담실에는 입구에 출입문을 두어 공간을 구분하되 화재 등 비상시에 열 수 있도록 해야 한다.

5. 시설 및 설비기준

시설 및 설비기준은 <표 11－8>과 같다.

---

1) (기준면적) $90m^2$ 이상 안에 5명에 대한 생활실이 포함되어야 하며, 이 경우 별도의 1인당 생활실 면적기준을 규정하고 있지 않으나 이용자가 자유롭게 활동할 수 있는 공간과 안전 설비를 갖추고 적당한 난방 및 통풍장치, 채광·조명 및 방습설비를 갖추도록 하고 있다.

2) (추가 생활실 면적) 5인을 초과한 4명에 대하여 1인당 $6.6m^2$의 생활실 공간을 추가로 확보하여야 한다(4명×$6.6m^2$＝$26.40m^2$ 이상).

〈표 11-8〉 시설 및 설비기준

<table>
<tr><th>구 분</th><th>이용자 10명 이상</th><th>이용자 10명 미만</th></tr>
<tr><td>생활실</td><td>○</td><td>○</td></tr>
<tr><td>사무실</td><td rowspan="2">○</td><td rowspan="2">○</td></tr>
<tr><td>의료/간호사실</td></tr>
<tr><td>프로그램실</td><td rowspan="2">○</td><td rowspan="2">○</td></tr>
<tr><td>물리(작업)치료실</td></tr>
<tr><td>식당/조리실</td><td>○</td><td>○</td></tr>
<tr><td>화장실</td><td>○</td><td rowspan="3">○</td></tr>
<tr><td>세면장/목욕실</td><td rowspan="2">○</td></tr>
<tr><td>세탁장/건조장</td></tr>
</table>

※ 이용자가 10명 이상인 경우 사무실과 의료 및 간호사실은 공간을 함께 사용 가능하나 각각의 시설에 대한 기능은 모두 갖추고 있어야 함

※ 주야간보호서비스와 단기보호서비스를 함께 제공하거나 사회복지시설에서 제공하는 경우에는 생활실, 침실 외의 시설은 사업에 지장이 없는 범위에서 병용할 수 있음

※ 이용자가 자유롭게 활동할 수 있는 공간과 안전설비를 갖춘 생활실을 두어야 함

※ 주야간보호기관에서 다른 종류의 서비스를 동시에 제공하는 경우 생활실은 주야간보호 이용자만 이용하도록 별도로 구획되어 있어야 함

※ 침실 등 이용자가 이용하는 시설이 2층 이상인 경우 장애인·노인·임산부 등의 편의 증진 보장에 관한법률의 세부기준에 따른 경사로 또는 승강기시설 안전관리법 시행 규칙에 따른 승객용 엘리베이터를 설치하여야 함

※ 계단의 경사는 완만하여야 하며, 이용자의 낙상을 방지하기 위하여 계단의 출입구에 출입문을 설치하고, 그 출입문에 잠금장치를 갖추되, 화재 등 비상시에 자동으로 열릴 수 있도록 하여야 함

※ 배회이용자의 실종 등을 예방할 수 있도록 외부 출입구에 잠금장치를 갖추되, 화재 등 비상시에 자동으로 열릴 수 있도록 하여야 함

※ 화장실은 남녀를 구분하여 설치하되 바닥면에 높이 차이를 두어서는 아니 되며, 바닥표면은 물에 젖어도 미끄러지지 아니하는 재질로 마감하여야 함

6. 직원의 자격기준

직원의 자격기준은 방문요양서비스와 동일하다.

7. 인력기준

인력기준은 <표 11−9>와 같다.

〈표 11-9〉 인력기준

<table>
<tr><th>구 분</th><th>이용자 10명 이상</th><th>이용자 10명 미만</th></tr>
<tr><td>시설장</td><td>1명</td><td>1명</td></tr>
<tr><td>사회복지사</td><td>1명 이상</td><td>−</td></tr>
<tr><td>간호사 또는 간호조무사</td><td rowspan="2">1명 이상</td><td rowspan="2">1명 이상</td></tr>
<tr><td>물리치료자 또는 작업치료사</td></tr>
<tr><td>요양보호사</td><td colspan="2">이용자 7명당 1명 이상
(치매전담실의 경우에는 4명당 1명 이상)</td></tr>
<tr><td>사무원</td><td>1명
(이용자 25인 이상인
경우로 한정함)</td><td>−</td></tr>
<tr><td>조리원</td><td>1명</td><td>1명</td></tr>
<tr><td>보조원운전사</td><td>1명</td><td>−</td></tr>
</table>

요양보호사는 이용자 7명당 1명 이상 배치하여야 한다(단, 치매전담실의 경우에는 4명당 1명 이상). 시설장은 사회복지사, 의료인, 물리치료사 또는 작업치료사 중 노인복지시설 또는 장기요양기관에서 1년 이상 근무한 자, 요양보호사 또는 간호조무사 중 노인복지시설 또는 장기요양기관에서 5년 이상 근무하고 보건복지부장관이 고시하는 교육을 이수한 자로 상근하는 자이다.

- ○명당 1명으로 규정된 인원수의 경우 기본 1명을 배치하여야 하며, 규정된 인원수를 넘어 서는 경우 "이용자 ÷ ○(○명당 1명 배치기준)"로 계산한 값을 반올림한 인원수를 배치

시설장은 1일 8시간 이상 월 20일 이상 근무하는 상근자로 두어야 한다.

주야간보호 제공시설 내 치매전담실의 경우에는 보건복지부장관이 정하여 고시하는 자격을 갖춘 프로그램관리자를 두어야 한다. 주야간보호 제공시설 내 치매전담실의 경우에는 시설장, 요양보호사 및 프로그램관리자는 보건복지부장관이 정하여 고시하는 치매전문교육을 이수하여야 한다. 그리고 주야간보호서비스를 제공하는 시설의 사회복지사, 간호(조무)사, 물리(작업)치료사, 요양보호사는 다른 업무와 겸직할 수 없다. 단, 단독주택 및 공동주택에서 이용자 10명 미만의 주야간보호서비스를 제공하는 경우에는 시설장이 간호(조무)사, 물리(작업)치료사 또는 요양보호사 자격이 있으면 주야간보호에 근무하는 간호(조무)사, 물리(작업)치료사 또는 요양보호사와 각각 겸직할 수 있으며, 이 경우 상시적으로 근무하는 종사자는 시설장을 포함하여 2인 이상이어야 한다. 다만, 이 경우에도 시설장은 간호(조무)사, 물리(작업)치료사, 요양보호사 중 하나만 택하여 겸직할 수 있다. 모든 종사자는 시설의 장과 근로계약이 체결된 자이어야 한다.

주야간보호서비스를 제공하는 시설의 장이 하나 이상의 재가노인복지시설을 함께 제공하는 경우 사업에 지장이 없는 범위에서 그 사업의 시설의 장을 겸직하여 운영할 수 있다. 주야간보호서비스를 제공하는 시설을 사회복지시설에 병설하여 운영하는 경우 사회복지시설의 장은 사업에 지장이 없는 범위에서 주야간보호서비스 제공 시설의 장을 겸직하여 운영할 수 있다.

주야간보호서비스와 단기보호서비스를 함께 제공하는 경우에는 사회복지사, 간호(조무)사, 물리(작업)치료사는 상호 겸직하여 운영할 수 있다. 다만, 이 경우 사회복지사는 이용자 50명당 1명, 간호(조무)사는 이용자 30명당 1명, 물리(작업)치료사는 이용자 30명 이상일 경우 1명을 배치하여야 한다. 주야간보호서비스와 단기보호서비스를 함께 제공하는 경우에는 법에서 규정한 요양보호사 및 조리원을 각각 두되, 요양보호사 및 조리원을 주야간보호서비스와 단기보호서비스 상호 간에 공동으로 활용할 수 있다. 영양사 및 조리원이 소속되어 있는 업체에 급식을 위탁하는 경우에는 영양사 및 조리원을 두지 않을 수 있다.

8. 급여비용

주야간보호서비스의 급여비용은 장기요양등급과 1일당 급여제공시간으로 <표 11-10>과 같이 3시간에서 13시간 초과까지 등급별로 산정되어 있다.

〈표 11-10〉 2024년도 주야간보호서비스 급여비용

(단위 : 원)

분 류		금 액
3시간 이상~6시간 미만	장기요양 1등급	39,810
	장기요양 2등급	36,850
	장기요양 3등급	34,020
	장기요양 4등급	32,470
	장기요양 5등급	30,920
	인지지원등급	30,920
6시간 이상~8시간 미만	장기요양 1등급	53,360
	장기요양 2등급	49,420
	장기요양 3등급	45,620
	장기요양 4등급	44,070
	장기요양 5등급	42,500
	인지지원등급	42,500
8시간 이상~10시간 미만	장기요양 1등급	66,360
	장기요양 2등급	61,480
	장기요양 3등급	56,760
	장기요양 4등급	55,210
	장기요양 5등급	53,640
	인지지원등급	53,640

10시간 이상~13시간 이하	장기요양 1등급	73,110
	장기요양 2등급	67,720
	장기요양 3등급	62,570
	장기요양 4등급	61,000
	장기요양 5등급	59,450
	인지지원등급	53,640
13시간 초과	장기요양 1등급	78,400
	장기요양 2등급	72,630
	장기요양 3등급	67,100
	장기요양 4등급	65,540
	장기요양 5등급	63,990
	인지지원등급	53,640

제5절 단기보호서비스

1. 목 적

단기보호서비스는 부득이한 사유로 가족의 보호를 받을 수 없어 일시적으로 보호가 필요한 심신이 허약한 노인이나 장애노인을 보호시설에 단기간 입소시켜 보호함으로써 노인 및 노인 가정의 복지증진을 도모하기 위한 서비스를 제공하는 목적이 있다.

2. 이용대상

단기보호서비스 이용대상은 장기요양급여 수급자 1~5등급이다. 심신이 허약하거나 장애가 있는 65세 이상의 자(이용자로부터 이용비용의 전부를 수납

받아 운영하는 시설의 경우에는 60세 이상의 자)로서 월 1일 이상 9일 이하 단기간의 보호가 필요한 자이다.

- 1회 9일 이내의 범위에서 연간 4회까지 연장 가능

3. 서비스 내용

서비스 내용은 신체활동지원과 기능 회복 훈련, 그 밖의 일상생활에 필요한 편의를 제공하는 서비스 그리고 그 밖에 노인요양시설 또는 노인요양공동생활가정의 사업에 준하는 서비스이다.

4. 보호기간

단기보호서비스의 보호기간은 월 1일 이상 9일 이하이다. 단, 가족의 여행, 병원치료 등의 사유로 수급자를 돌볼 가족이 없는 경우 등에는 1회 9일 이내의 범위에서 연간 4회까지 연장이 가능하다(6. 급여비용에 이어서 설명).

5. 시설 및 인력기준

1) 시설규모

시설규모는 연면적 90㎡ 이상을 확보하되, 이용정원이 6명 이상인 경우에는 1명당 6.6㎡의 침실 공간을 추가로 확보하여야 한다(1인당 침실면적 기준 6.6㎡ 이상). 단, 단기보호서비스와 함께 제공하거나 사회복지시설에 병설하는 경우에는 공동으로 사용하는 시설의 면적을 포함하여 각각 90㎡ 이상이 되어야 한다.

2) 설비시설 및 기준

설비시설 및 기준은 <표 11-11>과 같다.

〈표 11-11〉 설비시설 및 기준

<table>
<tr><th>구 분</th><th>이용자 10명 이상</th><th>이용자 10명 미만</th></tr>
<tr><td>침 실</td><td>○</td><td>○</td></tr>
<tr><td>사무실</td><td rowspan="2">○</td><td rowspan="2">○</td></tr>
<tr><td>의료/간호사실</td></tr>
<tr><td>프로그램실</td><td rowspan="2">○</td><td rowspan="2">○</td></tr>
<tr><td>물리(작업)치료실</td></tr>
<tr><td>식당/조리실</td><td>○</td><td>○</td></tr>
<tr><td>화장실</td><td>○</td><td rowspan="3">○</td></tr>
<tr><td>세면장/목욕실</td><td rowspan="2">○</td></tr>
<tr><td>세탁장/건조장</td></tr>
</table>

※ 주야간보호서비스와 단기보호서비스를 함께 제공하거나 사회복지시설에서 제공하는 경우에는 생활실, 침실 외의 시설은 사업에 지장이 없는 범위에서 병용할 수 있음

※ 침실 등 입소자가 이용하는 시설이 2층 이상인 경우 장애인・노인・임산부 등의 편의증진 보장에 관한법률의 세부기준에 따른 경사로 또는 승강기시설 안전관리법 시행규칙에 따른 승객용 엘리베이터를 설치하여야 함

※ 계단의 경사는 완만하여야 하며, 이용자의 낙상을 방지하기 위하여 계단의 출입구에 출입문을 설치하고, 그 출입문에 잠금장치를 갖추되, 화재 등 비상시에 자동으로 열릴 수 있도록 하여야 함

※ 배회이용자의 실종 등을 예방할 수 있도록 외부 출입구에 잠금장치를 갖추되, 화재 등 비상시에 자동으로 열릴 수 있도록 하여야 함

3) 인력기준

단기보호서비스의 인력기준은 <표 11-12>와 같다.

〈표 11-12〉 인력기준

구 분	이용자 10인 이상	이용자 10인 미만
시설장	1명	1명
사회복지사	1명이상	–
간호사 또는 간호조무사	이용자 30명당 1명	1명

물리치료사 또는 작업치료사	1명(이용자 30명 이상)	
요양보호사	이용자 4명당 1명 이상	
사무원	–	–
조리원	1명	1명
보조원 · 운전사	–	–

단기보호서비스의 경우 요양보호사는 1급으로 4명당 1명 이상 배치하여야 한다. 시설장은 사회복지사, 의료인, 물리치료사 또는 작업치료사 중 노인복지시설 또는 장기요양기관에서 1년 이상 근무한 자, 요양보호사 또는 간호조무사 중 노인복지시설 또는 장기요양기관에서 5년 이상 근무하고 보건복지부장관이 고시하는 교육을 이수한 자로 상근하는 자이다.

- 타 재가서비스를 함께 운영하거나 사회복지시설에 병설하는 경우 관리책임자 겸직 가능
- 정원 30인 이상인 경우 물리(작업)치료사 기본 1명 배치
- ○명당 1명으로 규정된 인원수의 경우 기본 1명을 배치하여야 하며, 규정된 인원수를 넘어서는 경우 "이용자 ÷ ○(○명당 1명 배치기준)"로 계산한 값을 반올림한 인원수를 배치

영양사 및 조리원이 소속되어 있는 업체에 급식을 위탁하는 경우에는 영양사 및 조리원을 두지 않을 수 있다.

6. 급여비용

단기보호서비스의 급여비용은 단기보호 1일당 급여비용은 장기요양등급에 따라 <표 11-13>과 같이 등급별로 산정되어 있다.

〈표 11-13〉 2024년도 단기보호 급여비용

(단위 : 원)

분 류	금 액
장기요양 1등급	70,500
장기요양 2등급	65,280
장기요양 3등급	60,310
장기요양 4등급	58,720
장기요양 5등급	57,110

단기보호급여 제공 기간은 월 9일 이내로 한다. 다만, 다음의 사유로 수급자의 특별한 요청이 있는 경우에는 월 한도액과 관계없이 1회 9일 이내의 범위에서 연간(해당년도 1월 1일부터 12월 31일까지로 한다) 4회까지 연장하여 이용할 수 있다.

- 가족 등의 외유·외출, 병원치료, 집안 경조사 등 갑작스러운 사정으로 인해 수급자를 돌볼 가족 등이 없는 경우
- 주거환경의 일시적인 변화(이사, 공사 등)가 발생한 경우
- 그 밖에 단기보호 급여제공 기간을 연장할 수밖에 없는 불가피한 사정이 있는 경우

제6절 복지용구서비스

1. 목 적

복지용구서비스는 수급자의 일상생활과 신체활동 지원 및 인지기능의 유지와 향상에 필요한 복지용구를 제공함을 목적으로 한다.

2. 이용대상

복지용구서비스 이용대상은 장기요양 수급자 1~5등급과 인지지원등급자이다.

- 시설급여를 이용하는 경우는 복지용구를 이용할 수 없음

3. 서비스 내용

- **구입품목**(10종) : 이동변기, 목욕의자, 성인용 보행기, 안전손잡이, 지팡이, 욕창예방방석, 자세변환용구, 요실금팬티, 미끄럼방지용품(미끄럼방지매트, 미끄럼방지액, 미끄럼방지양말), 간이변기(간이대변기·소변기)
- **대여품목**(6종) : 수동휠체어, 전동침대, 수동침대, 이동욕조, 목욕리프트, 배회감지기
- **구입 또는 대여품목**(2종) : 욕창예방매트리스, 경사로(실내용, 실외용)

4. 시설 및 인력기준

1) 시설기준

복지용구서비스 시설기준은 복지용구의 진열과 체험 공간 23.1㎡ 이상 및 복지용구 세정소독수선 공간 56.2㎡ 이상이어야 한다.

- 사무실은 복지용구 외의 재가급여를 제공하는 데 필요한 사무실과 같이 사용할 수 없음
- 복지용구 진열·체험 공간

- 복지용구 세정에 필요한 수도·배수시설 및 소독·수선에 필요한 용구를 갖춘 공간
- 복지용구 보관·관리·대여 공간

※ 복지용구 세정에 필요한 수도·배수시설 및 소독·수선에 필요한 용구를 갖춘 공간과 복지용구 보관·관리·대여공간은 다른 사업자와 같이 사용할 수 있음

2) 인력기준

인력기준은 복지용구를 제공하거나 대여하는 시설에 시설장 또는 관리책임자 1명을 두어야 한다. 그리고 복지용구를 제공하거나 대여하는 시설의 시설장 또는 관리책임자와 방문요양, 방문목욕 및 방문간호를 제공하는 시설의 시설장 또는 관리책임자를 서로 겸직할 수 없다.

CHAPTER 12

노인건강정책

제1절 치매검진사업

1. 목 적

치매검진사업은 치매의 위험이 높은 만 60세 이상 노인을 대상으로 치매 조기검진을 실시하여 치매환자를 조기에 발견하고 관리하여 치매환자 및 그 가족들의 삶의 질 제고에 목적을 두고 있다.

2. 사업주체 및 대상과 내용

치매검진사업의 사업주체는 시・군・구(보건소)이며 대상자는 만 60세 이상 모든 노인(치매선별검사)이며 기준 중위소득 120% 이하자 및 보건소장 인정자(치매진단・감별검사)이다. 그리고 사업내용은 보건소에서 1단계 치매 선별검사를 실시하고 그중에서 인지기능저하자를 대상으로 보건소와 지정・연계한 거점병원에서 진단검사와 감별검사를 실시한다. 발견된 치매환자에게 정보제공 또는 관련 서비스를 연계하여 지원하고 치매 위험군에 대해서는 지속적인 치매예방 교육과 홍보를 실시한다.

3. 치매치료관리비지원사업

1) 목 적

치매치료관리비지원사업은 치매를 조기에 치료함으로써 효과적으로 치매증상을 호전시키거나 중증화를 방지하여 궁극적으로 노후 삶의 질 제고에 목적이 있다.

2) 사업주체 및 대상과 내용

치매치료관리비지원사업의 지원신청접수는 시・군・구(관할 보건소)이다. 지원대상 및 범위는 만 60세 이상 치매진단을 받고 치매치료약을 복용하는 경우 치매치료관리비 보험급여분에 대한 본인부담금(치매약제비+약 처방 당일의 진료비)에 대해 실비 지원한다. 지원금액은 월 3만 원(연간 36만 원) 상한 내 본인납부 실비 지원이다. 의료급여 수급권자는 월 3만 원(연간 36만 원) 한도 내에서 지원한다(2023년도 기준).

제2절 노인실명예방관리사업

1. 목적과 필요성

노인실명예방관리사업은 노인 안 검진 및 개안수술과 저시력 노인을 위한 재활사업 등 노인실명예방관리에 목적이 있다. 이는 고령사회에 적응할 수 있도록 노인에 적합한 각종 건강증진 및 관리프로그램의 개발 보급을 통해 건강 향상 및 의료비 절감과 노화성 안질환은 자각증상이 없어 정기적으로 검진을 통한 개안 수술만이 유일한 치료방법으로 방치 시 실명에 이르게 되므로 안질환의 조기발견 및 검진 결과 수술 지원 등의 필요성에서이다.

2. 지원근거 및 추진경위

노인실명예방관리사업의 지원근거는 노인복지법 제1조(목적), 제27조(건강진단 등)이다. 노인복지법 제1조에서는 노인의 질환을 사전에 예방 또는 조기발견하고 질환상태에 따른 적절한 치료・요양으로 심신의 건강을 유지하고, 노후의 생활안정을 위하여 필요한 조치를 강구함으로써 노인의 보건복지증진에 기여함과 제27조에서는 국가 또는 지방자치단체는 대통령령이 정하는 바에 의하여 65세 이상의 자에 대하여 건강진단과 보건교육을 실시할 수 있다는 조항이다.

3. 대상자 및 신청

노인실명예방관리사업의 무료안검진 대상자는 60세 이상 모든 노인(단, 안과취약지역 저소득층 우선)이다. 개안수술은 60세 이상 백내장, 망막질환, 녹내장 등 기타 안질환자 중 수술이 필요한 자 기준 중위소득 60% 이하인 경우이다. 신청은 주소지 관할보건소이다.

4. 추진절차

추진절차는 |그림 12-1|, |그림 12-2|와 같다.

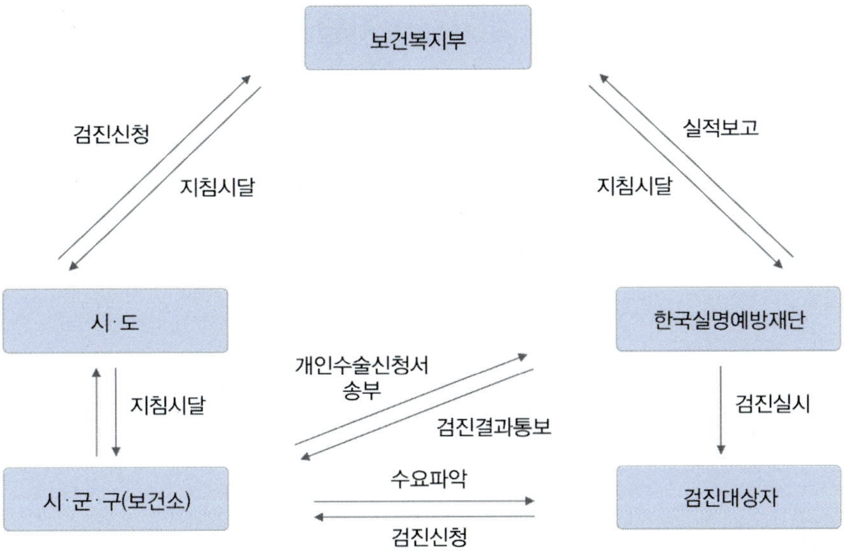

[그림 12-1] 노인 안 검진 사업 실시체계

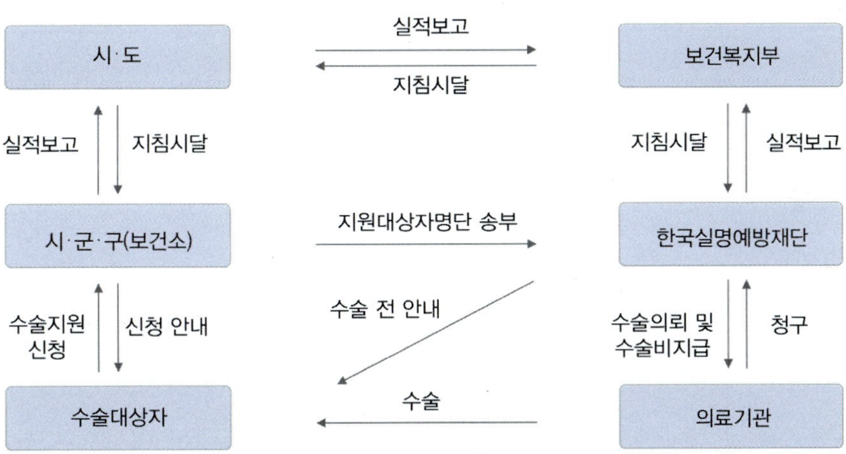

[그림 12-2] 노인 개안수술 사업 실시체계

제3절 재가노인지원서비스

1. 목 적

재가노인지원서비스는 경제적, 신체적, 정신적, 사회적 이유로 일상생활 유지가 곤란한 복지사각지대 취약 및 위기노인에게 전문사례관리를 비롯한 상담, 자원연계, 일상생활지원 등의 서비스를 통합적·연속적으로 제공하여 지역사회에서 건강하고 안정된 노후생활을 영위하도록 예방적 복지 실현과 사회안전망 구축을 목적으로 한다.

2. 명 칭

재가노인지원서비스의 정식명칭은 재가노인지원서비스센터이다. 명칭의 사용 여부는 기관의 선택사항이나 재가노인지원서비스를 제공하지 않는 기관의 동 명칭 사용을 금지하고 있다. 재가노인지원서비스센터는 재가노인지원서비스를 제공할 목적으로 설치 신고된 시설을 말한다.

3. 이용대상 및 선정

재가노인지원서비스는 재가노인지원서비스의 욕구를 가지고 있는 지역사회 노인을 대상으로 하되, 다음에 명시된 노인을 우선적 대상으로 한다.

- 기초생활보장 수급자, 차상위계층 등 경제적 취약노인
- 경도인지장애, 알코올의존 등의 신체적, 정신적 어려움이 있는 노인
- 우울, 고독 등 사회적 고립상태의 노인

- 재가노인복지 관련 서비스(장기요양, 맞춤돌봄, 치매안심센터 등) 이용자 중 재가노인 지원서비스를 필요로 하여 의뢰된 노인
- 긴급지원이 필요한 노인(지역사회보장협의체의 긴급지원기준 참고)
- 기타 시·군·구청장이 의뢰한 노인

이용대상자 선정은 다음과 같다.

- 재가노인지원서비스 제공이 필요한 노인으로 시·군·구청장이 의뢰한 노인
- 재가노인지원서비스를 필요로 하여 대상자, 주민센터, 유관기관, 지역주민 등이 제공기관에 서비스를 의뢰하거나 제공기관에서 자체적으로 발굴된 노인 중 초기상담 후 필요성이 인정되어 서비스 제공에 대해 시·군·구청장의 승인을 받은 노인
- 긴급지원이 필요한 노인에 대해서는 시·군·구청장의 승인 이전 서비스 지원 가능

지방자치단체는 이용대상 요건과 별도로 지방자치단체 재정상황과 종사자 인건비 수준 그리고 서비스 이용자 수 등을 고려하여 운영비 지원 기준을 마련할 수 있다.

4. 정원 및 실적관리

1) 정 원

재가노인지원서비스는 정원 규정 없이 지역사회에서 서비스가 필요한 노인에게 서비스를 제공하되 관리대상자 수 80명 이상과 관리대상자 수의 50% 이상을 정기적 사례관리대상자로 관리한다.

※ 정기적 사례관리대상자 : 위기상황 또는 건강상태 악화가 예측되는 대상자로 정기적인 사례관리를 통해 서비스제공내역 및 대상자의 상태를 수시로 파악하고, 적절한 서비스를 제공하고 있는 대상자를 말함

2) 실적관리

재가노인지원서비스센터의 실적관리는 서비스별 제공 실적산출을 말한다. 이는 제공된 서비스의 종류와 양을 수치로 하여 연간 실적을 산출하되 대상자별 사례관리 계획에 의하여 제공될 수 있도록 전산화된 자료를 통한 실적을 산출한다.

5. 재가지원서비스 내용

재가노인지원서비스센터는 지역사회의 특성과 지역노인의 복지욕구를 바탕으로 지역사회에 적합한 내용을 자율적으로 정하되 재가노인지원서비스 사업내용을 균형 있게 수행해야 한다.

1) 재가노인지원서비스 사업의 내용

재가노인지원서비스센터는 지역사회에서 노인의 자립생활을 위협하는 모든 신체, 정신, 경제, 사회적 위기요인에 대한 대응으로 노인의 건강하고 안전한 삶을 도모하기 위한 3대 중점사업인 위기관리체계 구축, 욕구기반 위기관리 서비스 제공, 위기상황 관리 및 긴급지원을 균형 있게 수행하여야 한다. 단, 관할 시장·군수·구청장이 지역적 특성을 감안하여 필요하다고 인정한 경우에는 예외사항을 두거나 별도의 사업을 개발 추진할 수 있다.

2) 재가노인지원서비스의 사업

(1) 위기관리체계 구축

위기관리체계 구축은 지역사회 내 노인의 자립생활을 위협하는 요인에 대한 위기관리로서 사례관리, 정보통신 기반의 일상생활 안전지원, 노인상담 및 정보제공 등의 서비스이다.

(2) 욕구 기반 위기관리 서비스 제공

욕구 기반 위기관리 서비스 제공은 지역 내 지속가능한 거주를 위한 욕구조사를 실시하며 지역사회 노인의 경제적, 신체적, 정신적, 사회적 문제 해결을 위한 서비스를 제공한다.

(3) 위기상황 관리 및 긴급지원

위기상황 관리 및 긴급지원은 지역사회 노인의 권리옹호 및 긴급지원 등의 서비스 제공으로 가정과 지역사회의 지속가능성을 높이기 위한 서비스를 제공한다(표 12-1).

〈표 12-1〉 재가노인지원서비스 내용(예시)

대분류(사업)	중분류(프로그램)	소분류(서비스)
위기관리 체계구축	사각지대 노인보호 발굴체계 구축	• 민/관 협치체계 구축 • 서비스 수행기관간 연대협력 체계 구축 등
	사례관리	• 사례발굴(의뢰, 아웃리치 등) • 초기상담 • 사정 및 계획 • 개입 • 점검 및 모니터링
	정보통신기반 일상생활 안전지원	• ICT기반의 일상생활 관리 • 야간안전확인을 통한 위기관리 등

	노인상담 및 정보제공	• 사회보험, 공공부조, 사회복지서비스 등에 대한 종합안내 • 노인 일상생활 관련 전문상담 등
	통합지원체계 구축	• 민관협의체 구성 • 가족, 이웃, 자원봉사자 등 돌봄공동체 형성 등
욕구기반 위기관리 서비스 제공	경제적 위기관리	• 급식지원 • 주거안정지원 • 자원관리 • 후원/결연 등
	신체적 위기관리	• 경도인지장애 관리 및 연계 • 노인성질환 관리 및 연계 등
	정신적 위기관리	• 알코올의존, 우울, 학대 등의 정신적 위기 관련 관리 능력 향상 및 관련기관 연계 등
	사회적 위기관리	• 대인관계 증진 • 소규모 지역밀착형 문화생활 지원 • 지역자원 활용 사회참여 기회 확대 등
위기상황 관리 및 긴급지원	권리옹호	• 노인 위기상황 협력 대응체계 구축 • 노인인식개선 • 돌봄가족지원 등
	긴급지원	• 자연재해, 응급상황 등에 대한 보호 등
	기타	• 기타 지역사회 노인을 위한 사업

※ 공동주택의 경우 집합건물법 제5조에서는 각 구분소유자에게 '공동의 이익에 반하는 행위'를 하지 못하도록 규정하고 있으므로 공동주택에 재가노인지원서비스 제공기관을 설치하기 위해서는 다른 구분소유자의 동의를 얻어야 하며, 동의비율은 관리규약에서 정한 바를 따르되, 규약에 별도로 정함이 없는 경우 관리단 집회의 결의 또는 구분소유자 5분의 4의 서면동의를 얻어야 함.

제4절 노인맞춤돌봄서비스[1)]

1) 목 적

노인맞춤돌봄서비스는 일상생활 영위가 어려운 취약노인에게 적절한 돌봄서비스를 제공하여 안정적인 노후생활의 보장과 노인의 기능과 건강 유지 및 악화 예방에 목적이 있다.

2) 서비스 대상

노인맞춤돌봄서비스의 서비스 대상은 만 65세 이상 ① 국민기초생활수급자, ② 차상위계층 또는 ③ 기초연금수급자로서 유사 중복사업 자격에 해당되지 않는 자이다. 다만, 시장·군수·구청장이 서비스가 필요하다고 인정하는 경우 예외적으로 제공 가능하다.

- 독거·조손·고령부부 가구 노인 등 돌봄이 필요한 노인
- 신체적 기능 저하, 정신적 어려움(인지저하, 우울감 등) 등으로 돌봄이 필요한 노인
- 고독사 및 자살 위험이 높은 노인(특화서비스)

유사중복사업 자격 해당자

※ 노인맞춤돌봄서비스는 예방적돌봄서비스로 유사중복사업의 후순위에 해당

① 노인장기요양보험 등급자

- 노인장기요양보험은 노인맞춤돌봄서비스의 선순위로서 장기요양 등급자가 장기요양을 포기하고 노인맞춤돌봄서비스를 신청하는 것은 불가함(단, 장기요양등급 유효기간 만료자의 경우 신청 가능)

---

1) 기존 6개(① 노인돌봄기본서비스, ② 노인돌봄종합서비스, ③ 단기가사서비스, ④ 초기독거노인 자립지원 사업, ⑤ 독거노인 사회관계 활성화 사업, ⑥ 지역사회 자원연계 사업)의 노인돌봄사업을 노인맞춤돌봄서비스로 통합·개편(2020년 1월 시행).

- 장기요양등급 판정 내역은 읍·면·동 담당공무원이 사회보장정보시스템(행복e음)을 통해 확인하거나 대상자가 입증서류(장기요양보험결정서 등) 제출

② 가사·간병 방문지원사업 이용자

③ 국가보훈처 보훈재가복지서비스 이용자

④ 장애인 활동지원 사업 이용자

- 신청시점 현재 해당 서비스를 이용하지 않더라도 가사·간병 방문지원사업, 장애인 활동지원 사업 등 수급자격이 확인되면 노인맞춤돌봄서비스 대상자가 될 수 없음

⑤ 기타 국가 및 지방자치단체(이하 '지자체')에서 시행하는 서비스 중 노인맞춤돌봄서비스와 유사한 재가서비스

- 시·군·구는 각 사업의 특성, 실질적 제공 내용 및 돌봄 필요성 등을 고려·판단하여 사업별 유사중복 여부를 사전에 정해야 함(예 ○○시 도시락배달서비스 – 유사중복 해당/미해당, ○○시 재가노인지원서비스 – 유사중복 해당/미해당)
- 노인맞춤돌봄서비스는 돌봄이 필요한 노인에게 다양한 서비스를 통합적으로 제공함을 목표로 하고 있으며, 대상자의 상태변화에 적합한 서비스를 제공하려면 맞춤돌봄의 보완 서비스로서 재가노인지원서비스가 작동될 수 있음

3) 서비스 내용

서비스의 내용은 안전지원, 사회참여, 생활교육, 일상생활 분야의 다양한 서비스를 서비스 제공계획에 따라 직접 또는 연계 제공하며 방문형, 통원형(그룹형 프로그램) 등 각 대상자의 돌봄욕구와 필요 정도에 따라 제공시간과 서비스 내용 등 지원수준이 다르며 제공형태가 다양화되어 있다(표 12-3).

4) 대상자 구분

(1) 중점돌봄군

중점돌봄군은 신체적인 기능 제한으로 일상생활지원 필요가 큰 대상자이다(표 12-2). 신체적인 기능제한으로 일상생활지원 필요가 큰 대상으로

대상자 선정조사 결과, '**신체**'영역이 '**상**'이면서 '**사회**'영역 또는 '**정신**'영역에서 '**중**' 또는 '**상**'이 1개 이상으로 판정된 대상자이다.

- 월 16시간 이상 40시간 미만의 직접서비스 제공, 주기적인 가사지원서비스 제공 가능

(2) 일반돌봄군

일반돌봄군은 사회적인 관계 단절 및 일상생활의 어려움으로 돌봄 필요가 있는 대상자이다(표 12-2). 사회적인 관계 단절 및 일상생활의 어려움으로 돌봄이 필요가 있는 대상으로 대상자 선정조사 결과, '**사회**'영역이 '**중**' 이상이면서, '**신체**'영역 또는 '**정신**'영역에서 '**중**' 또는 '**상**'이 1개 이상으로 판정된 대상자이다(중점돌봄군 제외).

- 월 16시간 미만의 직접서비스 제공, 주기적인 가사지원서비스 제공 불가
- 특수한 상황(수술·골절 등)이 있는 경우에 한정하여 가사지원서비스를 한시적으로 제공 가능(가사지원서비스 제공 필요가 길어질 경우에는 중점돌봄군으로 변경 필요)

〈표 12-2〉 **노인맞춤돌봄서비스 대상자군**

대상자군	서비스 내용
중점돌봄군	월 16시간 이상~40시간 미만 직접서비스 + 연계서비스(필요시) + 특화서비스(필요시)
일반돌봄군	월 16시간 미만 직접서비스 + 연계서비스(필요시) + 특화서비스(필요시)

※ 중점돌봄군 및 일반돌봄군의 시간 기준은 최소 최대 기준이므로 실제 제공시간은 개인의 서비스 필요에 따라 정해져야 하며 기관의 제공 여력도 고려될 수 있음

(3) 특화서비스 대상

특화서비스 대상은 사회관계 단절, 우울증 등으로 집중적인 서비스가 필요한 대상이다.

(4) 사후관리 대상

사후관리 대상은 중점돌봄군, 일반돌봄군 종결자 중 사후관리가 필요한 자이다.

5) 서비스 내용

노인맞춤돌봄서비스의 내용은 <표 12-3>과 같다.

(1) 직접서비스

① 안전지원

안전지원은 대상자의 전반적인 안전 여부를 점검하기 위하여 생활환경, 가구구조와 같은 환경 여건뿐만 아니라 노인의 기본적인 신체적 정신적 사회적 안녕 여부 등을 점검·지원하는 서비스이다.

- 안전·안부확인(방문·전화·ICT), 생활안전점검, 정보제공, 말벗

② 사회참여

사회참여는 대상자가 사회적 관계망을 형성·확장하여 사회적 교류와 활동을 유지하도록 지원하는 서비스이다.

- 사회관계 향상 프로그램, 자조모임

③ 생활교육

생활교육은 사회적, 신체적, 정신적 기능을 유지하거나 악화를 지연·예방하기 위한 교육·프로그램을 제공하는 서비스이다.

- 신체건강·정신건강 분야 생활교육

④ 일상생활지원

일상생활지원은 대상자의 일상생활을 지원하기 위하여 외출동행, 가사지원을 제공하는 서비스이다.

- 이동활동지원, 가사지원

(2) 연계서비스(민간 후원 자원)

연계서비스는 대상자의 안정적인 생활을 지원하기 위하여 지역사회 내 민간자원 등의 후원물품이나 서비스를 연계 지원하는 서비스이다. 노인맞춤돌봄서비스 수행기관은 물품후원, 자원봉사자 등 민간후원자원을 적극 발굴하고 연계하여야 한다. 지방자치단체에서 지역사회의 다양한 자원을 연계하지만 민간후원 자원의 경우 후원자가 공공기관이 아닌 민간기관에 후원을 원하는 경우도 있으므로 후원자원 연계 기능 수행이 필요하다.

- 생활지원연계, 주거개선연계, 건강지원연계, 기타 서비스 등

(3) 특화서비스

특화서비스는 고립, 우울, 자살생각 등이 높은 노인을 대상으로 개별 맞춤형 사례관리 및 집단활동을 제공하는 것이다.

(4) 사후관리서비스

사후관리서비스는 사후관리가 필요한 대상자에게 정기적인 모니터링 및 자원연계를 실시하는 것이다.

〈표 12-3〉 서비스 내용

구 분	대분류	중분류	소분류
직접 서비스 (방문·통원 등)	안전지원	방문 안전지원	• 안전·안부확인 • 정보제공(사회·재난안전, 보건·복지 정보제공) • 생활안전점검(안전관리점검, 위생관리점검) • 말벗(정서지원)
		전화 안전지원	• 안전·안부확인 • 정보제공(사회·재난안전, 보건·복지 정보제공) • 말벗(정서지원)
		ICT 안전지원	• ICT 관리·교육 • ICT 안전·안부 확인
	사회참여	사회관계 향상 프로그램	• 여가활동 • 평생교육활동 • 문화활동
		자조모임	• 자조모임
	생활교육	신체건강 분야	• 영양교육 • 보건교육 • 건강교육
		정신건강 분야	• 우울예방 프로그램 • 인지활동 프로그램
	일상생활 지원	이동·활동지원	• 외출동행
		가사지원	• 식사관리 • 청소관리
연계서비스(민간후원자원)		생활지원연계, 주거개선연계, 건강지원연계, 기타서비스	
특화서비스		개별 맞춤형 사례관리, 집단활동, 우울증 진단 및 투약 지원	

* 은둔형·우울형 노인에 대한 특화서비스 별도 실시(194개소). 2023년 기준.

6) 서비스 이용

서비스 수행기관은 시・군・구에서 지역 내 노인인구와 접근성 등을 고려하여 권역을 설정하여 수행기관 선정・위탁(646개소)하고 있다. 수행인력은 전담사회복지사와 생활지원사이며 이용자 부담금은 무료이다. 절차는 |그림 12-3|과 같다.

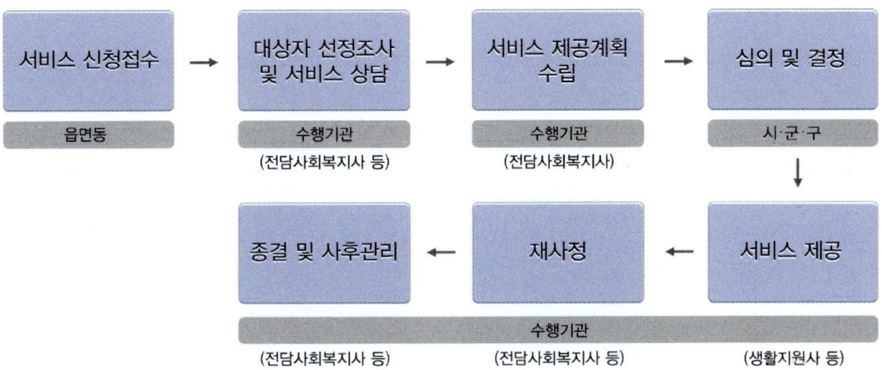

|그림 12-3| 서비스 제공절차

7) 서비스 제공기간

서비스 제공기간은 시·군·구 서비스 이용 자격 승인 익일로부터 1년이다. 1년 도래 전 재사정을 통해 서비스 제공 여부를 다시 결정한다.

참고 | 재가노인지원서비스와 노인맞춤돌봄서비스 간 관계

노인맞춤돌봄서비스는 돌봄이 필요한 노인에게 다양한 서비스를 통합적으로 제공함을 목표로 하고 있으며, 대상자의 상태변화에 적합한 서비스를 제공하기 위해 맞춤돌봄의 보완 서비스로서 재가노인지원서비스가 작동될 수 있다.

지역사회 재가노인복지서비스

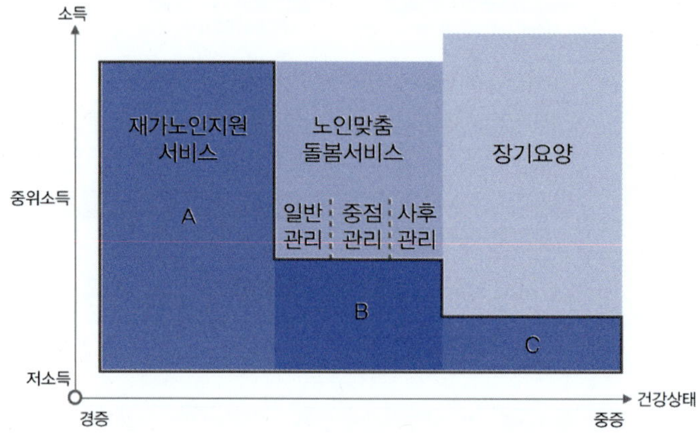

CHAPTER 13

노인주거복지정책

제1절 노인주거복지시설

인간생활의 3대 기본 요소인 의, 식, 주 중 어느 하나가 배제되어도 인간다운 생활이 불가능하다는 것은 어느 문화권에서나 공통적이다. 노년기에 이르면 다른 것들도 중요하지만, 특히 의식주 시설이 어느 세대보다도 큰 의미를 갖게 된다. 적당한 주거상황은 인간이 생존을 위해 기본적으로 구비해야 할 물질적 조건이기 때문에 누구에게나 생활주기상 중요하고 가치 있는 것이고 노년기에 있어서는 그 의미와 가치가 크다고 할 수 있다.

노인들은 노화가 진행될수록 생활영역이 축소되기 때문에 하루 일정 대부분을 집에서 보내기 마련이다. 오랫동안 살아온 주거환경은 가족의 체취와 삶의 역사가 담긴 공간이며 주변의 지역사회 또한 많은 사람들과 정든 인간관계를 통한 삶의 보람이 묻어 있는 공간으로 각 개개인에게 특별한 의미를 가진다. 따라서 노인들을 위한 새로운 주택정책으로 조용하고 공기 좋은 지역을 찾아 현실과 격리된 주택을 건설한다면 그것은 단순한 현대판 고려장에 불과할 것이다. 왜냐하면 집은 단순한 건물이 아니라 우리 삶이 깃든 것이기 때문이다.

현대사회의 산업화와 도시화 현상은 핵가족화 등 가족구조의 변화와 함께 가족구성원 간 역할변화까지 초래하고 있다. 노인 독거·부부가구의 급증에 수반하여 가족 간 정서적 지지와 도구적 도움의 교환이 약화되어 왔으며 과거와 달리 노인들 스스로 독립적인 삶을 영위하도록 요구하고 있는 상황이다. 이에 따라 노인을 둘러싸고 있는 주 환경은 노인의 일상생활에 많은 영향을 미침으로써 노인의 삶의 질을 결정짓는 중요한 요소 중 하나로 작용하고 있다.

1. 노인주거의 이해

1) 노인주택보장의 원리

노인주택보장의 원리로는 계속거주의 보장, 주거공간의 최저기준 확보, 거주기회 평등의 보장, 정상화의 실현 등 네 가지가 있다(사회보장연구소, 1990).

(1) 계속거주의 보장

노년기에는 소득의 증대를 기대할 수 없기 때문에 퇴직금 등 재산소득과 전체 노인 중 일부가 수령하는 연금과 자녀가 보내주는 생활비 등이 중심이 되는 생활을 하게 된다. 무주택자는 집세의 상승, 주택 소유자는 관리운영비, 재산세 등의 경제적 부담으로 인해 장기간 거주해 온 주택을 축소시켜야 생활유지가 가능하기 때문에 거주 장소를 이주해야 하는 상황도 대비해야 한다. 노인은 장기간 거주하여 익숙해진 주택에 계속 사는 것이 가장 바람직하지만 경제적 부담 때문에 주택을 축소시켜야 하는 경우에는 자녀와 이웃, 지인과 지속적인 교류가 가능하고 익숙한 생활이 지속될 수 있는 지역사회 내 주택으로 이주하여 안심하고 지속적으로 노후생활을 영위할 수 있는 권리를 보장해야 한다.

(2) 주거공간의 최저기준 확보

우리나라 최저생활보장은 소득과 의료보장, 사회복지서비스의 보장에 치중하여 왔고 전체적인 주택부족 현상으로 인하여 노인에 대한 주택보장은 경시되어 왔었다. 그러나 최근에는 주택보급률이 100%를 초과하였기 때문에 인간의 자립과 존엄성을 지키기 위한 인권보장의 일환으로서 주거공간의 최저수준보장은 최저생활보장의 내용에 포함되어야 할 것이다.

(3) 거주기회 평등의 보장

노인과 장애인은 생활상의 위험이 높다고 할 수 있다. 노인의 거주권리를 보장하기 위해 누구라도 어느 곳이든 원하는 지역에 거주할 수 있도록 해야 한다. 이 같은 거주기회 평등보장이 노후의 안정된 생활로 이어지게 되는 것이다.

(4) 정상화의 실현

노년기가 되면 병약하게 되고 장애가 올 경우가 많다. 정상화 이념에 입각하여 그들이 생활하는 환경을 개선하여 노년기에 나타나는 생활상의 장애를 제거해야 자립된 생활이 가능하게 될 것이다. 따라서 지역사회에서 자립할 수 있는 생활공간을 만들어 가지 않으면 노인은 익숙해진 지역사회에서 생활할 수 없게 된다. 그 같은 이유로 주거지 안팎에서 비록 장애노인이라 할지라도 자립적으로 일상생활이 가능할 수 있는 주택 및 지역사회 환경 개선이 요구된다.

2) 노인에게서 주택의 의미와 가치

주택은 인생의 모든 단계에서 중요한 의미와 가치를 가지지만 노년기에는 더욱 그 가치가 높다고 할 수 있다(장인협 · 최성재, 2006).

첫째, **주택은 노인의 생물학적 생존을 위한 기본적인 수단이 된다.** 인간은 생물학적 생존을 위해서 생리적인 욕구와 안전의 욕구를 먼저 충족시킬 수 있어야 하는데 주택은 바로 안전의 욕구를 먼저 충족시켜 주는 수단이 된다. 노년기는 신체적 및 심리적 기능이 약해져 안전에 대한 욕구가 더욱 강하게 나타날 수 있기 때문에 이를 충족시킬 수 있는 주택의 필요성은 커진다고 할 수 있다.

둘째, **주택은 노년기의 생활의 주요 장소이다.** 노년기, 특히 퇴직 후에는 생활의 주된 근거지가 가정이 되고 사회적 관계와 관심이 가족을 중심으로 축소되기 때문에 주택은 바로 생활의 거의 전부를 담는 그릇이 된다. 따라서 인생의 다른 어떤 시기에서보다도 주택은 가장 큰 의미를 지닌다.

셋째, **주택은 노인에게 가계상의 가장 큰 지출의 대상이 되며 따라서 경제적 보장의 효과를 높여준다.** 주택의 구입이나 임대는 적은 비용으로 간단히 할 수 있는 것이 아니라 개인 및 가족의 생활에서 가장 많은 비용지출의 대상이고 가장 어려운 일 중의 하나다. 그러므로 주택은 하나의 생활필수품으로서의 가치를 지니기 때문에 주택을 소유하거나 임대할 수 있다는 것은 경제적 보장을 높여주는 것이 된다.

넷째, **주택은 사회적 지위와 사회적 정체감의 상징이 된다.** 노년기에는 직업역할이 상실되어 직업역할을 통하여 사회적 지위와 사회적 정체감을 유지할 수 없기 때문에 적합한 주택의 소유나 유지를 통하여 사회적 지위와 사회적 정체감을 나타내고 유지할 수 있다. 이러한 의미에서 주택은 노년기에 있어서 사회적 및 심리사회적 의미가 크다고 할 수 있다.

다섯째, **주택은 개인적인 경험과 추억을 저장하며 사회적 관계망을 구축하고 유지하는 도구가 된다.** 한 주택에서 오랫동안 거주함으로써 개인생활의 아름다운 경험과 추억을 저장할 수 있고 친밀한 사회적 지지망을 구축할

수 있어 노인에게 있어 적응적 환경을 유지할 수 있다는 면에서 주택의 가치는 크다

여섯째, 자신의 주택에서 생활할 수 있다는 것은 자신의 신체적 독립성과 때로는 경제적 독립성을 확인하고 나타내는 것이 된다. 특히 노년기에 자녀나 타인의 도움을 받지 않고 스스로 살아갈 수 있다는 능력은 노인 자신에게 자부감을 갖게 해주고 타인에게도 자신의 능력을 나타냄으로써 만족감을 얻을 수 있다.

일곱째, 주택은 노화에 따른 생활기능 저하를 보완하고 수용할 수 있는 물리적 환경을 제공해 줄 수 있다. 노화로 기능이 저하됨에도 불구하고 일상생활에서 가능하면 타인의 도움 없이 독립적으로 생활할 수 있기 위해서는 주택의 구조와 시설이 편리하게 되어 있어야 한다. 또한 노인에게 적합하게 설계된 주택은 노인 자신뿐만 아니라 노인의 가족에게도 편리성을 제공해 준다.

2. 노인주거복지시설의 종류

노인주거복지시설은 양로시설, 노인공동생활가정, 노인복지주택이 있다. 양로시설은 노인을 입소시켜 급식과 그 밖에 일상생활에 필요한 편의를 제공함을 목적으로 하는 입소정원 10명 이상 시설이다. 노인공동생활가정은 노인들에게 가정과 같은 주거 여건과 급식, 그 밖에 일상생활에 필요한 편의를 제공함을 목적으로 하는 입소정원 5명 이상 9명 이하 시설을 말하며, 노인복지주택은 노인에게 주거시설을 분양[1] 또는 임대하여 주거의 편의와

1) 노인복지법 개정(2015. 1. 28. 공포 법률 제13102호)으로 분양형 노인복지주택은 2015. 7. 29.부터 폐지하되, 2015. 7. 29. 전에 건축법에 따라 허가받거나 주택법에 따라 사업계획이 승인된 노인복지주택은 개정전의 규정에 따른다.

생활지도 상담 및 안전관리 등 일상생활에 필요한 편의를 제공함을 목적으로 하는 30세대 이상 시설을 말한다.

1) 양로시설 · 노인공동생활가정

(1) 목적

양로시설(유료)은 일반노인을 대상으로 급식, 주거의 편의 등을 제공할 목적으로 민간 사업자가 동 시설을 설치하고, 운영비는 입소노인의 본인부담으로 조달하여 운영하는 노인주거복지시설이다. 양로시설(유료)은 입소자로부터 입소비용의 전부를 수납하여 운영하는 양로시설 및 노인공동생활가정 양로시설(유료)은 입소노인에게 급식, 주거의 편의, 생활지도, 상담 및 안전관리 등 일상생활에 필요한 각종 편의를 제공하여 노후에 편안하고 안정된 생활을 도모하는 목적이 있다.

(2) 입소대상자

① 무료 입소대상자

무료입소대상자는 국민기초생활보장수급자(생계급여 또는 의료급여)로서 일상생활에 지장이 없는 65세 이상의 자나 부양의무자로부터 적절한 부양을 받지 못하는 자로서 일상생활에 지장이 없는 65세 이상의 자이다. 국민기초생활보장법에 따른 생계급여 수급자에 따른 의료급여 수급자가 아닌 자 중 생계를 같이 하는 부양의무자로부터 적절한 부양을 받지 못하는 자도 입소할 수 있다(예 노인보호전문기관에서 학대피해노인으로 입소의뢰를 받은 노인 및 긴급조치대상자 등). 입소대상자의 배우자는 65세 미만의 경우에도 입소대상자와 함께 입소할 수 있다.

- 장기요양등급 판정 결과 장기요양급여 대상자로 판정받지 못한 사람에 대해서는 관할시 · 군 · 구청장은 우선적으로 노인주거복지시설에 입소

의뢰하여야 하며, 지역 내 노인주거복지시설이 없는 등 불가피한 사유가 있을 경우에만 노인의료복지시설로 입소조치할 수 있음

② 실비 입소대상자

실비입소대상자는 대상자의 당해연도 월 평균소득액(본인과 그 배우자 및 생계를 같이하는 부양의무자의 월 소득 합산액을 가구원수로 나눈 소득액)이 도시근로자 1인당 월 평균소득액[도시근로자 1인당 월 평균소득액이 통계청장이 통계법 시행령 제3조의 규정에 의하여 고시하는 전년도(본인 등에 대한 소득조사일이 속하는 해의 전년도를 말한다)의 도시근로자 가구 월평균 소득을 전년도의 평균 가구원 수로 나누어 얻은 1인당 월평균 소득액] 이하인 자로서 일상생활에 지장이 없는 65세 이상의 자이다.

- 국가통계포털(http://www.kosis.kr) → 주제별 통계 → 소득소비 · 자산 → 가계소득지출 → 가계동향조사(신분류) → 도시(명목) → 가구당 월평균 가계수지(도시, 2인 이상) 참고

③ 유료입소대상자

유료입소대상자는 입소자로부터 입소비용의 전부를 수납하여 운영하는 양로시설 또는 노인공동생활가정의 경우는 60세 이상의 자이며 입소대상자의 배우자는 60세 미만인 경우에도 입소 대상자와 함께 입소가 가능하다.

(3) 입소절차

입소는 당사자간의 계약에 의하며 입소대상자가 계약을 체결할 수 없는 부득이한 사유가 있다고 시장 · 군수 · 구청장이 인정하는 때에는 입소대상자의 배우자 또는 부양의무자가 계약당사자가 될 수 있다.

(4) 시설의 구조 및 설비

시설의 구조는 복도·화장실·거실 등 입소자가 통상 이용하는 설비는 휠체어 등의 이동이 가능한 공간을 확보하여야 하며, 문턱제거, 손잡이시설 부착, 바닥 미끄럼방지 등 노인의 활동에 편리한 구조로 건축되어야 한다. 설비는 스포츠·레크리에이션 시설 등 적정한 문화·체육부대시설을 설치하도록 하되, 지역 사회와 유대감 증진을 위해 입소자가 이용하는 데 지장을 주지 아니하는 범위 안에서 외부에 개방하여 운영 가능해야 한다.

2) 노인복지주택

(1) 목적

노인복지주택은 노인을 대상으로 급식과 주거의 편의 등을 제공할 목적으로 민간 사업자가 전액 자부담으로 동 시설을 설치하고 운영비는 입소노인의 본인부담으로 조달하여 운영하는 노인주거복지시설이다. 노인복지주택은 단독취사 등 독립된 주거생활을 하는데 지장이 없는 60세 이상의 노인(60세 미만의 배우자, 부양을 책임지고 있는 19세 미만의 자녀·손자녀도 가능)에게 주거시설을 분양 또는 임대하여 주거의 편의·생활 지도·상담 및 안전관리 등 일상생활에 필요한 각종 편의를 제공함을 목적으로 하는 시설이다. 노인복지주택에 대한 별도의 정부지원은 없다.

- 노인주거복지시설(양로시설·노인공동생활가정)의 장은 시설입소자의 적정한 보호를 위해 장기요양 시설등급판정자(주로 거동이 불편한 1등급, 2등급)는 노인의료복지시설을 이용하도록 안내하고, 노인의료복지시설의 장은 장기요양 시설급여의 등급외자는 노인주거복지시설을 이용하도록 안내하여야 함(신규 시설입소자)

(2) 연혁

- 유료양로시설 신설(1981. 6. 5) : 노인복지법 제정(1981. 6. 5) 시부터 도입
- 노인복지주택 신설(1989. 12. 30) : 실비노인복지주택에 해당
- 유료노인복지주택 신설(1993. 12. 27) : 종전 노인복지주택을 실비노인복지주택으로 명칭 변경, 유료노인복지주택(임대형)을 신설(경제행정 규제완화시책의 일환으로 1993. 12. 27. 개정된 노인복지법에 의거 종전 사회 복지법인 이외에 민간기업체나 개인에게도 노인복지시설을 설치·운영할 수 있도록 완화)
- 유료노인복지주택 분양허용(1997. 8. 22) : 유료노인복지주택에 대하여는 유료로 분양 또는 임대할 수 있도록 하여 분양을 허용
- 유료노인복지주택 분양형 폐지(2015. 1. 28)

(3) 입소절차

① 무료입소대상자

무료입소대상자는 해당 시·군·구에 입소신청서 제출(입소신청사유서 및 관련 증빙자료 첨부, 신청서 접수는 읍·면·동사무소에서 접수 가능) → 입소 여부와 입소시설 결정 → 시·군·구는 신청인 및 당해 시설장에게 통보로 이루어 진다[노인보호전문기관에서 학대피해노인으로서 입소를 의뢰한 노인은 선입소조치 후, 10일 이내 증빙서류(건강진단서, 학대사례판정서 등)를 제출하도록 하고 있다].

- 노인보호전문기관에서 학대피해노인으로서 입소를 의뢰한 노인은 선입소 조치 후, 10일 이내 증빙서류(건강진단서, 학대사례판정서 등)를 제출하도록 함

② 실비입소대상자

실비입소대상자는 시설장과 입소신청자 협의 → 관할 시·군·구에 입소심사 의뢰(관할 시·군 · 구는 당해 시설 설치 시 신고를 수리한 시·군·구) →

관할 시·군·구는 시설장에 심사결과 통보 → 당사자 간의 계약에 의하여 시설입소로 이루어진다.

③ 유료입소대상자

유료입소대상자는 시설장과 입소자 협의 → 당사자 간의 계약에 의하여 시설 입소로 이루어진다[노인주거복지시설(양로시설, 노인공동생활가정)의 장은 시설입소자의 적정한 보호를 위해 장기요양 시설등급판정자(주로 거동이 불편한 1등급, 2등급)는 노인의료복지시설을 이용하도록 안내한다].

제2절 노인의료복지시설

1. 노인의료복지시설의 종류

노인의료복지시설은 노인요양시설과 노인요양공동생활가정이 있다. 두 시설의 공통점은 노인장기요양등급을 받은 노인들이 입소한다는 점이고 차이점은 입소정원에 따라 구분된다.

- 노인요양시설 : 입소정원 10인 이상
- 노인요양공동생활가정 : 입소정원 5명 이상 9명 이하

2. 입소대상

입소대상자는 노인장기요양보험법 제15조에 따른 수급자 중 시설 급여 대상자이다.

- 장기요양 1~2등급
- 장기요양 3~5등급자 중 불가피한 사유, 치매 등으로 등급판정위원회에서 시설급여 대상자로 판정받은 사람

위에 해당하지 않는 사람 중 아래와 같은 사유로 반드시 시설 입소가 필요한 노인은 먼저 양로시설로 보호 조치하고, 만약 양로시설의 입소가 불가능할 경우에는 관할시·군·구청장이 판단하여 노인요양시설로 입소 보호를 해야 한다.

- 노인보호전문기관에서 학대피해노인으로서 입소를 의뢰한 노인
- 기초수급자(생계급여 또는 의료급여)[2)]나 긴급조치 대상자로서 거주지가 없어져서 가정에서 생활이 불가능하거나, 부양의무자가 부양을 거부하거나 실종되는 등의 사유로 수발을 들 사람이 없는 경우

이상에 해당하지 않는 사람 중 본인이 비용을 전액 부담하여 시설에 입소하고자 하는 경우에는 국가나 지자체로부터 시설운영비와 기능보강비를 지원받지 않는 시설(기존 미지원 시설)에 입소하여야 한다. 국가나 지방자치단체로부터 시설운영비나 기능보강비를 지원받는 시설은 본인이 비용을 전액 부담하는 3등급 이하 유료입소자(시설급여 대상자가 아닌 입소자)를 받지 못한다. 그리고 입소대상자 중 의료 필요도가 높은 수급자의 경우 장기요양등급을 받았다 하더라도, 가급적 요양병원 입원을 권장하고 있으며, 그럼에도 불구하고 본인 또는 보호자가 노인요양시설 또는 노인요양공동생활 입소를 원하는 경우 해당 시설은 의료연계체계를 구축하며, 입소 이후 건강상태가 악화되는 경우 신속히 병원 등으로 전원을 유도하여야 한다.

---

2) 국민기초생활보장법 제7조 제1항 제1호에 따른 생계급여 수급자 또는 같은 항 제3호에 따른 의료급여수급자로서 65세 이상인 자

3. 입소절차

장기요양급여수급자 중 시설급여 대상자로서 장기요양인정신청(공단 지사) → 방문조사 → 등급판정위원회 → 장기요양인정서 수령 → |그림 13-1|과 같이 입소 절차에 따라 입소한다.

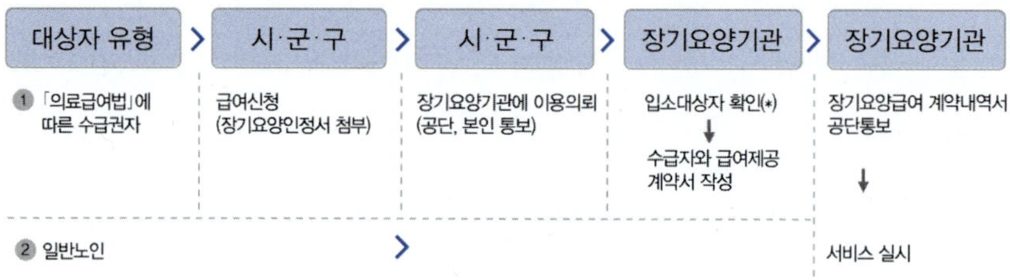

|그림 13-1| 장기요양시설 입소절차

※ 장기요양기관에서는 반드시 기초생활수급자(생계급여 또는 의료급여) 및 기타 의료급여수급권자에 대한 입소의뢰서를 확인한 후 수급자와 계약을 체결하여야 한다.

기초생활수급자(생계급여 또는 의료급여) 및 의료급여수급자는 주소지를 관할하는 특별자치도지사·시장·군수·구청장에게 입소신청서 제출 → 입소 여부 및 입소시설 결정 → 신청인 및 당해시설에 통지하여야 한다.

제3절 장기요양기관 지정 노인의료복지시설

1. 장기요양기관으로의 지정

노인의료복지시설을 설치하여 운영하고 있는 자가 노인장기요양보험법에 따른 장기요양기관으로 지정받아 시설급여를 제공하고자 하는 경우에는 노인복지법 시행규칙 별표4에 따른 시설 및 인력을 갖추어 관할 특별자치시장·특별자치도지사·시·군· 구청장에게 지정 신청하여 장기요양기관으로 지정받아야 한다. 다만, 국가, 지방자치단체 등에서 설치한 시설로서 소재지 관할 시·군·구청장이 아닌 설치자(지방자치단체장)가 직접 관리·감독하는 시설은 설치자가 지정서를 교부하여야 한다. 광역자치단체가 설치한 시설의 경우, 시설 또는 위탁법인의 소재지 관할 시·군·구청장이 지정서를 교부하는 것이 원칙이며, 그 외에는 시·도의 주사무소가 있는 시·군·구청장이 지정할 수 있다.

2. 입소대상 및 절차

입소대상은 노인의료복지시설 입소대상자와 같다. 입소절차는 장기요양인정을 받지 않은 자는 먼저 국민건강보험공단으로 장기요양 인정 신청을 하여 장기요양 1~2등급 또는 3~5등급(시설+재가)으로 판정을 받은 후 장기요양 인정서를 첨부하여 다음 절차에 따라 입소하면 된다.

- **입소를 위한 사전 절차 :** 장기요양인정신청(공단 지사) → 방문조사 → 등급판정위원회 → 장기요양인정서 수령 → <표 13-1>과 같은 입소 절차에 따라 입소

- 의료급여법에 따른 수급자
  → 장기요양보험법 시행규칙 별지 10호 서식의 입소·이용 신청서를 작성 및 장기요양인정서를 첨부하여, 주소지 관할 시·군·구에 입소신청(장기요양인정서 첨부, 입소신청서 제출)
  → 신청접수는 주소지관할 읍·면·동 주민자치센터에서 대리 접수 가능

- 일반노인
  → 입소희망자는 공단의 이용지원 담당자에게 먼저 연락하여 관내에 입소 가능한 시설명단 등 확보
  → 입소 가능한 시설 중 입소를 희망하는 시설을 선택하여 시설장과 상세 입소요건(비급여 항목별 비용, 입소계약조건 등)을 협의(장기요양인정서 첨부)

〈표 13-1〉 입소절차

대상자 유형	시·군·구 (읍면동 대리접수)	시·군·구	장기요양기관	장기요양기관
① 의료급여법 제3조 제1항 제1호에 따른 의료급여를 받는 자(국민기초생활보장법에 따른 의료급여수급자) ② 의료급여법 제3조 제1항 제1호 외의 규정에 따른 의료급여를 받는 자(기타의료급여수급자)	▶ 입소신청 (장기요양 인정서 첨부)	▶ 장기요양 기관에 이용의뢰 (공단, 본인 통보	▶ 입소대상자 확인(※) ↓ 수급자와 급여제공 계약서 작성	▶ 장기요양 급여 계약내역서 공단통보 ↓ 서비스 실시
③ 일반노인	→	→		

※ 장기요양기관에서는 반드시 ①의 대상자나 ②의 대상자에 대한 입소 의뢰서를 확인한 후 수급자와 계약을 체결하여야 함.

CHAPTER 14

노인여가복지정책

제1절 노인여가복지시설

1. 노인여가복지시설의 종류

1) 경로당

경로당은 지역노인들이 자율적으로 친목도모·취미활동·공동작업장 운영 및 각종 정보교환과 기타 여가활동을 할 수 있도록 하는 장소를 제공함을 목적으로 하는 시설이다.

2) 노인복지관

노인복지관은 노인의 교양과 취미생활 및 사회참여활동 등에 대한 각종 정보와 서비스를 제공하고 건강증진 및 질병예방과 소득보장과 재가복지, 그 밖에 노인의 복지증진에 필요한 서비스를 제공함을 목적으로 하는 시설이다.

3) 노인교실

노인교실은 노인들에 대하여 사회활동 참여욕구를 충족시키기 위하여 건전한 취미생활·노인건강유지·소득보장 기타 일상생활과 관련한 학습 프로그램을 제공함을 목적으로 하는 시설이다.

2. 노인여가복지시설 현황

노인여가복지시설 주요 현황은 <표 14-1>과 같다.

〈표 14-1〉 노인여가복지시설 주요현황(2022년 12월 31일 기준)

구 분	경로당	노인복지관	노인교실
시설 수	68,180개소	366개소	1,240개소
주요사업	노인복지관 연계 프로그램, 건강운동 활성화, 자원봉사 활동, 노후생활 교육 등	평생교육지원, 취미여가지원, 건강생활지원, 사회참여지원, 상담사업, 정서생활지원 등	어르신들의 취미생활과 관련된 학습 프로그램(강의형태)
특징	소그룹 어르신들의 사랑방	지역거점 노인여가시설	취미생활 관련 학습 프로그램 제공 시설
정부지원 현황	지방이양(2005년~) – 냉·난방비 및 양곡비만 지원(국고 25%, 2021년 342억 원)	지방이양(2005년~)	지방이양(2005년~)

※(지방이양) 지방자치단체가 지역 여건(노인인구수, 면적, 재정 등)에 따라 여가복지시설 설치·운영

제2절 노인여가복지시설 운영

1. 경로당

1) 경로당 운영

경로당은 지역의 노인복지·정보센터·학대노인 지킴이센터로 운영이 되고 있으며, 건강관리·운동·교육·여가·자원봉사 등 다양한 프로그램 제공으로 노인이 가장 손쉽게 접근할 수 있는 다기능 공간으로 활용되고 있다. 프로그램 조정과 지원을 담당하는 경로당 순회 프로그램 관리자 기능의 전문화와 경로당을 독거노인 생활교육 실시장소로 활용하여 지역사

회 독거노인 보호기능 수행 그리고 경로당을 학대노인 지킴이센터로 지정하여 학대피해노인을 감시·신고하는 기능 수행하고 있다.

2) 경로당 운영 프로그램 지원

경로당 운영 프로그램 현황조사를 토대로 운영 프로그램이 미흡한 경로당에 우선지원한다. 복지관 등 사회복지시설, 보건소, 치매안심센터[치매선별검사, 치매예방교육(학습지·교구 활용), 치매 인식개선 교육 등], 국민건강보험공단, 대한체육회 등 지역사회 내 자원 발굴·연계(농·어·산촌 경로당의 경우, 인근의 노인복지관과 경로당, 경로당과 경로당 간 화상 프로그램 등 활용 가능)를 통해 경로당에 여가·건강관리·교육 등 각종 프로그램을 지원하고 있다. 또한 경로당 수요조사를 통해 이용자 욕구에 맞는 다양한 프로그램을 지원하고 있다(표 14-2).

〈표 14-2〉 경로당 활성화 프로그램 분야

대분류	중분류	내 용	비 고
건강운동	체조, 댄스교실	노인들의 신체적·정서적 건강유지 및 증진을 위한 건강운동 프로그램 지원	전체 경로당에 '치매예방 수칙 및 치매예방체조' 보급
	웃음교실		
	요가, 명상		
	건강운동		
건강관리	건강검진 관련	노인들의 신체적·정서적 건강유지 및 증진을 위한 건강검진, 한방치료 등	
	한방치료		
	안마교실		
	방문간호		
교육, 상담	정보화교육	노후생활, 정보통신, 생애말기 준비·설계교육 등 다양한 교육을 실시함으로써 노인들의 건전하고 건강한	
	어학교육		
	인식개선교육		

	에너지교육	노후생활 영위를 위한 교육 프로그램 제공	
	노인상담		
	생활, 안전교육		
	프로그램발표대회		
여가활동	음악활동	노래교실 등 각종 레크리에이션 활동 등을 통해 노년의 건전한 여가・취미생활을 유지할 수 있는 프로그램 제공	
	미술활동		
	바둑장기교실		
	문화, 공연활동		
권익증진	노인성교육	노인 권익증진을 위한 성교육, 학대예방교육 등	
	소비자피해예방교육		
	노인자살학대예방교육		
사회참여	방문 이미용서비스	경로당 이용 노인들을 중심으로 지역사회 청소 및 재활용품 수집, 청소년 안전지킴이 등의 봉사활동 수행	
	시설 방문 위문공연		
	자원봉사활동		
공동 작업장	공동작업장 운영	경로당을 중심으로 노인들이 지역 특성에 맞는 일거리를 확보하여 공동으로 생산활동에 참여	
기타		지역특성에 알맞은 각종 활동	

3) 지역 노인복지 증진을 위한 경로당의 공공적 역할 강화

(1) 독거노인 생활교육 장소 활용

경로당에서 지역 내 독거노인을 대상으로 건강・영양관리 및 간단한 신체기능유지 프로그램 등의 교육을 실시하여 독거노인의 보호기능을 수행함으로써 경로당의 공공성 강화를 기대하고 있다. 교육대상 독거노인은 노인맞춤돌봄서비스 사업에서 생활교육대상으로 선정한 독거노인이다.

(2) 노인공동생활 장소 활용

농어촌의 경우는 경로당을 노인공동생활 공간으로 활용하여 열악한 주거환경 개선과 공동난방 · 공동취사에 따른 경비절감 도모, 공동생활을 통한 독거노인 상호간 안전 확인 및 정서적 외로움 해소를 기대하고 있으며 지방자치단체 지원 강화를 통해 지역 내 노인공동생활 공간으로 활용하고 있는 경로당 현황을 파악하고 공공요금 등을 지원하고 있다.

4) 학대노인 지킴이센터 활용

전국 6만 7천여 개 경로당을 활용하여 학대피해노인을 발굴 · 신고하는 지역사회 학대예방체계를 구축하고 있다.

- 경로당 이용자는 노인학대의 잠재적 대상자이며, 학대피해노인 지킴이로서 역할을 수행

2. 노인복지관

1) 노인복지관의 운영 및 정의

노인복지관은 시 · 군 · 구별로 지역실정에 따라 최소 1개소 이상의 노인복지관을 설치 · 운영하여 지역사회 노인들의 여가복지 증진을 추진하며 노인복지관은 여가 · 건강 · 일자리 · 자원봉사 · 사회참여 등 노인들의 다양한 복지욕구에 따른 서비스를 체계적이고 복합적으로 제공하여 지역사회 노인복지 증진에 기여하고 있다. 노인복지관은 노인의 교양 · 취미생활 및 사회참여활동 등에 대한 각종 정보와 서비스를 제공하고 건강증진 및 질병예방과 소득보장 · 재가복지 그 밖에 노인의 복지증진에 필요한 종합적인 노인복지서비스를 제공하는 시설이다.

2) 노인복지관의 운영목표

노인복지관은 복지서비스가 필요한 노인을 대상으로 ① 건강한 노후를 위한 예방, 취약노인 케어 기반구축 및 확충, ② 활동적인 노후를 위한 사회참여 여건 조성 및 활성화, ③ 안정적 노후를 위한 소득보장의 다양화와 내실화를 통해 성공적인 노후가 실현될 수 있도록 지원하는 종합적 노인복지서비스 전달기구로서 중심적 역할을 수행하고 있다.

3) 노인복지관 설치

노인복지관은 시·군·구별 노인인구수·지역면적 등 지역실정을 고려하여 최소 1개소 이상 건립을 원칙으로 하고 있다.

※ 지방교부세법 개정(2015. 1. 시행)에 따라 노인복지관 신축사업이 2005~2014년까지 분권교부세로 지원되었으나, 분권교부세가 보통교부세로 통합됨에 따라 2015년부터는 지방자치단체에서 자체적으로 편성 지원 필요

지방자치단체는 노인복지관 설치 후 운영능력이 있는 사회복지법인 또는 비영리법인과 위탁계약을 체결하여 운영 가능하다. 단, 수탁받은 기관은 제3자에게 재위탁은 불가하다. 지방자치단체가 노인복지관을 위탁하여 운영하고자 할 경우는 사회복지사업법 시행규칙 제21조를 준용하여 수탁기관을 공개 모집할 수 있다.

4) 노인복지관의 사업

노인복지관 사업은 <표 14-3>과 같다.

〈표 14-3〉 노인복지관 사업

사업구분		프로그램(예시)
상담	일반상담 및 정보제공	노인의 복지 정보 제공 일반상담(이용상담, 접수상담), 외부 전문가 활용 정보 제공 상담(경제, 법률, 주택상담, 연금상담, 건강상담, 세무상담)
	전문상담	우울 및 자살예방 프로그램, 죽음준비 프로그램, 집단 프로그램, 자조모임, 학대 및 인권, 인지 및 행동심리 상담, 애도, 상실, 관계(부부관계, 또래관계, 자녀관계 등) 등에 대한 개별 혹은 집단 개입 등
사례관리 및 지역사회 돌봄	위기 및 취약노인지원	취약노인의 신체・정서・사회적 자립 지원 프로그램 운영, 노인맞춤돌봄 서비스, 사례관리사업, 읍면동행정복지센터 및 유관기관 등과 연계(취약노인 연계망 구축사업)
	지역사회생활자원 연계 및 지원	노인에게 필요한 서비스 조정, 중재, 의뢰, 옹호, 자원반응역량 강화를 위한 지원 활동, 지역사회 읍면동 복지 허브화와 맞춤 돌봄에 관한 지역자원 발굴 연계
	가족기능지원	노인과 관련된 가족상담, 가족관계 프로그램, 가족캠프, 세대통합 프로그램 등
건강생활 지원	건강증진지원	건강교육, 건강상담, 건강교실(건강체조, 기체조, 요가 등), 독거노인지원 사업(기존 재가사업), 노인건강운동, 치매예방 인지활동서비스, 물리치료 등
	기능회복지원	양・한방진료, 작업요법, 운동요법, ADL훈련 등
	급식지원	경로식당(중식서비스), 밑반찬・도시락배달, 푸드뱅크 등
노년사회화 교육	평생교육지원	노인역량강화교육, 정보화교육, 사회화교육, 시민사회교육, 한글교실, 외국어교실, 교양교실, 인문학교육, 예비노인 은퇴준비 프로그램, 경제교육, 생애말기 준비・설계 교육, 웰다잉교육 등
	취미여가지원	예능활동(음악, 미술, 생활도예, 서예, 댄스), 문화활동(연극, 사진, 영화, 바둑, 장기, 레크리에이션), 취미활동(종이접기, 손뜨개질, 민속놀이), 체육활동(탁구, 당구, 게이트볼), 동아리활동 등

지역자원 및 조직화	지역자원개발	자원봉사자 발굴·관리, 후원자 개발, 외부 재정지원기관 사업 수탁 등
	지역복지연계	경로당 프로그램 연계 등의 지역복지기관 연계, 지역협력사업(경로행사, 나들이 등) 등
	주거지원	주택수리사업, 주거환경 개선사업(도배 등) 등
사회참여 및 권익증진	사회참여지원	노인자원봉사 활성화 사업, 노인일자리 및 사회활동지원 사업, 지역 봉사활동, 교통안전봉사, 동아리 클럽 활동 지원, 교통편의서비스 등
	노인권익증진	정책건의, 노인인권 옹호, 노인인식개선사업, 편의시설 설치, 노인소비자피해예방교육, 양성평등교육, 성교육 등
	고용 및 소득지원	고령자취업지원 사업, 취업교육, 창업지원(사회적 협동조합 등)사업 등
돌봄	요양서비스	치매환자 프로그램, 주·야간보호 등

※ 기타 제시되지 않은 사업은 자체 수행 가능

3. 노인교실

1) 목 적

노인교실은 노인들에 대하여 사회활동 참여욕구를 충족시키기 위하여 건전한 취미생활·노인건강유지·소득보장 기타 일상생활과 관련한 학습프로그램을 제공하고 있다. 이용대상자는 60세 이상의 자이다.

2) 설치운영

국가 또는 지방자치단체 이외의 자가 노인교실을 설치하고자 하는 경우에는 노인복지법에서 정한 시설기준 및 직원배치기준, 운영기준을 갖추고 필요한 서류를 첨부하여 관할 시장·군수·구청장에게 동법 시행규칙 제

25조 관련 별지 제19호 서식에 따라 노인여가복지시설 설치신고서를 제출하면 된다.

3) 사업내용

사업내용은 <표 14-4>와 같다.

〈표 14-4〉 노인교실 프로그램

구 분	프로그램(예시)
취미, 여가	각종 문화・예술 활동 등
건 강	체조, 요가, 단전호흡, 건강관리 등
교 양	한글, 외국어, 컴퓨터, 교양강좌 등
사회참여	시민단체 및 사회활동, 자원봉사 활동 등

4

PART

노인복지실천의 이해와 과정 그리고 기술

CHAPTER 15

노인복지실천의 이해

제1절 노인복지실천의 개요와 원칙

사회복지실천은 사회복지사가 클라이언트의 복지 향상을 위해서 클라이언트와 함께하는 대면서비스와 이와 관련된 활동을 의미하며 그 의미에서 노인복지실천은 노인과 관련하여 여러 가지 문제와 욕구를 개별적, 집단적, 지역사회적 원조를 통하여 해결하기 위한 사회복지의 통합적 접근이라 할 수 있다.

1. 인간존중의 원칙

인간의 존엄성은 외적 조건에 따라 영향을 받을 수 없는 절대적인 가치를 가진 것이다. 이러한 원리에 따라 품위 있게 나이가 들고 죽는 날까지 존엄성을 유지할 수 있도록 지원하는 'Aging with dignity' 운동이 미국에서는 활발하게 전개되고 있다. 'Aging with dignity'는 노인이 어떠한 경우에서나 품위를 유지할 수 있기 위해서 인간존엄성의 원칙을 다음과 같이 선언하였다.

첫째, 사람은 누구나 인간으로서 가치가 있고 존중받을 권리를 갖는다.

둘째, 사람은 누구나 어른-아이처럼 취급당하지 않고 자신의 이름으로 불리고 말 상대가 될 권리를 갖는다.

셋째, 사람은 누구나 사회의 생산적인 일원으로 인정받을 권리를 갖는다.

넷째, 사람은 누구나 합리적인 결정을 하기 위하여 적절한 정보를 활용할 권리를 갖는다.

다섯째, 사람은 누구나 삶의 질을 높이기 위한 프로그램에 참여하고 지원 서비스를 받을 권리를 갖는다.

여섯째, 사람은 누구나 다른 사람의 도움을 거부하거나 NO라고 말할 권리를 갖는다.

일곱째, 사람은 누구나 몇 번이고 되풀이해서라도 말하고자 하는 바를 들어주고 말할 권리를 갖는다.

여덟째, 일을 완수하고 생각들을 정리하기 위해서 여분의 시간을 더 필요로 하는 사람들에게는 조금 더 시간을 주어야 한다.

아홉째, 사람은 누구나 우리가 동의를 하든 안 하든, 자신의 종교를 가질 권리와 문화적 취향에 대한 권리를 갖는다.

열째, 사람은 누구나 자기만을 위한 보살핌을 받을 권리를 갖는다.

2. 노인복지실천의 기본원칙

1) 개별화의 원칙

개별화의 원칙은 노인이 타인과 구별되는 고유한 개성과 특성이 있으므로 개인에 적합한 방법으로 도움을 제공하여야 한다는 것이다.

2) 자기결정의 원칙

자기결정의 원칙은 인간이 정상적인 사고를 할 수 있는 경우 스스로 자기 운명을 결정할 수 있도록 하는 것이 바람직하다는 것이다.

3) 권리와 책임의 원칙

권리와 책임의 원칙은 모든 노인은 타인과 가족 그리고 국가 및 사회에 대한 권리가 있는 반면에 또한 책임도 있다는 것을 반드시 인식시키면서 도움을 제공하여야 한다는 것이다.

4) 자기개발의 원칙

자기개발의 원칙은 모든 인간은 발전할 수 있는 잠재력을 가지고 있어 비록 노인이라 할지라도 스스로 노력하면 발전이 가능하다는 것이다.

5) 전체성의 원칙

전체성의 원칙은 노인도 한 인간으로서 신체적, 심리적 및 사회적 욕구를 가지고 있고, 노인에 대한 이해나 서비스 제공에서 적어도 이 세 가지 측면을 균형 있게 전체적으로 고려할 필요가 있다는 것이다.

6) 전문성의 원칙

전문성의 원칙은 상담자 자신이 해결할 수 없는 경우, 그 문제를 잘 해결할 수 있는 전문가에게 의뢰하는 것이 바람직하다는 것이다.

제2절 노인복지실천의 과정[1]과 개입수준

1. 노인복지실천의 과정

1) 접수 및 관계형성 단계

접수 및 관계형성 단계에서는 클라이언트인 노인과의 첫 만남에서 노인의 초기 불안과 거부감을 해소하고 전문 원조관계를 형성하여야 한다. 접수 및 관계형성 단계에서는 다음과 같은 내용이 포함된다.

- 친화관계(rapport)를 형성하는 것이다.
- 클라이언트인 노인의 문제를 제대로 이해하는 것이다.
- 구조화, 즉 진행방식에 대한 합의를 이루는 것이다.

일반적으로 친화관계를 형성하는 데 필요한 사회복지사의 자세와 태도로는 끊임없이 노인을 이해하려는 진지한 자세와 모든 것을 노인의 입장에서 생각해 보려는 클라이언트 중심의 태도 그리고 비난하거나 비판하기보다는 수용하고 존중하는 허용적인 자세와 어떤 가식도 없는 진솔한 태도, 노인을 도와주고자 하는 인간적 자세 등이 요구된다.

2) 자료수집 및 사정 단계

노인의 문제를 규정하기 위해서는 노인이 처한 상황과 노인의 강점과 제한점을 모두 파악해야 한다. 문제를 규정할 때는 노인의 문제가 무엇이고 어느 정도 심각하며, 문제로 인해 야기되는 결과나 상황이 어떠한지 자세히 탐색한 다음에 상담과정에서 다룰 문제를 규정하여야 한다. 그리고 노인의 제한점뿐만 아니라 강점과 자원에 대해서 깊이 있는 사정이 이루어져야 한다. 따라서 의도적으로 노인의 행동, 개인적 특성, 자원의 측면에서

1) 권중돈(2012).

노인의 강점을 파악하고 격려해야 하는데, 이러한 강점의 강조는 치료적 효과까지도 갖는다. 사정과정에는 전반적으로 노인의 신체적, 심리적, 사회적 기능이 포괄적으로 고려되어야 한다. 노인의 신체적 사정을 사정할 때는 전반적인 건강상태와 일상생활 동작능력에 초점을 두며, 심리적 기능 사정에서는 노인의 성격과 인지 및 정서 기능에 초점을 둔다. 사회적 기능 사정에서는 노인이 주고받는 사회적 지원과 노인의 재정상태 및 사회활동 참여 정도, 그리고 주거환경에 대해 사정해야 한다. 또한 사정에는 이러한 요소 간의 상호 연관성과 한 가지 영역에서의 기능 저하가 다른 기능에 영향을 미칠 수 있는 가능성도 고려해야 한다.

3) 개입단계

개입단계는 문제해결 계획을 구체적인 행동으로 실천하는 단계이며 문제를 해결하는 단계이다. 이러한 개입활동의 적절성과 효과를 검토하기 위해 사회복지사는 개입과 동시에 개입과정을 평가하여야 하며 개입으로 유도된 변화를 지속하려는 노력을 수행하여야 한다. 노인사회복지실천은 큰 목표를 달성하기 위해 반드시 필요한 일련의 하위 목표를 순차적으로 달성해가는 과정으로 이해하는 것이 바람직하다. 이렇게 할 때 목표를 달성하기 위한 구체적인 개입방법의 선택이 용이하며 문제해결과 목표의 달성 가능성 또한 높아진다.

4) 평가 및 종결 단계

개입과정은 개입에 대한 최종 평가와 사회복지사와 노인 간의 전문 원조관계를 종결함으로써 끝나게 된다. 먼저 종결시기 결정에서 노인이 처음에 호소했던 문제가 현저히 완화 내지는 해결되었다고 해서 곧바로 상담을 종결해서는 안 된다. 종결은 급격히 진행하기보다는 일정한 과정을 거쳐 서서히 이루어지도록 해야 한다. 이러한 점진적인 종결과정을 거치면서 얻게 되는 이득 가운데 가장 큰 것은 서비스 제공으로 인한 클라이언트의 변화 및 성과를 점검하고, 현실생활에 적용해 보고, 그 과정에서 어떤 문제점이 얼마나 발생하는지를 평가할 수 있는 기회를 갖게 되는 것이다. 이런 의미에서 점진적인 종결과정은 실제 생활적응 훈련과정으로 볼 수도 있다.

(1) 의뢰

노인을 다른 기관이나 전문가에게 의뢰할 경우는 필요한 기관과 서비스에 대한 정보를 글로 써서 노인에게 전달하고, 의뢰할 기관에 노인의 욕구에 대해 개괄적으로 정리한 글을 보내고, 노인이 떠나기 전에 의뢰기관에 연락하여 노인과 만날 약속 시간을 정하고, 노인이 의뢰기관에 가는 것을 꺼릴 경우에는 노인과 동행하고, 의뢰기관에 대해 객관적인 정보를 제공하여 비현실적인 기대를 갖지 않도록 한다.

(2) 추후면접

종결 이후에 몇 개월 동안 지속되는 추후면접은 사회복지사와 노인 모두에게 도움이 된다. 즉, 노인은 종결 이후에도 발전을 계속하며, 사회복지사는 노인의 변화와 발전을 인정해 주고 이러한 노력이 계속되도록 지지한다. 이처럼 추후면접은 노인에 대한 상담자의 계속적인 관심을 보여줌으로써 노인으로 하여금 종결에 대한 충격을 완화하는 작용을 할 뿐만 아니라 상담자는 노인의 기능 수행상의 약화를 예방할 수 있는 원조를 적시에 제공할 수 있다.

2. 노인복지실천의 개입수준

1) 일차적 개입수준 : 예방적 개입

일차적 개입수준은 예방적 개입으로 노인들을 계속해서 가능한 한 신체적으로, 사회적으로, 정서적으로 건강하게 유지하는 것이다. 그러므로 일차적 개입은 노인의 건강과 안녕을 증진시키는 활동이다. 그 첫째 유형이 건강증진 캠페인이다. 두 번째 유형은 특별히 위험에 직면할 가능성이 높은 집단을 위한 홍보계획이다. 이 두 활동의 목표는 노인들의 건강을 위협하는 사건들을 줄이는 것이다.

2) 이차적 개입수준 : 치료적 개입

이차적 개입수준은 치료적 개입으로 노인들이 어떤 문제에 직면하는 것에서부터 출발한다. 이러한 개입은 초기의 진단을 목표로 하고 상황의 치료를 증진시킨다. 이차적 개입은 최대한 문제를 해결하고 심각한 기능적 손상이 발생하는 것을 방지하는 것을 강조한다.

3) 삼차적 개입수준 : 재활적 개입

삼차적 개입수준은 재활적 개입으로 장애극복과 재활활동을 포함한다. 장애수준을 호전시키고 가능한 한 많은 기능을 유지하도록 원조하는 것이다. 노인 개인과 그 부양가족을 포함한다. 기능적으로 손상된 노인들은 그들의 가족들로부터 원조를 받는다.

제3절 노인복지실천의 개입역할가와 기술

1. 개입역할가

1) 중개자 : 조정자, 안내자

중개자로서의 역할은 클라이언트의 욕구와 환경자원을 사정하는 것이다. 중개자의 기본활동으로 의뢰과정은 적절한 자원배치, 서비스 제공에 대한 자료수집, 서비스 수행과업을 위한 클라이언트 원조 등이다.

2) 가능자 : 원조자, 격려자

기능자로서의 역할로 사회복지사는 클라이언트의 역량을 강화시킨다. 즉, 클라이언트로 하여금 내적 강점을 확인하고 서비스 목표를 충족시키는 기제에 대처하도록 도와준다.

3) 옹호자 : 지지자, 대변인

실천가는 클라이언트의 입장을 취하고 개인, 집단, 지역사회에 대한 지지자, 대변인이 된다. 옹호의 다른 유형은 체계 외부에 있다. 옹호의 두 가지 유형은 클라이언트를 대신해서 클라이언트의 입장을 옹호하고 권리를 주장하는 것이다.

4) 교 사

교육은 사람으로 하여금 새로운 지식과 기술을 배울 수 있도록 한다. 교사의 목표는 클라이언트로 하여금 부가적인 기술과 다른 자원들을 얻을 수 있도록 원조하는 것이다.

5) 중재자

중재자의 역할에서 사회복지사는 클라이언트와 다른 체계 사이의 갈등을 해결한다. 중재자는 이슈를 명확히 하며 논쟁 당사자 사이의 공통된 내용을 찾으려 한다. 중재과정에서 중요한 것은 화제(이슈)의 초점을 유지함으로써 쌍방이 받아들일 수 있는 해결책을 찾는 특정 기술이다.

2. 노인복지실천의 기술

노인복지실천의 기술은 다음으로 이해될 수 있다.

1) 노화에 따른 신체적, 심리적, 사회적 변화
2) 노화와 정신질환 및 가족의 역할에 대한 다양한 태도
3) 노화가 가족의 역동에 미치는 영향
4) 도움을 받는 것에 대한 노인의 태도
5) 생활의 변화에 대한 적응방식의 다양성
6) 노인과 가족을 위해 사용할 수 있는 자원의 이용 가능성
7) 신체적, 사회적 노화를 설명하는 이론적 모델
8) 성별, 인종, 문화, 경제상태, 만족, 성적 오리엔테이션 등에 따른 노화 과정의 다양성
9) 노인의 건강과 질병의 예방에 대한 개념
10) 전쟁, 가난 등의 경험이 노인의 가치에 미치는 영향
11) 노년기의 사랑, 친교 및 성
12) 노인정책 및 서비스가 소수집단에 미치는 영향
13) 노인정책 및 서비스가 여성에게 미치는 영향
14) 정책, 법규, 프로그램이 노인복지실천현장에 미치는 영향

15) 노인과 성인장애인에 관한 관리보호 정책

16) 건강, 정신건강, 장기보양보호관련 정책, 법규 및 프로그램

17) 노인과 관련된 기본적인 약리학 및 약물들의 상호작용

3. 노인복지실천의 구체적 기술

1) 관여기술

계획된 관여기술은 모든 사회복지실천의 기본이다.

2) 사정기술

사정기술의 목적은 노인들의 상황을 이해하고 개별화하는 것이며 특정 상황 내에 관련된 요소를 명확히 하고 분석하는 것이다. 철저한 사정은 클라이언트의 개입에 있어서 결정을 내리는 기반이다. 노인 클라이언트의 사정은 다양한 수준의 기능에 대한 정보를 포함한다. 다른 중요한 부분은 클라이언트 체계에 유용한 지지의 유형이다.

3) 의사소통기술

의사소통기술은 복잡하지 않고 직접적인 언어는 언어적 의사소통에 있어 가장 효과적인 방법이다. 이는 비언어적인 의사소통에의 관심 또한 클라이언트와의 관계에서 마찬가지로 중요하다. 또한 자리배열은 의사소통의 또 다른 형태이다. 노인과 바로 근접해서 앉는 것은 노인이 말하는 것에 대한 이해를 돕고 수용의 표현이기도 하다. 시각과 청각 손상은 노화를 증진시키는 조건이 된다. 이러한 감각기능의 변화는 의사소통을 방해한다.

4) 면담기술

면담은 특정 이슈나 질문에 관해 정보가 필요할 때 사용되는 의사소통의 한 형태이다. 면담은 목적 있는 의사소통의 교환이며 우연한 정보의 교환 내지 비공식적 대화와는 대조를 이룬다.

5) 자료기록기술

자료기록은 사회복지실천에 있어 중요한 요소이다. 정확하고 적절한 자료기술은 클라이언트에 대한 서비스의 질을 명확히 하는 데 필수적이다. 사회복지서비스 자료는 책임성, 효율성, 비밀보장의 원칙이 동시에 지켜져야 한다. 어떠한 자료의 형태이건 중요한 점은 클라이언트와 함께 있는 때가 자료기록의 적절한 때가 아니라는 점이다.

제4절 노인사례관리와 상담 그리고 장애요인

1. 사례관리

1) 사례관리의 개념

사례관리는 다양한 문제와 함께 사회적 기능수행의 어려움을 겪는 클라이언트에게 포괄적이고 체계적이며 지속적인 지역사회보호서비스를 전달하는 데 목적을 둔 일련의 문제해결과정으로서 통합적 사회복지실천과정을 구체화시킨 모델이다. 또한 사례관리는 독립적인 생활능력이 감소되고 복잡한 상황에 놓여 있는 지역사회 내 재가노인서비스 욕구를 충족시킬 수 있는 가치 있는 다양한 접근이다. 사례관리는 사회복지실천의 주요 관점인 환경 속의 인간(PIE : Person In Environment)의 전형이며 광범위한 서비스 개발 및 수행을 위한 기초를 제공한다.

2) 사례관리의 필요성

사례관리는 장애인과 노인 등과 같이 장기보호가 필요한 대상에게 효과가 있으며 대인서비스의 여러 분야에 걸쳐 다양한 서비스가 필요한 대상자들에게 효과적으로 서비스를 전달하는 주요 실천방법으로 인정받고 있다. 우리나라도 시설보호의 문제점과 재가복지에 대한 정부의 관심이 증가하면서 1990년대 이후 재가복지봉사센터를 전국적으로 설치하여 장애인, 노인, 저소득 가정을 위한 지역사회의 사례관리서비스를 제공하고 있다. 재가복지노인복지실천에서 사례관리실천이 필요한 이유는 다음과 같다.

첫째, 노인은 복합적인 욕구와 문제에 유연하고 신속하게 대처하기 위해 사례관리적 접근이 필요하다.

둘째, 노인들의 장기보호욕구를 충족시키며 가족보호의 기능을 강화하기 위해서는 다양한 사회적 지지체계를 활용하는 사례관리의 접근이 필요하다.

셋째, 적극적인 실천방법인 사례관리를 통해 복합적인 욕구와 문제를 해결할 수 있는 서비스와 신속하게 연결시키는 것이 필요하다.

넷째, 지역사회 중심의 서비스, 욕구 중심의 서비스, 공식적·비공식적 서비스의 연계 등이 강조되면서 서비스의 통합, 조정, 지속적인 보호를 제공할 수 있는 사례관리의 필요성이 증대되었다.

3) 사례관리의 역할과 기능

사례관리의 최소한의 모델은 사정과 의뢰서비스이다. 이 모델은 사례조직과 계획 그리고 의뢰 등의 역할을 수행한다. 지역사회실천기술은 잠재적인 지역사회자원의 사정과 관련되어 있다. 이는 아웃리치, 사정, 의뢰를 넘어 체계가 존재하지 않거나 접근이 불가능할 때 서비스체계의 개발과 사용을 포함한다. 부가적인 과업, 즉 옹호, 중재, 협상, 클라이언트의 일차적, 이차적, 삼차적 사회적 지지체계의 개발에 나타난다. 또한 클라이언트 중심 과업에다 옹호, 개인적인 클라이언트의 문제를 공공의 관심사로 전환시키는 서비스와 지역사회 개발을 위한 사회적 행동주의 등의 부가적인 지역사회실천을 포함한다.

사례관리자는 개인과 가족에 대한 지속적인 관리를 통해 클라이언트를 적합한 서비스에 연결하고 연결된 서비스를 적절히 활용하도록 조정하는 과정에 개입한다. 개입수준에 따라 미시적(개인·가족), 중범위적(조직·공식적 집단), 거시적(지역사회·사회) 개입수준으로 구분된다. 이 과정에서 상황에 적합하게 효과적인 개입역할을 선택하는 능력을 기르는 것이 중요하다.

2. 노인상담

1) 노인상담의 개념

상담이란 스스로 해결할 수 없는 욕구나 문제 등을 가진 개인들에게 상호 대화를 통해 스스로 문제나 욕구를 해결할 수 있는 잠재력을 개발해 주고 적절한 정보를 제공해 주는 적극적인 대인복지서비스라 할 수 있다. 노인상담은 도움을 필요로 하는 노인이 전문적 훈련을 받은 상담자와의 대면관계에서, 개인적, 가족적, 경제적 및 신체적 문제를 해결하고 감정, 사고, 행동 측면에서 인간적인 성장을 가져와 성공적인 노후생활을 영위하기 위하여 노력하는 과정을 의미한다.

2) 노인상담의 목적과 역할 그리고 특성

노인상담의 목적은 다음과 같다.

첫째, 노인상담은 노인들에게 정서적 지지와 지원, 문제 해결과 예방의 역할을 객관적으로 대행해 줌으로써 현대사회에서 고립되고 소외된 많은 노인들에게 일차적 사회관계망의 역할을 수행한다.

둘째, 노인상담은 노인들로 하여금 변화하는 현대사회에 기능적으로 잘 대처할 수 있도록 새로운 정보제공자의 역할을 수행함으로써 노인들의 사회적 기능을 제고시킨다.

셋째, 노인상담은 노인들의 숨은 욕구와 필요에 대한 실증적인 탐색을 가능하게 한다.

넷째, 노인상담은 노인뿐만 아니라 노인을 부양하는 가족들로 하여금 노인에 대한 이해를 도모하고, 가족원들에게는 정서적 지지와 정보를 제공하는 등 가족 원조자의 역할도 수행한다.

노인상담의 역할은 다음과 같다.

첫째, 노인상담은 노인들이 인생의 발달단계에서 경험하고 있는 변화와 적응에 적절하게 대처하도록 돕는 역할을 한다.

둘째, 노인상담은 노인들이 현재 가지고 있는 다양한 문제를 이해하고 이에 대한 정서적 지지를 제공하며 문제해결을 위한 적절한 도움과 향후 발생할 수 있는 문제에 대한 예방차원에 이르도록 노인들을 돕는다.

셋째, 노인상담은 노인들의 숨은 욕구와 현실적인 요구 해결방안에 대한 도움의 방법을 모색하여 노인들이 생의 후반기를 원만하고 만족스럽게 지낼 수 있도록 지원한다.

넷째, 노인상담은 노인을 비롯하여 노인을 부양하고 있는 가족원의 이해를 도모하고 호의적인 관계 유지를 위해 가족원을 정서적으로 지지하여 가족이 노인의 성공적인 노후생활을 돕도록 적절한 지원을 제공한다.

노인상담의 특수성을 고려한 노인상담의 특성을 살펴보면 다음과 같다.

첫째, 노인의 신체적 특성과 관련해 노인의 일반적인 신체적 변화에 관한 지식을 갖는 것이 중요하다.

둘째, 노인의 심리적 특성과 관련해 노인들의 감각기관의 상태에 대해서도 잘 파악할 필요가 있다.

셋째, 노인의 사회적 특성을 고려해 노인의 호소내용 가운데 숨겨진 가족적, 사회적 역할갈등 요소를 찾아낼 필요가 있다.

넷째, 노인상담은 여타 상담에 비해 상담자로 하여금 많은 인내와 조심성을 요구한다.

3. 노인복지실천의 장애요인

1) 노 인

노인들이 사회복지서비스를 이용하는 데 있어 하나의 장애요인으로 노인들 자신을 들 수 있다. 노인세대는 관료체계를 불신하며 사회복지서비스를 받는 것에 부정적인 낙인을 붙인다. 또다른 요인으로는 노인들이 그들의 독립성이 상실되는 것에 대한 두려움이다.

2) 실천가

사회복지사는 때때로 노인에 대한 고정관념과 사회의 보이지 않는 차별에 대해 알지 못한다.

3) 서비스 전달체계

노인들이 사회복지서비스를 사용하는 데 있어 주된 장애는 서비스 전달체계의 단편화이다. 대부분의 노인들은 이용 가능한 서비스에 대해 알지 못한다것이 첫 번째 장애요인이다. 두 번째 장애요인은 서비스 지급방법이다. 의료급여는 노인들이 많이 사용하는 국가의 건강보장체계이다. 그러나 이 서비스는 응급의 경우에는 사용되지만 장기요양이나 돌봄서비스는 제공해 주지 않는다. 장기요양서비스를 받기 위해서는 별도의 수속이 필요하다.

5

PART

노인복지 이슈의 이해와 대책

CHAPTER 16

노인성 치매

제1절 노인성 치매의 이해

1. 치매의 정의와 현황

노인성 치매는 정상적으로 생활해 오던 사람이 65세 이후 다양한 원인으로 인해 뇌기능이 손상되면서 이전에 비해 인지기능이 지속적이고 전반적으로 저하되어 일상생활에 상당한 지장이 나타나고 있는 상태를 가리킨다. 즉, 노인성 치매란 65세 이후 노년기에 발병한 치매를 총칭한다. 반면에 65세 이전에 발병하는 치매는 초로기 치매(pre-senile dementia)라고 부른다.

과거에는 노인성 치매를 망령, 노망이라고 부르면서 노인이면 당연히 겪게 되는 노화현상이라고 생각했으나 최근 많은 연구를 통해 분명한 뇌질환으로 인식되고 있다. 치매는 전 세계적으로 65세 이상 노인에서 5~10% 정도의 유병률을 보이고 있고, 우리나라의 경우 약 8.2~10.8% 정도로 보고되고 있다. 치매 유병률은 연령 증가에 따라 함께 증가하여 65세 기준으로 나이가 5세 많아질 때마다 2배씩 증가하여 65~69세의 연령층에서 약 2~3% 정도지만 기하급수적으로 증가하여 70~74세에서 4~6%, 75~80세에서 약 8~12%, 80세 이상에서는 20%가 넘는 노인들이 치매에 걸리게 된다. 중앙치매센터의 발표자료를 보면, 국내 65세 인구 중 2023년 추정치매환자가 100만 명이 넘을 것으로 예상되고 치매유병률은 2035년에 11.31%로 대폭 높아질 전망이다.

2. 치매의 증상

노인성 치매의 증상은 크게 인지기능 저하 증상, 정신행동 증상, 신경학적 증상 및 신체적 증상으로 나눌 수 있다. 인지기능 저하 증상에는 기억력 감퇴, 언어능력 저하, 시공간 파악능력 저하, 판단력 및 일상생활 수행능력의 저하 등이 포함된다. 정신행동 증상에는 성격변화, 무감동, 우울, 불안, 망상, 환각, 배회, 공격성, 자극 과민성, 이상 행동, 식이 변화, 수면 장애 등의 성격이나 정서 혹은 행동 문제들이 포함된다. 신경학적 증상으로 편측운동마비, 편측감각저하, 시야장애, 안면 마비, 발음 이상, 삼키기 곤란, 보행장애, 사지 경직 등이 있으며, 대소변 실금, 낙상, 욕창, 폐렴, 요도감염, 패혈증 등의 신체적 증상이 합병증으로 나타나기도 한다.

노인성 치매는 원인 질환의 종류에 따라 동반되는 증상의 종류나 출현 시기, 경과 등에서 차이를 보인다. 알츠하이머병의 경우 초기에 주로 최근 기억 감퇴가 나타나고 점진적으로 진행하면서 다른 기억력 외 다른 인지기능 저하 증상 및 정신행동 증상이 빈번해지며, 말기에 이르면 사지경직, 보행장애, 실금 등의 신경학적 증상이나 신체적 증상이 출현하는 비교적 일정한 진행 패턴을 보인다. 이에 비해, 혈관성 치매는 원인이 되는 뇌혈관 질환 위치나 침범 정도에 따라 나타나는 증상의 종류나 정도, 출현 시기 등이 매우 다양할 수 있으며 보행장애나 운동 마비, 발음 이상 등 다양한 신경학적 증상이 비교적 치매 초기 단계에서부터 동반되는 경우가 흔하다.

알츠하이머병과는 다른 뇌 병리에 의해 발생하는 루이체 치매의 경우 환자가 자세히 묘사할 수 있을 정도의 생생한 환시, 인지기능의 악화와 호전 반복, 파킨슨병과 유사한 운동기능의 저하 등이 특징적으로 나타나며 그 외에도 혼돈이나 실신 증상의 반복, 수면 도중에 꿈 내용을 그대로 행동으로 옮기게 되는 렘수면 행동장애 등이 자주 동반된다.

전측두엽 퇴행은 40~50대 중년기에 주로 발병하지만 노인성 치매로 나타나기도 한다. 이 병에서는 초기부터 주변에 무관심해지거나 충동적인 행동을 보이고 다른 사람들과의 관계에서 이전과 달리 부적절하거나 기이한 행동을 보이는 경우가 많다. 그래서 주변 사람들은 기억력은 별로 나빠지지 않았는데 사람 성격이 너무 변했다고 느끼게 된다. 또한 초기부터 언어장애가 두드러지게 나타나는 경우도 많은데 말수가 줄거나 말뜻을 잘 이해하지 못하는 경우가 생긴다. 전측두엽 퇴행은 어떤 증상이 특징적으로 나타나느냐에 따라 전측두엽 치매, 진행성 비유창성 실어증, 의미 치매 등 세 가지 증후군으로 구분된다. 즉, 성격이나 행동변화가 주된 임상 증상으로 나타나는 경우를 **전측두엽 치매**, 언어 표현 장애가 두드러질 경우 **진행성 비유창성 실어증**, 언어나 물건의 의미가 무엇인지 모르는 증상이 심한 경우를 **의미 치매**라고 부른다.

3. 치매의 원인

노인성 치매는 단일 질환을 가리키는 말이 아니고 여러 가지 원인 질환에 의해 노년기에 발병하는 치매를 총칭하는 것이다. 노년기에 치매를 일으킬 수 있는 원인들은 매우 다양한데, 이들 중 가장 많은 것은 '**알츠하이머병**'[1]과

1) 가장 흔한 퇴행성 뇌질환으로, 1907년 독일의 정신과 의사인 알로이스 알츠하이머(Alois Alzheimer) 박사에 의해 최초로 보고되었다. 알츠하이머병은 매우 서서히 발병하여 점진적으로 진행되는 경과가 특징적이다. 초기에는 주로 최근 일에 대한 기억력에서 문제를 보이다가 진행하면서 언어기능이나 판단력 등 다른 여러 인지기능의 이상을 동반하게 되다가 결국에는 모든 일상 생활 기능을 상실하게 된다.

'혈관성 치매'[2)]이며 상대적으로 빈도는 낮으나 루이체 치매, 전측두엽 퇴행, 파킨슨병 등의 다른 퇴행성 뇌질환들과 정상압 뇌수두증, 두부 외상, 뇌종양, 대사성 질환, 결핍성 질환, 중독성 질환, 감염성 질환 등도 원인이 될 수 있다.

20세기 전반기까지 노인성 치매는 상당 부분 뇌혈관 질환에 의한 혈관성 치매로 생각되기도 했다. 이 당시 알츠하이머병은 노인성 치매보다는 노년기 이전에 발생하는 드문 치매의 원인 질환으로 여겨졌다. 그러나 이후 전 세계적으로 노인인구가 급격히 증가하고 관련 치매 연구가 발전하면서 현재는 알츠하이머병이 노인성 치매 원인의 50% 이상을 차지하며 혈관성 치매는 20%에서 30% 정도를 설명하는 것으로 알려지고 있다.

2) 뇌혈관 질환에 의해 뇌조직이 손상을 입어 치매가 발생하는 경우이다. 1672년 토마스 윌리스에 의해 뇌졸중 후 치매 증례가 처음 보고된 후 17세기 말경부터 혈관성 치매의 용어가 사용되기 시작하였다. 1970~1980년경에는 반복적인 뇌경색에 의해 발생하는 다발성경색치매(multi-infarct dementia)라는 용어가 혈관성 치매와 동일하게 사용되기도 했다. 그러나 신경영상 기법의 발전 및 관련 연구의 확대로 다발성 뇌경색뿐만 아니라 전략적 뇌 부위의 단일 뇌경색, 다발성 열공(매우 작은 뇌경색), 피질하 소혈관 질환, 여러 형태의 뇌출혈 등도 혈관성 치매를 초래할 수 있다는 사실이 알려지면서 현재는 다양한 뇌혈관 질환에 의해 초래되는 치매를 모두 포함하는, 이전보다 확장된 개념으로 혈관성 치매라는 용어가 사용되고 있다.

제2절 치매관리사업의 현황3)

1. 추진목적

치매관리법 제1조에서는 치매의 예방과 치매환자에 대한 보호와 지원 및 치매퇴치를 위한 연구 등에 관한 정책을 종합적으로 수립하고 시행함으로써 치매로 인한 개인적 고통과 피해 및 사회적 부담을 줄이고 국민건강증진에 이바지함을 목적으로 한다(치매관리법 2011. 8. 4. 제정).

2. 연 혁

- 저출산고령사회 기본계획(새로마지플랜 2010, 2006. 6. 8. 보도)에 치매노인에 대한 종합적 관리·지원 체계 구축 내용을 포함
- 2008년 9월 치매의 종합적·체계적 관리를 위한 치매종합관리대책(2008~2012)을 수립·발표하고 치매와의 전쟁 선포(치매검진, 치매진료·약제비 등 지원, 보건소 치매상담센터 설치·운영 등)
- 2012년 2월 치매관리법 제정·시행 및 제2차 치매관리종합계획(2012~2015) 수립·시행에 따라 중앙치매센터 운영(국가치매관리사업 추진), 광역치매센터 설치 및 운영, 치매상담콜센터 운영 본격 추진(2012년~)
- 2015년 12월 제3차 치매관리종합계획(2016~2020) 수립·확정에 따라 지역사회 중심의 치매 예방·관리, 치매 진단·치료·돌봄, 치매환자 가족 부담 경감 추진
- 2017년 국정과제로 치매국가책임제를 발표하여 치매 관련 통합적 상담·사례관리 등 치매관리체계를 수요자 중심으로 확대·발전 추진

3) 보건복지부(2022). 2022 노인보건복지사업안내.

- 2020년 10월 제4차 치매관리종합계획(2021~2025) 발표, 치매가족휴가제 이용한도 확대(6일 → 12일), 치매가족 상담수가 도입 등 추진
- 2021년 6월 치매관리법 개정(2020. 12. 29)에 따른 치매관리법 시행령·시행규칙 개정[4])을 통해 치매관리사업 추진체계 강화

제3절 치매관리전달체계

1. 목 적

중앙정부와 광역 및 기초지방자치단체는 치매 관련 계획을 조정·연계하고, 국가치매관리사업을 수행하는 데 있어서 효과적인 관리가 가능하도록 중앙–광역–치매안심센터로 이어지는 인프라 및 전달체계를 구축하는 데 목적이 있다.

2. 추진체계

1) 보건복지부

보건복지부 중앙치매센터는 <표 16–1>, |그림 16–1|과 같은 역할을 한다.

4) (시행령) ① 중앙치매센터의 국립중앙의료원 법정 위탁, ② 공공후견활성화를 위한 후견법인 요건 마련, ③ 통합시스템구축을 위한 정보연계 범위 확대 등
(시행규칙) ① 5년 단위 치매실태조사 방법 및 내용, ② 치매정보시스템 활용 범위 등, ③ 치매안심병원 인력기준 개정 등

〈표 16-1〉 보건복지부와 중앙치매센터의 역할

추진체계	역 할
보건복지부	• 치매관리종합계획 수립 · 시행 및 평가 • 국가치매관리사업 총괄 및 전달체계 수립 및 관리 · 지원 • 중앙치매센터 설치 및 운영 • 광역치매센터 · 치매안심센터 예산 지원 및 지도 · 감독 • 광역치매센터 · 치매안심센터 운영지침 수립 • 성과평가를 통한 사업 질 관리 및 운영 효율화 도모
중앙치매센터	• 치매관리종합계획 수립 및 시행계획 추진실적 평가 지원 • 국가치매관리사업 기획 및 연구 • 치매관리사업수행기관 기술 지원 및 평가 지원 • 치매관리사업 운영지침 개발 및 보급 • 광역치매센터 · 치매안심센터 종사자 표준 교육과정 및 교재 개발 • 치매정보시스템 구축 · 운영 및 치매등록통계사업 지원 • 치매안심센터 업무 지원

2) 광역지방자치단체(시도)

광역지방자치단체(시도) 광역치매센터는 <표 16-2>, |그림 16-1|과 같은 역할을 한다.

〈표 16-2〉 광역지방자치단체 광역치매센터의 역할

추진체계	역 할
광역지방자치단체(시도)	• 치매관리에 관한 시행계획 수립 · 시행 및 평가 • 지역치매관리사업 총괄 및 관리 · 지원 • 광역치매센터 설치 및 운영 • 광역치매센터 · 치매안심센터 행정적 · 재정적 관리 · 지원
광역치매센터	• 광역지자체의 치매관리시행계획 수립 및 시행지원 • 지역치매관리사업 기획 및 연구 • 치매안심센터 및 노인복지시설 등의 사업수행을 위한 기술지원 • 치매안심센터 성과평가 수행 지원 • 치매전문인력 종사자 교육 • 지자체 내 치매 예방 · 치료 관련 기관 연계체계 마련 • 치매 예방 · 인식개선 교육 및 홍보

3) 기초지방자치단체(시군구 보건소)

기초지방자치단체(시군구 보건소) 치매안심센터는 <표 16-3>, |그림 16-1|과 같은 역할을 한다.

〈표 16-3〉 기초지방자치단체 치매안심센터의 역할

추진체계	역 할
기초지방자치단체 (시군구 보건소)	• 치매관리에 관한 시행계획 수립·시행 • 치매안심센터 설치 및 운영 • 치매안심센터 행정적·재정적 관리·지원
치매안심센터	• 치매 관련 상담 및 조기검진 • 치매환자의 등록·관리 • 치매환자쉼터 운영 • 치매환자 가족지원사업 • 성년후견제 이용지원사업 • 치매 예방·인식개선 교육 및 홍보

|그림 16-1|은 보건복지부, 중앙치매센터, 광역치매센터, 치매안심센터 치매관리전달체계이다.

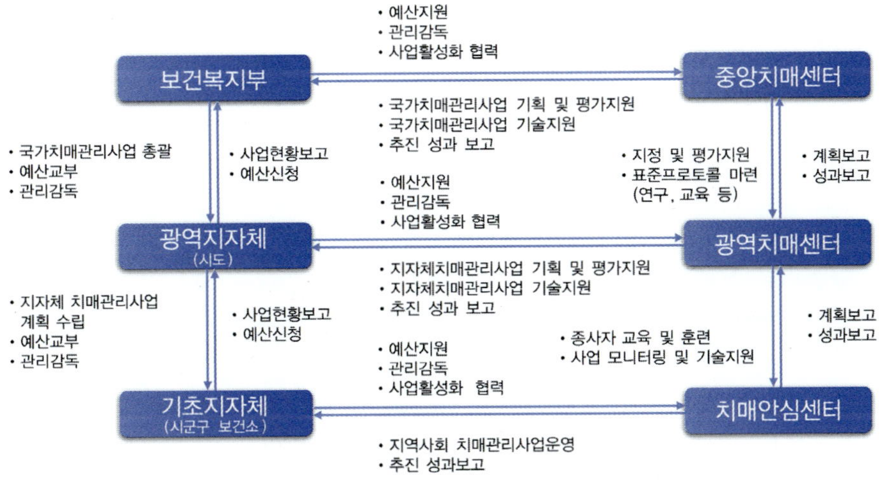

|그림 16-1| 치매관리전달체계

3. 시설현황

치매관리 수행기관(2022년 말 현재)은 중앙치매센터 1개소, 광역치매센터 17개소, 치매안심센터 256개소, 치매안심병원 10개소 및 공립요양병원 77개소가 설치·운영되고 있다. 인천광역시, 광주광역시, 대전광역시, 울산광역시, 충청북도, 경상북도, 제주특별자치도는 광역치매센터, 치매안심센터 및 치매안심병원이 모두 설치되어 있다.

CHAPTER 17

노인학대

제1절 노인학대의 이해

1. 노인학대의 정의

노인학대는 노인에 대하여 신체적, 정신적, 정서적, 성적 폭력 및 경제적 착취 또는 가혹행위를 하거나 유기 또는 방임을 하는 것을 말한다(노인복지법 제1조의2 제4호).

2. 노인학대 발생 장소

1) 가정 내 학대

가정 내 학대는 노인과 동일가구에서 생활하고 있는 노인의 가족구성원인 배우자와 성인자녀뿐만 아니라 노인과 동일가구에서 생활하지 않는 부양 의무자 등 그 밖의 친족에 의한 노인학대를 말한다.

2) 생활시설 학대

생활시설 학대는 노인복지법에 따른 노인주거복지시설(양로시설, 노인공동생활가정, 노인복지주택)과 노인의료복지시설(노인요양시설, 노인요양공동생활가정) 같은 생활시설에서 발생한 노인학대를 말한다.

3) 이용시설 학대

이용시설 학대는 노인복지법에 따른 노인여가복지시설(노인복지관, 경로당, 노인교실)과 재가노인복지시설(방문요양서비스, 재가노인지원서비스, 단기보호서비스 등) 같은 이용시설에서 발생한 노인학대를 말한다.

4) 병원 학대

병원 학대는 의료법 제3조에 따른 의료기관(의원, 요양병원, 종합병원 등)에서 발생한 노인학대를 말한다.

5) 공공장소 학대

공공장소 학대는 사람들이 공동으로 이용할 수 있는 장소나 여럿이 함께 있는 장소에서 발생한 노인학대를 말한다.

3. 사례판정

1) 학대사례

신고접수 시 노인학대가 의심되어 현장조사를 실시한 후 사례판정 결과 학대사례로 응급, 비응급, 잠재적 사례로 판정된 사례를 의미한다.

(1) 응급사례

응급사례는 노인학대가 현재 발생하고 있거나 학대로 인해 즉각적인 의료조치가 필요한 경우에 해당된다. 또한 학대행위자로부터 즉시 격리가 요구되며 노인의 생명 혹은 안전이 매우 위험하다고 판단되는 경우 등을 말한다.

(2) 비응급사례

비응급사례는 노인학대가 발생하였으나 학대피해노인의 안전이 확보되어 응급이 아닌 경우로 노인의 신체적, 정신적, 경제적 피해가 경미한 경우에 해당된다.

(3) 잠재적 사례

잠재적 사례는 학대가 발생하고 있지 않으나 노인부양과 노인과 가족 간의 의사소통 기술 부족이나 갈등 등 학대위험요인이 있다고 판단되는 경우에 해당된다.

2) 일반사례

일반사례는 신고 접수된 사례 중 단순 정보제공이나 기관 안내 등의 문의로 학대 의심사례로 보기 어려운 사례와 신고접수 시 노인학대가 의심되었으나 사실관계 확인 및 현장조사 등을 통하여 노인학대 및 학대위험요인이 드러나지 않는 사례를 의미한다.

4. 노인학대의 유형[1)]

1) 신체적 학대

신체적 학대는 물리적 힘 또는 도구를 이용하여 노인에게 신체적 혹은 정신적 손상이나 고통 또는 장애를 유발시키는 행위를 말하며 다음과 같은 행위들이 동반된다.

- 주먹 등으로 때린다.
- 밀어서 넘어뜨린다.

1) 보건복지부・중앙노인보호전문기관(2021). 2021 노인학대 현황보고서(가이드북). 강원동부노인보호전문기관(http://www.gd1389.or.kr)

- 침대 등에 묶어서 움직이지 못하게 한다.
- 집 밖으로 나가지 못하게 하거나 집으로 들어오지 못하게 한다.
- 칼 등의 흉기로 위협한다.
- 꼭 먹어야 할 약물을 못 먹게 한다.
- 불필요한 약물을 강제로 먹게 한다.
- 강제로 일을 강요한다.

2) 정서적 학대

정서적 학대는 비난, 모욕, 위협, 협박 등의 언어 및 비언어적 행위를 통하여 노인에게 정서적으로 고통을 주는 행위를 말하며 다음과 같은 행위들이 동반된다.

- 고함을 지르거나 욕을 한다.
- 말이나 행동을 통해 지속적으로 무시한다.
- 이성교제나 사회활동을 방해한다.
- 자신에 대한 주요 결정에 소외시킨다.

3) 성적 학대

성적 학대는 성적 수치심 유발행위나 성폭력(성희롱, 성추행, 강간) 등 노인의 의사에 반하여 강제적으로 행하는 모든 성적 행위를 말하며 다음과 같은 행위들이 동반된다.

- 원하지 않는데 강제로 성관계를 강요하거나 몸을 만진다.

- 성적 수치심을 주는 성적인 농담이나 희롱을 한다.
- 사람들이 보고 있는데 성적 부위를 드러내고 옷이나 기저귀를 교체한다.

4) 경제적 학대

경제적 학대는 노인의 의사에 반하여 노인으로 부터 재산 또는 관리를 빼앗아 가는 행위로써 경제적 착취, 재산에 관한 법률 권리위반, 경제적 권리와 관련된 의사결정에서의 통제 등을 하는 행위를 말하며 다음과 같은 행위들이 동반된다.

- 허락 없이 재산을 가로챈다.
- 허락 없이 인감을 사용하여 피해를 준다.
- 자신의 돈을 마음대로 사용하지 못하게 한다.

5) 방 임

방임은 부양의무자로서의 책임이나 의무를 거부하거나 불이행 또는 포기하여 노인의 의식주 및 의료를 적절하게 제공하지 않는 행위를 말하며 다음과 같은 행위들이 동반된다(노인 스스로가 최소한의 자기보호 관련 행위를 의도적, 비의도적으로 포기하여 심신이 위험한 상황, 사망에 이르게 하는 자기방임 포함).

- 거동이 불편한 노인에게 돌봄을 제공하지 않는다.

- 생활비가 없는 노인에게 경제적 도움을 주지 않는다.
- 의료적 치료가 필요한 노인을 방치한다.
- 자신을 돌보지 않고 자해하거나 돌봄을 거부해서 생명이 위협받는다.

6) 유 기

유기는 보호자 또는 부양의무자가 노인을 버리는 행위를 말하며 다음과 같은 행위들이 동반된다.

- 연락을 두절하고 왕래하지 않는다.
- 시설이나 병원에 입소시키고 연락을 두절한다.
- 낯선 장소에 버린다.

제2절 노인학대 예방 사업[2)]

1. 노인보호전문기관

1) 중앙노인보호전문기관

중앙노인보호전문기관은 노인인권보호 관련 정책제언과 연구 및 프로그램의 개발, 관련 기관 협력체계의 구축 및 활성화 등의 역할을 수행한다(노인복지법 제39조의5 제1항).

2) 보건복지부 · 중앙노인보호전문기관(2021). 2021 노인학대 현황보고서(가이드북).

2) 지역노인보호전문기관

지역노인보호전문기관은 노인학대 신고 접수와 조사 및 개입 등의 노인학대예방사업을 수행한다(노인복지법 제39조의5 제2항).

노인보호전문기관 설치현황은 <표 17-1>과 같다.

〈표 17-1〉 노인보호전문기관 설치현황

(단위 : 개소)

2017년	2018년	2019년	2020년	2021년	2022년
31	33	35	35	38	38

※ 중앙노인보호전문기관 포함

2. 노인학대 신고접수 건수

노인학대 전체 신고접수 건수는 노인학대로 판정된 학대사례와 노인학대가 의심되었으나 사례판정 이후 일반사례로 판정된 사례를 합한 것을 의미하며, 2021년 노인학대 전체사례 건수는 <표 17-2>와 같이 19,391건으로 2020년 대비 약 14.2%가 증가(16,973건 ➜ 19,391건)하였다.

〈표 17-2〉 연도별 전체 신고접수 건수 및 증감률

(단위 : 건, %)

구 분	2017년	2018년	2019년	2020년	2021년
전체사례	13,309	15,482	16,071	16,973	19,391
증감률	10.8	16.3	3.8	5.6	14.2

3. 학대사례 판정 건수

신고접수 시 노인학대가 의심되어 현장조사를 실시한 후 사례판정 결과 학대사례(응급, 비응급, 잠재적 사례)라 판단한 학대사례의 경우 전체 사례의

34.9%이며 2020년 대비 약 8.2% 증가(6,259건 ➜ 6,774건)하였다(표 17-3).

〈표 17-3〉 신고접수 건수 및 비율(학대사례)

(단위 : 건, %)

구 분	2017년	2018년	2019년	2020년	2021년
학대사례	4,622	5,188	5,243	6,259	6,774
	34.7	35.5	32.6	36.9	34.9
증감률	–	12.2	1.1	19.4	8.2

4. 학대 일반사례 건수

일반사례는 단순 정보제공이나 기관 안내 등의 문의로 학대의심 사례로 보기 어려운 사례와 학대가 의심되었으나 현장조사 및 사례판정 결과 학대 의심이나 정황이 확인되지 않아 일반사례로 판정된 것은 전체사례의 65.1%이며 2020년 대비 약 17.8% 증가(10,714건 ➜ 12,617건)하였다(표 17-4).

〈표 17-4〉 신고접수 건수 및 비율(일반사례)

(단위 : 건, %)

구 분	2017년	2018년	2019년	2020년	2021년
일반사례	8,687	10,294	10,828	10,714	12,617
	65.3	66.5	67.4	63.1	65.1
증감률	–	18.5	5.2	–1.1	17.8

5. 재학대 건수

학대사례 중 재학대 사례는 2017년 이후 계속해서 증가추세를 보이고 있으며 2020년 대비 약 20.4% 증가(614건 ➜ 738건)하였다(표 17-5).

〈표 17-5〉 재학대 건수 및 비율

(단위 : 건, %)

구 분		2017년	2018년	2019년	2020년	2021년
학대사례 건수		4,622	5,188	5,243	6,259	6,774
재학대	건수	359	488	500	614	738
	비율	7.8	9.4	9.5	9.8	10.9
증감률		–	35.9	2.5	22.8	20.4

6. 학대발생장소

학대발생장소로는 가정 내 학대의 경우 2021년 5,962건(88.0%)으로 높은 비율을 나타내고 있다. 생활시설 학대의 경우 2020년 대비 2.9% 증가(521건 ➜ 536건)하였으며, 이용시설 학대의 경우 2020년 대비 5.4% 감소(92건 ➜ 87건)하였다(표 17－6).

〈표 17-6〉 학대발생장소 건수 및 비율

(단위 : 건, %)

구 분	2017년	2018년	2019년	2020년	2021년
가정 내	4,129	4,616	4,450	5,505	5,962
	89.2	89.0	84.9	88.0	88.0
생활시설	327	380	486	521	536
	7.1	7.3	9.3	8.3	7.9
이용시설	16	41	131	92	87
	0.3	0.8	2.5	1.5	1.3
병 원	27	65	45	37	62
	0.6	1.3	0.9	0.6	0.8
공공장소	58	42	60	39	54
	1.3	0.8	1.1	0.6	0.8

기 타	65	44	71	65	73
	1.4	0.8	1.4	1.0	1.1
계	4,622	5,188	5,243	6,259	6,744
	100	100	100	100	100

7. 학대유형 건수

노인학대는 여러 유형이 동시다발적으로 발생하며 보통 **정서적-신체적-방임** 학대유형의 순으로 나타나고 있다. 2021년도 학대유형 건수는 정서적 학대 4,627건(43.6%), 신체적 학대 4,390건(41.3%), 방임 691건(6.5%), 경제적 학대 406건(3.8%), 성적 학대 260건(2.4%), 자기방임 204건(1.9%), 유기 46건(0.4%)의 순으로 나타나고 있다. 이 중 2020년 대비 신체적 학대는 12.1%(3,917건→4,390건), 정서적 학대는 10.5%(4,188건→4,627건), 성적 학대는 12.6%(231건→260건) 증가하였다(표 17－7).

〈표 17-7〉 학대유형 건수

(단위 : 건, %)

구 분	2017년	2018년	2019년	2020년	2021년
신체적 학대	2,651	3,046	3,138	3,917	4,390
	36.4	37.3	38.1	40.0	41.3
정서적 학대	3,064	3,508	3,465	4,188	4,627
	42.0	42.9	42.1	42.7	43.6
성적 학대	150	228	218	231	260
	2.1	2.8	2.6	2.4	2.4
경제적 학대	411	381	426	431	406
	5.6	4.7	5.2	4.4	3.8

방 임	649	718	741	760	691
	8.9	8.8	9.0	7.8	6.5
자기방임	291	240	200	223	204
	4.0	2.9	2.4	2.3	1.9
유 기	71	55	41	53	46
	1.0	0.7	0.5	0.5	0.4
계	7,287	8,176	8,229	9,803	10,624
	100	100	100	100	100

8. 학대행위자와 학대피해노인과의 관계

학대행위자는 학대피해노인의 배우자(2,455건, 29.1%)가 가장 높은 비율을 차지하고 있다. 2021년 학대행위자 유형별로는 배우자(29.1%), 아들(27.2%), 기관(25.8%), 딸(7.4%)순으로 나타나고 있다. 특히 기관에 의한 학대는 2020년 대비 약 148.3%로 크게 증가(874건→2,170건 : 입소노인의 신체억제대 사용, 가림막 미사용 등 시설의 전체적인 관리 소홀 등의 문제로 시설 종사자 전원을 학대행위자로 중복 입력한 사례가 포함되어 있음)하였다(표 17-8).

〈표 17-8〉 학대행위자별 건수

(단위 : 건, %)

구 분	2017년	2018년	2019년	2020년	2021년
본 인	290	240	200	221	204
	5.7	4.2	3.5	3.3	2.4
배우자	1,263	1,557	1,749	2,120	2,455
	24.8	27.5	30.3	31.7	29.1
아 들	1,913	2,106	1,803	2,288	2,287
	37.5	37.2	31.2	34.2	27.2

며느리	131	143	109	123	119
	2.6	2.5	1.9	1.8	1.4
딸	424	436	438	589	627
	8.3	7.7	7.6	8.8	7.4
사 위	27	34	27	28	42
	0.5	0.6	0.5	0.4	0.5
손자녀	124	134	112	168	172
	2.4	2.4	1.9	2.5	2.0
친 척	49	59	50	64	90
	1.0	1.0	0.9	1.0	1.1
타 인	176	168	222	223	257
	3.5	3.0	3.8	3.3	3.1
기 관	704	788	1,067	874	2,170
	13.8	13.9	18.5	13.0	25.8
계	5,101	5,665	5,777	6,698	8,423
	100	100	100	100	100

연도별 학대피해 노인의 연령대는 70대가 최근 5년간(2017~2021년) 45% 내외의 수치를 보이며 높은 비율을 차지하는 것으로 나타났다. 다음으로 80대 30.1%, 60대 21.1%, 90대 5.9%, 100세 이상 0.1%의 순으로 나타나고 있다.

학대행위자 연령대는(2021년) 50대가 2,486명(29.5%)으로 높은 비율을 차지하였으며, 70대 2,377명(28.2%), 60대 1,557명(18.5%), 40대 1,393명(16.5%), 30대 405명(4.8%)의 순으로 나타나고 있다. 2020년 대비 50대 학대행위자가 52.1%(1,634명 ➜ 2,486명)로 크게 증가하였으며, 그 외 60대 40.3%(1,110명➜1,557명), 70대 16.9%(2,034명➜ 2,377명)의 증가율을 보였다.

제3절 노인학대 발생 원인 분석

1. 노인학대 판정 지속적인 증가

노인학대는 지속적으로 증가 추이를 보이고 있으며 전염병 등(코로나19)의 영향으로 가정 내 체류기간이 길어짐에 따라 동거가족 간의 갈등, 생활시설의 경우 시설 출입 제한, 돌봄종사자의 과도한 업무 등으로 인해 노인학대의 발생 가능성이 높아진 것으로 보인다. 아울러 신고의무자에 의한 신고가 2020년 대비 감소한바, 전염병의 장기화에 따른 장기요양시설・사회복지관 등 시설 이용 제한의 영향으로 보이나 직군별 신고의무자에 대한 교육과 신고체계를 강화할 필요성 또한 있다. 이와 함께 은폐된 노인학대를 발굴하고 신속히 대응하기 위하여 대국민 인식개선을 위한 **나비새김 캠페인**[3] 실시(2019년~), 노인학대 재발 방지를 위한 사후관리 상담원 파견 사업 실시(2019년~), 학대행위자 상담・교육 및 사후관리 강화(거부 시 과태료 부과) 근거 마련(2021년~), 노인보호전문기관 인프라 확충 등의 노력으로 일반 국민들의 노인학대에 대한 인식 수준이 높아지고 있는 것으로 보인다.

2. 학대행위자(아들→배우자) 및 가구형태(자녀동거→노인부부) 순위 변화

가구형태 변화 등으로 인해 함께 동거하고 있는 가족 간의 갈등 및 노인 배우자의 건강 악화, 돌봄 부담 스트레스 등의 복합적인 요인이 작용한 것으로 보이며 이와 함께 자녀동거 가구는 점차 감소하고 있으며 노인부부 가구의 비율은 지속적으로 증가하고 있어 배우자 학대에 대한 대응 마련이 필요하다.

3) 세대 간 이해와 공감을 통한 노인학대 예방을 위해 '사랑을 전하면 희망이 됩니다'라는 주제로 펼쳐졌으며, '가족사랑'의 의미를 담은 촬영물을 SNS에 게시하는 국민 참여 캠페인, 홍보콘텐츠 배포, 기부 행사 등으로 진행됐다. '나비새김'은 '존중받는 어르신을 나의 마음에 새김'을 의미한다.

3. 노인학대 판정건수 증가 대비 높은 재학대 증가율

노인학대 증가율은 8.2%로 주춤해졌으나 재학대 증가율은 20.4%(2020년 614건 → 2021년 739건)로 매우 높다. 특히 재학대의 96.9%(716건)는 가정 내에서 발생하고 있어 가정 내 노인학대 재학대 발생 요인을 감소시키기 위한 사후관리 서비스를 강화할 필요가 있다.

제4절 노인보호전문기관에서 제공하는 서비스

1. 상담서비스

상담서비스는 학대피해노인 및 학대행위자의 문제해결을 위해 개별상담과 집단상담 그리고 가족상담 등의 상담을 제공하는 서비스이다.

1) 학대상담

학대상담은 신고접수 시 노인학대가 의심되어 현장조사를 실시한 후 사례판정 결과 학대사례(응급, 비응급, 잠재적 사례)로 판단한 사례에 대한 문제해결을 위해 학대피해노인 및 학대행위자를 대상으로 실시한 상담을 의미한다.

2) 일반상담

일반상담은 일반사례로 판정된 사례로 유관기관 안내 및 복지서비스 등의 단순 정보제공을 위한 상담을 의미한다.

2. 사후관리

사후관리는 종결된 사례에 대해 학대피해노인이 안전한지 학대 재발 가능성은 없는지에 대해 일정 기간 정기적으로 관리하는 것으로 전화 및 방문 상담 등을 말한다.

3. 복지서비스 연계

복지서비스 연계는 학대피해노인 및 학대 행위자에게 각종 사회복지 제도 및 프로그램을 제공하거나 필요한 자원을 연계하고 제공하는 서비스이다.

4. 법률서비스 연계

법률서비스 연계는 학대피해노인 및 학대행위자의 법적 문제해결을 위해 법률에 대한 정보나 법률 지원을 연계하고 제공하는 서비스이다.

5. 의료서비스 연계

의료서비스 연계는 학대피해노인의 건강증진 및 학대행위자의 중독문제 해결을 위해 의료적 치료를 연계하고 제공하는 서비스이다.

6. 보호서비스

보호서비스는 학대피해노인의 안전과 보호를 위해 지킴이 연결 및 거처 등을 제공하는 서비스이다.

CHAPTER 18

노인자살[1)]

제1절 노인자살의 이해

자살은 세계적인 사망원인 중 하나로 전 연령대에서 증가하고 있는 추세이다. 특히 노년기는 건강의 감소, 배우자의 사망, 사회적 관계망의 축소, 경제력의 감소 등 여러 가지 상실을 경험하는 시기(Ferrini & Ferrini, 2000)로 신체적, 심리적으로 매우 취약한 시기이다. 노년기에 이와 같은 개인적 상실과 스트레스에 긍정적으로 대처할 경우 성공적 노화를 경험하게 되지만, 그렇지 못할 경우 자살이라는 극단적인 방법을 선택할 수 있다(Kim & Choi, 2007). 많은 자살 시도자와 효를 중시하는 우리 문화에서 은폐된 노인 자살자를 포함한다면 노인 자살자 수는 생각보다 훨씬 심각한 수준일 것으로 예상되며, 이러한 경향은 급속한 인구의 고령화와 더불어 더욱 심화될 것으로 예상된다. 이에 노인의 자살예방을 위한 보건의료인들의 역할이 시급히 요청된다.

일반적으로 자살은 자살시도를 경험한 사람에게 많으며 자살시도는 자살생각을 많이 하는 사람에게 발생되므로 자살생각이 행위 및 시도와는 다르지만 논리적, 시간적으로 자살시도나 행위에 앞선 것으로 자살의도를 반영한다. 따라서 자살을 예방하기 위해 자살 생각에 영향을 주는 요인들을 파악하고 이에 대한 대책을 마련하고자 하는 노력이 필요하다.

1) 보건복지부 · 한국생명존중희망재단(2021); 이소정 외(2009).

청소년의 자살이 단일요인에 의해 발생하는 데 반하여, 노인 자살은 여러 가지 요인이 복합적으로 작용하는데(Kim, 2006), 개인적 특성 및 가족관계와 건강상태 요인 등(Choi & Kim, 2008)으로 그리고 노인성 질환과 심리사회적 특성 및 노인의 자살생각과의 관계(Kim & Hwang, 2008), 자살생각과 노인의 개인적 특성 및 신체적 병력, 삶의 질, 우울 등의 심리사회적 측면에서의 관계가 제시(Hwang & Kim, 2008)되고 있다.

1. 노인자살 현황

통계청이 발표(2022. 9. 27)한 2021년 사망원인통계에 따르면, 2021년 자살자 수를 연령대별로 살펴보면, 지난해 대비 자살률은 10대(10.1%), 20대(8.5%) 및 70대(7.7%) 순으로 증가하였고, 60대(−5.7%), 40대(−3.4%), 80세 이상(−2.2%) 등에서 감소하였다. 자살률은 80세 이상(61.3명)이 가장 높았고, 뒤이어 70대(41.8명), 50대(30.1명), 60대(28.4명) 순으로 나타났다. 최근 5년간 연령별 자살률은 80세 이상이 가장 높은 자살률을 보이고 있고, 2017년부터 2018년에는 50대의 자살률이 60대보다 약간 높은 양상을 보였으나 2019년부터는 60대의 자살률이 증가하면서 연령대가 높을수록 자살률이 증가하는 경향을 보였다.

국제적으로 비교해 봐도 OECD 회원국 연령별 자살률에서 우리나라 노인들의 자살률은 OECD 1위라는 불명예를 안고 있다(그림 18−1). 보건복지부는 2019 자살예방백서에서 우리나라 65세 이상 노인자살률(인구 10만 명당)은 2015년 기준 58.6명으로 OECD 회원국 18.8명보다 훨씬 높고 2위 슬로베니아 38.7명과도 큰 격차를 이루고 있다고 밝혔다. 장수 국가인 일본은 22.8명으로 11위를 기록했고, 2000년대 초반 자살국가라는 오명으로 유명했던 핀란드도 15.1명으로 19위를 기록한 것과 대조적이다.

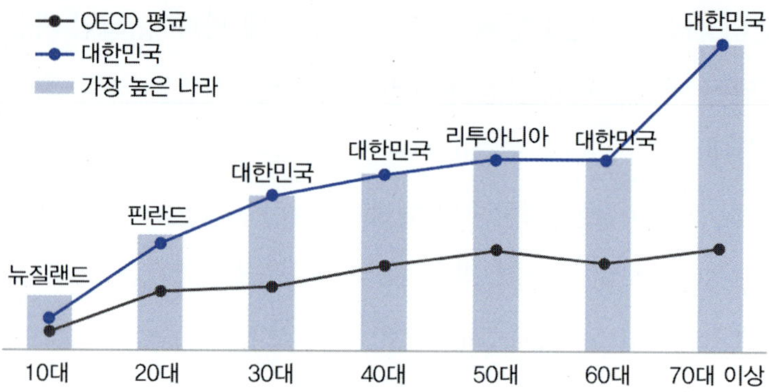

|그림 18-1| OECD 회원국 연령별 자살률

출처 : WHO의 2021 Mortality data base를 활용하여 한국생명존중희망재단에서 산출.

1) 성별 노인자살률

2019년 노인 남자의 자살률(인구 10만 명당 명)은 76.7명, 여자는 24.0명이다. <표 18-1>과 같이 남녀 간 자살률 성비는 남자가 여자보다 3.2배 높고, 전체 연령(2.4배)에 비해 성비가 높으며, 전체 자살사망자 중 남자가 차지하는 비율은 70.6%, 여자는 29.4%이다(보건복지부 · 중앙자살예방센터, 2019).

〈표 18-1〉 성별 노인(65세 이상) 자살 현황 (단위 : 명, %)

성 별	자살자 수	백분율	자살률
남 자	2,542	70.6	76.7
여 자	1,058	29.4	24.0
전 체	3,600	100.0	46.6

출처 : 통계청. 2019년 사망원인통계.

2019년 노인 자살자 수는 경기가 799명으로 가장 많고, 자살률(인구 10만 명당 명)은 충남(60.6명), 강원(59.5명), 대전(57.9명) 순으로 높다. 전국 노인 자살률(46.6명)보다 높은 지역은 부산, 인천, 대전, 울산, 경기, 강원, 충북, 충남, 전북이고, 나머지 지역은 낮다(그림 18-2).

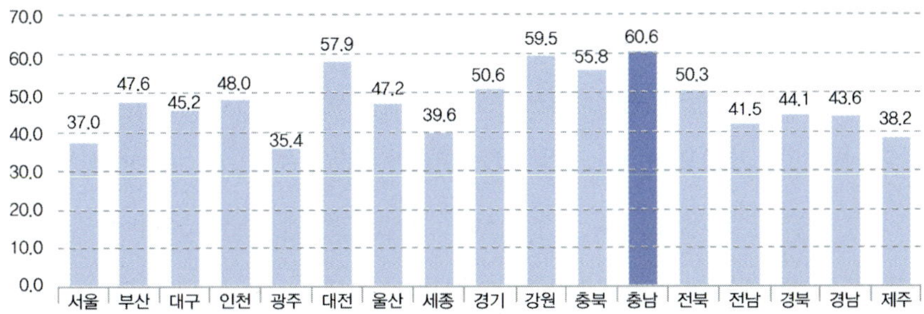

[그림 18-2] 시·도별 노인(65세 이상) 자살 현황(인구 10만 명당 명)

출처 : 통계청. 2019 사망원인통계.

2) 노인의 자살 수단

2019년 노인의 자살수단은 목맴이 1,835명(51.0%)으로 가장 많고, 뒤이어 추락 648명(18.0%), 농약 음독 578명(16.1%) 순으로 많으며, 농약 음독으로 인한 자살 비율이 전체 연령(5.7%)보다 10.4%p 높았다. 전년 대비 자살률 증감률이 증가한 수단은 분신(72.3%), 기타(67.5%), 자동차/기차(43.6%), 가스 중독(30.6%), 둔기/예기(12.0%), 약물 음독(10.8%)이고, 총화기(−100.0%), 익사(−17.3%), 기타 화학물질(−15.6%), 목맴(−7.2%), 추락(−4.3%), 농약 음독(−1.7%)으로 인한 자살률은 감소하였다(그림 18−3).

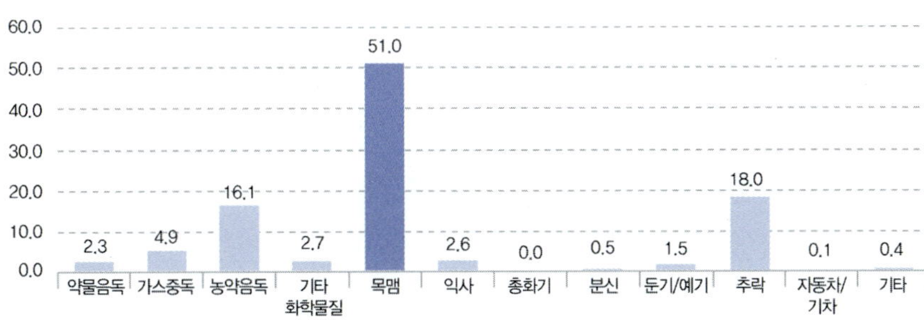

[그림 18-3] 노인 자살수단별 비율(65세 이상)

출처 : 통계청. 2019 사망원인통계.

3) 월별 노인 자살자 수

2019년 노인의 월별 자살자 수는 6월과 7월에 각각 344명(9.6%)으로 가장 많고, 뒤이어 5월 331명(9.2%), 8월 320명(8.9%) 순으로 많다. 특히 전년 동월 대비 증감률이 12월(13.3%), 7월(9.9%), 9월(5.3%)에 가장 크게 증가하였다(그림 18-4).

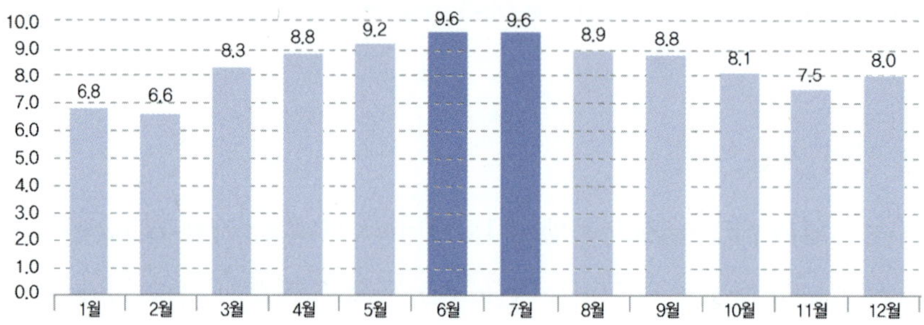

|그림 18-4| 월별 노인(65세 이상) 자살 비율(%)

출처 : 통계청. 2019 사망원인통계.

2. 노인자살 이유와 시각

노인들은 어떤 이유로 자살을 선택하는 것일까? 한국보건사회연구원이 2018년 발표한 노인실태조사를 보면 65세 노인의 21.1%가 우울증상을 지니고 있는 것으로 나타났고, 6.7%는 자살을 생각해 본 적이 있다고 답했다. 그리고 자살을 생각해 본 적 있는 노인들 가운데 13.2%는 자살을 시도한 경험도 갖고 있었다. 노인들이 자살 충동에서 벗어나게 하기 위해서는 그 원인을 제거해 주는 게 무엇보다 중요하다. 노인의 10.9%가 60세 이후 "자살을 생각해 본 적이 있다"고 답했고, 주된 이유로는 경제적 어려움(40.4%)을 가장 많이 꼽았다. 그 다음은 건강(24.4%), 외로움(13.3%), 부부・자녀・친구와의 갈등 및 단절(11.5%), 배우자・친구 등의 사망(5.4%) 순이었다.

1) 사회학적 시각

뒤르켐(Durkheim)은 개인적 행동인 자살의 사회적 기반을 사회통합과 규범적 규제력이라는 두개의 개념에서 찾았다. 즉, 자살을 사회통합의 정도와 규범의 구속력 정도라는 기준으로 이해하려 한 것이다. 개인의 자살은 그 개인이 사회에의 통합되는 정도와 규범에 의하여 통제되는 정도에 따라 네 가지 유형으로 분류될 수 있다는 것이다.

첫째, 개인주의 또는 개인의 낮은 사회통합으로 인하여 발생하는 **이기적(egoistic) 자살**이다. 이는 개인이 사회로부터 분리되어 사회에 통합되지 못할 때 발생하는 것이다.

둘째, 사회통합 정도가 너무 강할 때 **이타적(alturistic) 자살**이 발생하게 된다. 즉, 개인에 대한 사회적 규범의 규제력이 너무 강하기 때문에 발생하는 것이다.

셋째, 규제의 정도가 너무 작아서 규범적 규제력이 개인의 행위를 통제하지 못하게 될 때 **아노미적(anomic) 자살**이 발생하게 된다. 아노미적 자살은 사회의 급격한 변화로 인하여 사회가 개인의 삶에 필요한 법규를 더 이상 제공하지 못한다고 느낄 때 발생하는 것으로 현대사회의 급격한 변화와 연관된다.

넷째, 규범의 개인에 대한 규제 정도가 너무 크면 **숙명론적(fatalistic) 자살**률이 높다. 개인이 선택하거나 통제할 수 없는 강력한 사회적 속박하에서 개인의 삶이 종속될 때 발생한다.

네 가지 유형의 노인자살은 일종의 이념형(ideal type)으로 노인자살의 경우 이타적 자살이나 숙명론적 자살보다는 이기적 자살과 아노미적 자살로 이해될 수 있다(김형수, 2002). 이기적 자살은 인간이 존재의 근거를 삶에서 찾지 못할 때 발생하는 것이며, 아노미적인 자살은 인간의 활동이 충분히 규제되지 못하는 데서 발생하는 고통에 근거하고 있는 것이다. 이기적 자살은 진정한 집합적 활동의 부재로 인하여 개인이 목적과 의미를 상실하여 발생하는 것이라면, 아노미적 자살은 개인에 대한 사회적 영향력이 약화되어 개인을 제동하지 못할 때 발생하게 되는 것이다. 따라서 아노미적 자살은 급격한 사회변동기나 경제적 위기와 같은 혼란기에 발생하게 된다.

이러한 논의를 노인자살에 적용시켜 보면, 노인이 평생 의미를 두었던 일터를 떠나고 역할을 상실하고, 친구 및 배우자의 사망 등으로 인하여 사회적 관계망이 축소되면서 소외감과 외로움으로 이어질 수 있다. 이러한 개인의 사회적 고립 또는 사회적 응집력의 약화가 자살의 원인으로 작동하는 것이다. 한편 아노미적 자살유형과 관련해서는 노년기의 경험하는 급격한 생활상의 변화와 우리사회에 노인역할에 대한 명확한 규범의 부재, 압축적인 사회변화로 인하여 혼란을 경험하고 이를 통하여 노인자살이 발생하게 되는 것으로 볼 수 있다.

2) 심리학적 시각

심리학적 시각에서는 우울증상을 자살의 원인으로 파악한다. 우울증상은 누구나 경험할 수 있는 증상이지만, 노년기는 배우자의 죽음, 직업과 지위의 상실, 수입의 감소, 신체적 건강의 악화 등과 같이 노년기의 네 가지 고통으로 일컬어지는 현상으로 인하여 우울증이 발생할 가능성이 높아진다. 노인의 우울증은 무기력감(helplessness)과 절망감(hopelessness)을 특징으로 한다. 무기력은 개인이 중요한 생활사건들을 통제할 수 없다고 느끼는 것으로 타 연령층에 비하여 노인들이 이러한 무기력감을 가장 많이 느낄 수 있는 집단이다. 또한 미래에 대한 부정적인 생각, 즉 자신이나 어느 누구도 불행이나 고통을 변화시키기 위하여 아무것도 하지 못할 것이라고 믿는 절망감이 자살로 이어지고 있다고 본다.

3) 정신과적 요인

자살자에 대한 정신부검과 질환별 자살 사망률을 보면 정신장애가 자살의 중요한 위험 요인임을 알 수 있다. 즉, 자살자의 90% 이상에서 하나 이상의 정신장애가 발견된다(Henriksson, Aro, Marttunen et al., 1993). 예를 들어, 자살자의 60%에서 80%가 우울증에 기인하는 것으로 알려져 있다. 또한 정신과 환자의 자살 위험은 일반 인구에 비해 3배에서 12배 높다고 한다(제영묘, 2004). 노인의 경우 거의 대부분의 자살자들이 정신질환을 가지고 있고 최고 90%까지 우울을 가지고 있다(Shah & De, 1998). 자살과 흔히 동반하는 정신장애에는 기분장애, 정신분열병, 불안장애, 식사장애, 주의력결핍 과잉행동장애, 알코올 사용 장애, 기타 물질사용장애, 인격장애, 공존 정신장애가 포함된다(제영묘, 2004). 이 중에서 기분장애, 불안장애, 알코올 사용 장애는 지역사회 노인에게서 비교적 많이 볼 수 있는 정신장애이다. 이 외에도 생애경험, 사회환경 요인 등이 있다.

제2절 노인자살 행동에 대한 개입과 예방

1. 일차예방

일차예방은 현재 자살 사고(ideation)가 없는 노인에게 "**사회적인 삶의 질**"을 높이는 것에 초점을 둔다. 따라서 사회적인 삶의 질을 높이기 위한 다양한 접근방식이 요구된다. 여기에는 노인의 경제적 상태 향상, 사회적인 지지체계 강화, 정신 및 신체적 건강상태 증진 등이 포함되어야 할 것이다. 이와 관련된 정책으로는 노인 수당 제공, 각종 노인 사회복지 프로그램 보급, 보건의료서비스의 접근성 확대를 위한 의료비 지원 등이 있다. 일차예방의 전략에는 생명에 대한 소중함을 알리고 우울증과 같은 문제가 발생했을 때 적극적으로 치료를 받아야 한다는 등의 자살에 대한 인식개선도 포함된다.

2. 이차예방

이차예방은 자살 행동에 영향을 미치는 요소들을 조기에 발견하고 치료하는 것을 의미한다. 일반적으로 일차 진료의사의 면담 기술이 우수하고, 그 환자의 상태에 대해 잘 알수록, 그리고 정신장애에 대한 편견이 적을수록 환자의 정신적인 고통을 잘 파악할 수 있다(이광헌, 2004). 따라서 노인을 자주 대면하는 의사, 간호사, 약사와 같은 보건의료인과 사회복지사들에게 자살 등 정신장애에 대한 편견을 없애고 노인의 정신적 고통에 대한 감수성을 높이는 개입 방법이 효과적일 수 있다. 또한 노인들은 자살예방 핫라인과 같은 자살 방지 프로그램을 이용하는 비율이 낮으며 보다 적극적인 개입이 필요하다(이광헌, 2004). 위기개입센터의 확대를 통한 심리적 지지

제공, 전화나 가정 방문을 통한 고립감 해소 등이 효과적인 노인 자살 예방 대책으로 알려져 있다(이광헌, 2004). 특히 독거 노인이나 심각한 질환을 가진 경우는 더욱 적극적인 개입이 필요하다(McIntosh, Santos, & Hubbard, 1994).

3. 삼차예방

삼차예방은 자살 시도자들을 대상으로 자살을 시도하지 않도록 하는 것이다. 자살시도자들이 자살실패로 인해 심리적 위축, 죄책감을 갖지 않고 생활에 적응할 수 있도록 집중관리가 필요하다. 또한 자살에 의해 남겨진 가족들의 고통을 다루고 모방적인 자살시도를 막는 것도 삼차예방에 포함된다.

제3절 노인자살에 대한 논의점

한국노인의 자살에 대한 폭 넓은 이해를 위해서는 국가 간 노인자살률의 차이, 노인자살률의 시계열적 변화 추이, 다른 연령층의 자살과 노인자살의 차이점에 대한 검토가 필요하다. 그런데 앞에서 살펴본 이론적인 논의는 추상적인 차원에서 이루어져 이러한 검토에 활용되는 데 제한점을 가지고 있다. 따라서 이와 같은 검토의 기반이 될 수 있는 중범위 수준의 논의가 요구된다. 구체적으로는 우리나라의 노인자살률이 다른 국가의 노인자살률에 비하여 높은 이유, 현재노인의 자살률이 과거나 미래의 노인에 비하여 어떠한 변화를 보일 것인가를 판단하는 데 근거가 될 수 있는 논거,

노년기라고 하는 생애주기상의 특정 시기가 다른 생애주기와 다른 특징을 밝힐 수 있는 논거가 필요하다.

1. 노후생활 안전망의 구축 정도

노인자살을 이해하는 데 있어 무엇보다 먼저 고려되어야 할 점은 사회가 노후에 경험하게 되는 자원의 감소에 대한 사회적 안전망을 적절히 구축하고 있는가이다. 교환이론에 의할 경우 노년기에 경험하는 소득의 감소는 노인의 소득수준은 노인의 사회통합수준과 밀접히 연계될 수 있다. 이러한 측면에서 볼 때 개별노인의 소득수준이라는 개인단위에서의 편차와 더불어 노후소득보장체계 구축의 정도가 노인자살 현상과 관련될 수 있는 것이다. 실제 높은 노인자살률을 보이는 한국의 경우 노후소득보장체계가 충분하게 구축되어 있지 않아 노인빈곤율이 OECD 국가 중 가장 높고 노인의 소득은 전체인구의 70% 미만으로 이 또한 OECD 국가 중 2번째로 낮은 수준이다(OECD, 2009). 따라서 현세대 노인들은 시대적으로 노후소득보장제도가 충분히 구축되지 않은 시기에 노년기를 보내게 됨으로써 미래의 노인에 비하여 자원의 부족을 경험할 가능성이 높을 것이며, 노후소득보장제도를 구축한 타 국가에 비하여 노인자살률이 높을 가능성이 있다.

2. 연령통합의 정도

한 사회의 노인자살 현상을 이해하기 위해서는 노인이 속해 있는 사회의 연령통합의 정도에 대한 이해가 필요하다. 즉, 이는 노인이 속해 있는 사회의 시대적 특징에 해당하는 것이다. 현재 우리사회의 연령통합을 살펴볼 수 있는 지표개발이나 연구가 이루어지지는 못하고 있지만, 연령통합의 정도는 제도적 기반 조성, 물리적 환경, 문화적 환경이라는 측면에서 파악될 수 있을 것이다. 변화와 새로움을 이상시하는 근대적 지식·문화체계가 확립되면서 노인은 보수성과 전통을 대변하는 집단으로 인식되어 극복되어야 하는 존재로 간주되고 사회의 통합에서 제외됨으로써 우리사회의 연령통합의 정도가 낮을 가능성이 높다. 우리사회의 연령통합성이 제고되어 노인에 대한 스테레오 타입이 완화된다면 미래 노인세대들의 자살수준은 지금보다 낮아질 수 있을 것이다.

3. 노년기의 사회적 연계망 축소

노년기에 접어들면 친구 또는 배우자의 사망 등으로 인하여 자연스럽게 사회적 연계망이 축소되는 경향이 있다(이소정 외, 2009). 물론 사회적 연계망의 축소는 노인의 자원의 축소에 따른 것일 가능성도 높다. 이소정 등(2008)의 연구에 의하면 노인 중에서도 소득수준이 높을수록 교육수준이 높을수록 연계망의 크기가 크며, 친족의 비율이 낮고 연계망이 다양한 관계를 포함하고, 소득이 높을수록 고립된 생활을 할 가능성이 낮은 것으로 나타난 바 있다. 따라서 사회적 연계망의 축소는 다른 연령층에 비하여 노년층이 공통적으로 가는 특징이라 할 수 있고, 이러한 사회적 연계망 축소로 인한 자살의 가능성은 타 연령층에 비하여 노년층에게서 높을 것이다. 따라서 사회정책적으로 이렇게 예견되는 노년기의 사회적 연계망 축소를 어떻게 보완하고 있는가 또한 노인의 사회통합을 논의하는 데 있어 간과해서는 안 될 측면이다. 이와 더불어 현 노인세대는 산업화 과정 속에서 가정생활이 기존의 노부모 중심에서 부부관계와 자녀양육이 중심이 되는 과정

속에서 가족 내에서도 소외되고 고립될 가능성이 높아졌다는 점도 고려되어야 할 것이다. 이는 현상적으로 사회통합의 약화를, 노인 개개인의 생애사적 측면에서 보면 사회화과정에서 내면화된 가치관과 다른 가치관이 사회의 중심 가치관이 되는 변화 속에서 무규범 상태에 빠질 가능성을 높일 것이다. 따라서 이러한 사회적 연계의 약화로 인한 자살은 이전 시대의 노인에 비하여 현세대 노인에게 높을 가능성이 있다.

4. 사회구조적인 변화의 속도와 폭

한국사회의 변화는 압축적인 사회경제적 발전과 압축적인 고령화로 요약될 수 있다(정경섭, 2001). 이러한 압축적인 변화는 현세대 노인에게 다른 세대의 노인들이 경험하지 못한, 또한 다른 국가의 노인들이 경험하지 못한 변화와 그에 대한 대응을 요구하게 한다. 세계에서 유례가 없이 빠른 고령화와 더불어 급격한 사회경제문화적 변화로 인하여 노인이 경험하고 적응해야 하는 변화는 그 규모가 크며 그 내용 또한 다양하고 이는 많은 노인을 아노미적 상황에 놓이게 할 것이다. 구체적으로는 노인인구의 증가, 가족의 핵가족화와 기능의 약화, 도시화로 인한 지역사회의 약화, 개인주의적 가치관으로 인한 전통적인 노인의 사회적 역할 약화 및 노인역할에 대한 행동규범의 미정립, 급속한 사회변화와 정보화로 인한 사회적 소외, 급격한 경제성장과 노인부양의식과 경로의식의 변화 등이 노인의 아노미적 자살을 증가시키는 원인으로 작동할 수 있다(김승용, 2004; 김형수, 2002).

5. 가족변화의 양태

노인의 삶에 있어 가족이 갖는 중요성은 다각적으로 지적되고 있다. 가족이 수행해 오던 경제적·정치적·사회적·문화적 기능들의 대부분이 급격히 탈가족화 혹은 사회화되어 가고 있고, 이러한 과정에서 노인들이 평생동안 가져왔던 가부장적 가치관과 그에 기초하여 충족되어 왔던 다양한 욕구들이 충족되기 어렵게 되었다. 더불어 현재 노인들이 경험하고 있는 가족변화는 그 불균질성을 특징으로 하고 있다. 즉, 현 노인세대는 구조적인 핵가족화를 감정적인 핵가족화가 따라가지 못하는 불균질적인 핵가족화를 경험한 세대인 것이다. 한국사회의 핵가족화의 뚜렷한 현상은 노인층에게서 발생하였다. 특히 농촌지역에 청장년 자녀들이 도시로 떠나고 홀로 남은 노인들이 부부가구나 독신가구를 이루고 살게 되어 형태적인 핵가족화가 발생하게 된 것이다. 그러나 이러한 노인가구의 핵가족화는 노인들 자신의 의지에 의하여 발생하였다기보다는 젊은 세대의 도시 이주 등 젊은 세대의 선택에 의한 파생적인 상황을 수동적으로 받아들인 것이라는 점에서 '**수동적 핵가족화**'라고 할 수 있다. 이러한 수동적 핵가족화가 의미하는 바는 노인의 상당수가 독립적인 생활을 영위할 수 있는 경제적 및 심리적 준비가 되어 있지 못한 상태에서 핵가족화라는 구조적인 변화를 경험할 가능성이 높다는 것이다. 즉, 현 노인세대들은 내용적인 측면에서의 핵가족화, 즉 심리적 핵가족화가 부족한 상황에서 할 수 없이 구조적인 핵가족화를 받아들여야 했던 세대인 것이다. 이러한 불균형은 노인들에게 아노미적 상태에 빠지게 할 가능성이 높다. 산업화의 와중에서 노인은 더 이상 경제적 자원을 가진 대상이 아니라 부양을 받아야 하는 의존적 집단으로 존재하게 되었지만, 그러나 그러한 순수한 애정관계에 기초하여 안정적인 부양이 이루어질 수 있는 기반이 마련되어 있지 못함으로써 자녀세대뿐만 아니라 노인에게 강한 심리적 중압감을 경험하게 된 것이다. 따라서 지금 노인세대들이 경험하는 혼란과 갈등, 소외감은 클 것이다. 그러나 감정적인 핵가족화의 진전과 사회구성원들의 적응과정이 이루어지고 있기 때문에 이러한 측면의 아노미적 상태는 미래 노인세대에서는 약화될 수 있을 것이다.

참고 | 노인자살 징후 6가지

1. 약을 모으는 등 자살도구를 가지고 있다.
2. 아끼는 것이나 중요한 것을 남에게 주는 등 주변정리를 한다.
3. 죽음에 대한 이야기를 자주 한다.
4. 자살에 대한 암시와 계획을 언급한다.
5. 우울감이나 절망감을 자주 표출한다.
6. 혼자 있으려 하고 대화를 회피한다.

특히 노인의 경우에는 자신이 아끼던 물건을 남에게 주는 등 주변을 정리하는 모습이 많이 나타난다.

부 록

■ 노인장기요양보험법 시행규칙 [별지 제5호서식] 〈개정 2020. 9. 29.〉

장기요양인정조사표

※ [ ]에는 해당되는 곳에 √표를 합니다. (제1쪽 앞면)

1. 일반사항

① 구분	[ ] 장기요양인정신청	[ ] 갱신신청	[ ] 등급변경신청	[ ] 심사청구
② 조사원	성명		소속(지사)	
	조사장소		조사일시	

③ 신청인 (본인)				
	성명		생년월일	
	전화번호		도서·벽지 대상자	[ ] 도서지역 [ ] 벽지지역
	주민등록지			
	실제 거주지			
	장기요양등급		인정유효기간	
	보호자 또는 주 수발자 성명(관계)	( )	보호자 또는 주 수발자 전화번호	
④ 참석인	성명	신청인과의 관계		전화번호

⑤ 주거상태		[ ]자택 [ ]노인요양시설 [ ]단기보호시설 [ ]양로시설 [ ]요양병원 [ ]기타 병·의원 [ ]기타( )	
⑥ 동거인		현재 신청인과 동거하는 자에 대해 복수표시 가능	
		[ ]독거 [ ]손자녀 / [ ]부부 [ ]친척 / [ ]부모 [ ]친구·이웃	[ ]자녀(며느리, 사위 포함) [ ]입소시설 관계자 [ ]기타( )
⑦ 현재 받고 있는 급여 (과거 3개월간 평균 횟수·일수 기록)	재가급여	[ ]방문요양(회/주) [ ]방문목욕(회/주) [ ]방문간호(회/주)	[ ]단기보호(일/주) [ ]주·야간보호(일/주) [ ]주·야간보호시설 내 치매전담실 이용(일/주) [ ]복지용구(구입·대여)
	시설급여	[ ]노인요양시설 [ ]노인요양시설 내 치매전담실 [ ]노인요양공동생활가정[ ]치매전담형 노인요양공동생활가정	
	특별 현금급여	[ ]가족요양비 [ ]특례요양비 [ ]요양병원간병비	
	그 밖의 서비스	[ ]노인돌봄서비스 [ ]가사간병방문도움 [ ]보건소사업( ) [ ]개인간병인 [ ]치매상담센터 [ ]기타( )	
⑧ 희망급여 종류		현재 신청인이 희망하는 급여에 대해 복수표시 가능	
	재가급여	[ ]방문요양 [ ]방문목욕 [ ]방문간호 [ ]단기보호 [ ]주·야간보호 [ ]주·야간보호시설 내 치매전담실 이용 [ ]복지용구(구입·대여)	
	시설급여	[ ]노인요양시설 [ ]노인요양시설 내 치매전담실 [ ]노인요양공동생활가정[ ]치매전담형 노인요양공동생활가정	
	특별 현금급여	[ ]가족요양비 [ ]특례요양비 [ ]요양병원간병비	
	1순위 희망급여종류 및 내용		

⑨ 등급외 판정 시 희망 서비스 (등급외 판정 시 지역사회 자원 연계를 위한 참고자료 입니다.)	[ ]노인돌봄서비스 [ ]보건소 사업 [ ]노인 일자리 사업 [ ]치매상담센터 [ ]주거개선사업 [ ]무료진료연계 [ ]급식 및 도시락 반찬 [ ]건강운동교실 [ ]가사간병방문도움 [ ]활동보조 [ ]목욕·이미용 [ ]여가, 문화, 교육 [ ]말벗 [ ]기타( ) [ ]거부
⑩ 등록장애	※장애의 종류 및 정도 기록

〈참고사항〉

210mm×297mm[백상지 80g/㎡]

(제1쪽 뒷면)

2. 장기요양인정·욕구사항

○ 신청인의 기능상태 등에 대한 정보를 종합하여 다음의 해당란에 √표로 표시함.
○ 각 항목 아래의 빈칸에 특기사항을 기록함.

가. 신체기능(기본적 일상생활 기능) 영역

1) 최근 한 달간의 상황을 종합하여 일상생활에서 다음과 같은 동작을 할 때 다른 사람의 도움을 받는 정도를 평가하여 해당란에 √표로 표시함.

항 목	기능 자립 정도		
	완전 자립	부분 도움	완전 도움
① 옷 벗고 입기			
② 세수하기			
③ 양치질하기			
④ 목욕하기			
⑤ 식사하기			
⑥ 체위 변경하기			
⑦ 일어나 앉기			
⑧ 옮겨 앉기			
⑨ 방 밖으로 나오기			
⑩ 화장실 사용하기			
⑪ 대변 조절하기			
⑫ 소변 조절하기			
⑬ 머리감기			

2) 일상생활 자립도

장애노인(와상도)	[ ]정상	[ ]생활 자립	[ ]준 와상 상태	[ ]완전 와상 상태
치매노인(인지증)	[ ]자립	[ ]불완전 자립	[ ]부분 의존	[ ]완전 의존

※ 신청인의 평소 일상생활 자립정도를 종합하여 각각의 항목 해당란에 √표로 표시함.

(제2쪽 앞면)

나. 사회생활기능(수단적 일상생활 기능) 영역

최근 한 달간의 상황을 종합하여 일상생활에서 다음과 같은 동작을 할 때 다른 사람의 도움을 받는 정도를 평가하여 해당란에 √표로 표시함.

항 목	기능 자립 정도		
	완전 자립	부분 도움	완전 도움
① 집안일 하기			
② 식사 준비하기			
③ 빨래하기			
④ 금전 관리			
⑤ 물건 사기			
⑥ 전화 사용하기			
⑦ 교통수단 이용하기			
⑧ 근거리 외출하기			
⑨ 몸 단장하기			
⑩ 약 챙겨먹기			

(제2쪽 뒷면)

다. 인지기능 영역

최근 한 달간의 상황을 종합하여 신청인이 보였던 증상에 √표로 표시함.

항 목	증상 여부	
	예	아니오
① 방금 전에 들었던 이야기나 일을 잊는다.		
② 오늘이 몇 월 며칠인지 모른다.		
③ 자신이 있는 장소를 알지 못한다.		
④ 자신의 나이와 생일을 모른다.		
⑤ 지시를 이해하지 못한다.		
⑥ 주어진 상황에 대한 판단력이 떨어져 있다.		
⑦ 의사소통이나 전달에 장애가 있다.		
⑧ 계산을 하지 못한다.		
⑨ 하루 일과를 이해하지 못한다.		
⑩ 가족이나 친척을 알아보지 못한다.		

(제3쪽 앞면)

라. 행동변화 영역

최근 한 달간의 상황을 종합하여 신청인이 보였던 증상에 √표로 표시함.

항 목	증상 여부	
	예	아니오
① 사람들이 무엇을 훔쳤다고 믿거나 자기를 해하려 한다고 잘못 믿고 있다.		
② 헛것을 보거나 환청을 듣는다.		
③ 슬퍼 보이거나 기분이 처져 있으며 때로 울기도 한다.		
④ 밤에 자다가 일어나 주위 사람을 깨우거나 아침에 너무 일찍 일어난다. 또는 낮에는 지나치게 잠을 자고 밤에는 잠을 이루지 못한다.		
⑤ 주위사람이 도와주려 할 때 도와주는 것에 저항한다.		
⑥ 한군데 가만히 있지 못하고 서성거리거나 왔다 갔다 하며 안절부절못한다.		
⑦ 길을 잃거나 헤맨 적이 있다. 외출하면 집이나 병원, 시설로 혼자 들어올 수 없다.		
⑧ 화를 내며 폭언이나 폭행을 하는 등 위협적인 행동을 보인다.		
⑨ 혼자서 밖으로 나가려고 해서 눈을 뗄 수가 없다.		
⑩ 물건을 망가뜨리거나 부순다.		
⑪ 의미 없거나 부적절한 행동을 자주 보인다.		
⑫ 돈이나 물건을 장롱같이 찾기 어려운 곳에 감춘다.		
⑬ 옷을 부적절하게 입는다.		
⑭ 대소변을 벽이나 옷에 바르는 등의 행위를 한다.		
⑮ 가스불이나 담뱃불, 연탄불과 같은 화기를 관리할 수 없다.		
⑯ 혼자 있는 것을 두려워하여 누군가 옆에 있어야 한다.		
⑰ 이유 없이 크게 소리치고 고함을 친다.		
⑱ 공공장소에서 부적절한 성적 행동을 한다.		
⑲ 음식이 아닌 물건 등을 먹는다.		
⑳ 쓸데없이 간섭하거나 참견한다.		
㉑ 식습관 및 식욕변화를 보이거나 이유 없이 식사를 거부한다.		
㉒ 귀찮을 정도로 붙어서 따라 다닌다.		

(제3쪽 뒷면)

마. 간호처치 영역

최근 2주간의 상황을 종합하여 해당란에 √표로 표시함.

항목	증상 유무		항목	증상 유무	
	있다	없다		있다	없다
① 기관지 절개관 간호			⑥ 암성통증 간호		
② 흡인			⑦ 도뇨(導尿) 관리		
③ 산소요법			⑧ 장루(창자샛길) 간호		
④ 욕창 간호			⑨ 투석 간호		
⑤ 경관 영양			⑩ 당뇨발 간호		

※ 암성통증 간호에 해당되지 않는 통증이 있을 경우 특기사항에 기록함.
※ 당뇨발 간호에 해당되지 않는 상처가 있을 경우 특기사항에 기록함.

바. 재활 영역

반드시 각 항목을 신청인이 직접 수행하도록 한 후 해당란에 √표로 표시함.

항목	운동장애 정도		
	운동장애 없음	불완전 운동장애	완전 운동장애
① 우측상지			
② 좌측상지			
③ 우측하지			
④ 좌측하지			

항목	관절제한 정도		
	제한 없음	한쪽관절 제한	양관절 제한
⑤ 어깨관절			
⑥ 팔꿈치관절			
⑦ 손목 및 수지관절			
⑧ 엉덩관절			
⑨ 무릎관절			
⑩ 발목관절			

(제4쪽 앞면)

사. 복지용구

현재 보유하고 있거나, 이용하기를 희망하는 복지용구의 해당란에 √표로 표시함.

<table>
<tr><th rowspan="2">용구</th><th rowspan="2">보유</th><th rowspan="2">희망</th><th rowspan="2">용구</th><th colspan="2">보유</th><th colspan="2">희망</th></tr>
<tr><th>구입</th><th>대여</th><th>구입</th><th>대여</th></tr>
<tr><td>① 이동변기</td><td></td><td></td><td>⑪ 수동휠체어</td><td></td><td></td><td></td><td></td></tr>
<tr><td>② 목욕의자</td><td></td><td></td><td>⑫ 전동침대</td><td></td><td></td><td></td><td></td></tr>
<tr><td>③ 성인용 보행기</td><td></td><td></td><td>⑬ 수동침대</td><td></td><td></td><td></td><td></td></tr>
<tr><td>④ 안전손잡이</td><td></td><td></td><td>⑭ 욕창예방 매트리스</td><td></td><td></td><td></td><td></td></tr>
<tr><td>⑤ 미끄럼 방지용품*</td><td></td><td></td><td>⑮ 이동 욕조</td><td></td><td></td><td></td><td></td></tr>
<tr><td>⑥ 간이변기
(간이대변기·소변기)</td><td></td><td></td><td>⑯ 목욕리프트</td><td></td><td></td><td></td><td></td></tr>
<tr><td>⑦ 지팡이</td><td></td><td></td><td>⑰ 배회감지기</td><td></td><td></td><td></td><td></td></tr>
<tr><td>⑧ 욕창예방 방석</td><td></td><td></td><td>⑱ 경사로</td><td></td><td></td><td></td><td></td></tr>
<tr><td>⑨ 자세변환 용구</td><td></td><td></td><td rowspan="2"></td><td rowspan="2"></td><td rowspan="2"></td><td rowspan="2"></td><td rowspan="2"></td></tr>
<tr><td>⑩ 요실금 팬티</td><td></td><td></td></tr>
</table>

*미끄럼 방지용품 : 미끄럼방지매트, 미끄럼방지액, 미끄럼방지양말

※ 신청인이 필요하다고 생각하지만 급여이용을 희망하지 않거나 그 밖에 의견이 있다면 특기사항에 기록함.

아. 지원형태

① 주 수발자	[ ]없음 [ ]배우자 [ ]부모 [ ]자녀(며느리, 사위 포함) [ ]손자녀 [ ]친척 [ ]친구·이웃 [ ]간병인 [ ]자원봉사자 [ ]기타( )

② 주 수발자의 도움영역	[ ]신체기능 [ ]사회생활기능 [ ]정서적 지지

③ 하루 종일 혼자 있음	[ ]예	[ ]아니요

자. 환경 평가

주거 상황이 건강에 해롭거나 지내기 어려운 환경을 만드는지 평가

(조명, 바닥 상태, 욕실 및 화장실 환경, 부엌 환경, 냉방과 난방, 개인안전, 환기 등)

① 조명(눈부심, 그림자, 스위치 위치 등)	[ ]양호 [ ]불량
② 바닥과 벽지(마룻바닥, 벽지상태)	[ ]양호 [ ]불량
③ 계단(계단 난간 위치)	[ ]양호 [ ]불량
④ 주방(가스기구, 조리기구 위치)	[ ]양호 [ ]불량
⑤ 문턱 여부(현관, 방, 화장실)	[ ]유 [ ]무
⑥ 난방과 환기(적정수준의 온도와 환기)	[ ]양호 [ ]불량
⑦ 화장실 세면대 설치 여부	[ ]유 [ ]무
⑧ 좌변기 여부	[ ]유 [ ]무
⑨ 온수 여부	[ ]유 [ ]무
⑩ 욕조 여부	[ ]유 [ ]무

(제4쪽 뒷면)

차. 시력·청력 상태

① 시력 상태	[ ] ㄱ. 정상 [ ] ㄴ. 1미터 떨어진 달력은 읽을 수 있으나 더 먼 거리는 보이지 않는다. [ ] ㄷ. 눈앞에 근접한 글씨는 읽을 수 있으나 더 먼 거리는 보이지 않는다. [ ] ㄹ. 거의 보이지 않는다. [ ] ㅁ. 보이는지 판단 불능
② 청력 상태	[ ] ㄱ. 정상 [ ] ㄴ. 보통의 소리를 듣기도 하고, 못 듣기도 한다. [ ] ㄷ. 큰 소리는 들을 수 있다. [ ] ㄹ. 거의 들리지 않는다. [ ] ㅁ. 들리는지 판단 불능

카. 질병 및 증상

신청인이 현재 앓고 있는 질병 또는 증상에 대해 해당란에 √표로 표시함.

① 질병 및 증상	[ ] ㄱ. 없음 [ ] ㄴ. 치매 [ ] ㄷ. 중풍(뇌졸중) [ ] ㄹ. 고혈압 [ ] ㅁ. 당뇨병 [ ] ㅂ. 관절염(퇴행성, 류마티스) [ ] ㅅ. 요통, 좌골통(디스크탈출증, 척수관협착증) [ ] ㅇ. 일상생활에 지장이 있을 정도의 호흡곤란(심부전, 만성폐질환, 천식) [ ] ㅈ. 난청 [ ] ㅊ. 백내장, 녹내장 등 시각 장애 [ ] ㅋ. 골절, 탈골 등 사고로 인한 후유증 [ ] ㅌ. 암(진단명 :) [ ] ㅍ. 기타 (진단명 :)

② 주요 질병 및 증상

①에서 파악된 내용 가운데 신청인의 현재 기능상태 저하에 가장 직접적인 원인이 되고 비중이 높은 항목 한 가지만 √표로 표시함.

[ ] ㄱ. 치매 [ ] ㄴ. 중풍 [ ] ㄷ. 치매 + 중풍
[ ] ㄹ. 고혈압 [ ] ㅁ. 당뇨병 [ ] ㅂ. 관절염
[ ] ㅅ. 요통, 좌골통
[ ] ㅇ. 일상생활에 지장이 있을 정도의 호흡곤란
[ ] ㅈ. 난청 [ ] ㅊ. 백내장, 녹내장 등 시각 장애
[ ] ㅋ. 골절, 탈골 등 사고로 인한 후유증 [ ] ㅌ. 암
[ ] ㅍ. 기타 (진단명 :) ※ 1가지 진단명만 적으십시오.

참고문헌

강성호 · 이태열(2020). 가구분화에 따른 노인빈곤과 시사점. KIRI고령화 리뷰, 36, pp.1－9.

국민기초생활 보장법 제3조 제1항, 제3조 제2항, 제4조 제1항 및 제2항, 제7조 제1항, 제7조 제1항 전단 및 제8조 제1항, 제8조 제1항, 제8조 제2항, 제9조 제5항, 제27조 제2항, 제41조 제1항, 제11조 제1항.

국민기초생활보장법 시행규칙 제6조 제1항.

국민기초생활보장법 시행령 제6조 제1항.

권중돈(2007). 노인복지론. 서울 : 학지사

______(2012). 노인복지론. 서울 : 학지사.

김미숙 · 원종욱 · 서문희 · 강병구 · 김교성 · 임유경(2003). 고령화사회의 사회경제적 문제와 정책대응방안 : OECD 국가의 경험을 중심으로. 한국보건사회연구원 연구보고서.

김수정 · 허순임(2011). 우리나라 가구 의료비부담과 미충족 의료 현황 : 의료보장 형태와 경제적 수준을 중심으로. 보건경제와 정책연구, 17(1), 47－70.

김순기 · 유영주(1999). 여성노인의 가정 내 역할수행에 관한 연구. 경희대생활과학논집, 11－14.

김승용(2004). 한국노인 자살률 변동과 사회구조적 요인에 관한 연구. 사회복지정책, 19, 181－205.

김정순(1988). 노인의 사회적 활동과 자아통합감에 관한 연구. 이화여자대학교 대학원 석사학위논문.

김태완 · 신화연 · 임완섭 · 김기태 · 최준영 · 김보미 · 강예은 · 남재현 · 박수리 · 송치호 · 안서연 · 정용문 · 남재량(2020). 노인빈곤의 실태와 사회경제적 영향분석 연구. 세종 : 경제 인문사회연구회.

김형수(2002). 미국 노인자살과 예방대책의 연구 및 시사점. 사회보장연구, 18(1), 163－182.

노인장기요양보험법 제12조.

노인장기요양보험법 시행규칙 별지 제1호의2 서식.

노인장기요양보험법 시행규칙 별지 제2호서식.

박경숙(2003). 고령화 사회 : 이미 진행된 미래. 서울 : 의암출판사.

박경숙 · 김미선(2016). 노인 가구형태의 변화가 노인 빈곤율 변화에 미친 영향. 한국사회학, 50(1), 221－253.

보건복지부(2020). 조건부수급자 선정관련 소득기준에 관한 고시, 제2020－140호, 2020. 7. 1. 발령 · 시행.

________(2022). 2022 노인보건복지사업안내.

______(2022). 2022년 국민기초생활보장사업안내.

보건복지부 · 중앙노인보호전문기관(2021). 2021 노인학대 현황보고서(가이드북).

보건복지부 · 한국생명존중희망재단(2021). 2021 자살예방백서.

신세라(2019). 고령소비자의 의료서비스 이용에 따른 지출과 부담 연구 : 만성질환에 따른 차이를 중심으로. 소비자문제연구, 50(1), 33-65.

여유진 · 김미곤 · 권문일 · 최옥금 · 최준영(2012). 현세대 노인의 빈곤 실태 및 소득보장방안 연구. 서울 : 한국보건사회연구원.

이광헌(2004). 자살 환자의 치료. 생물치료정신의학, 10(1), 15-24.

이소정 · 정경희 · 강은정 · 강상경 · 이수형 · 김영아(2009). 노인자살의 사회경제적 배경 및 정책적 대응방안 모색. 한국보건사회연구원 · 저출산고령사회연구센터 연구보고서.

이수연 · 문용필(2018). 국민건강보험의 노인의료비 지출추계 및 장기재정 전망 : EU의 '건강한 고령화' 적용을 중심으로. 비판사회정책, 58, 53-93.

이은영(2019). 가족 구성과 노인빈곤율의 연관성. 월간 연금이슈 & 동향분석, 58, 8-15.

이주미 · 김태완(2020). 노인빈곤 원인에 대한 고찰 : 노동시장 경험과 가족구조 변화를 중심으로. 보건사회연구, 40(2), 193-221.

이해영(2009). 노인복지론. 서울 : 창지사.

이혜원(1998). 우리나라 재가노인복지사업의 현황과 과제, 재가노인복지서비스의 현황과 과제, 한국노인문제연구소.

장인협 · 최성재(2002). 노인복지학. 서울 : 서울대학교출판부.

정문길(1987). 소외론 연구. 서울 : 문학과사상사.

정형선(2016). 2010-2015년 건강보험 노인진료비의 추이 및 증가요인. HIRA 정책동향, 10(3), 10-25.

정형선 · 송양민(2013). 건강보험 노인의료비의 증가요인분석 및 향후전망. 보건경제와 정책연구, 19(2), 21-38.

제영묘(2004). 자살과 정신장애. 생물치료정신의학, 10(1), 3-10.

주거급여법 제2조 제1호, 주거급여법 제7조 및 주거급여 실시에 관한 고시-국토교통부고시 제2021-1223호, 2021. 11. 9. 발령, 2022. 1. 1. 시행), 제3조 제1항, 제4조 제1항, 제5조 제1항.

최성재 · 장인협(2002). 노인복지학. 서울 : 서울대학교출판부.

______(2006). 노인복지학. 서울 : 서울대학교 출판부.

최일섭(1987). 지역사회복지론. 서울 : 서울대학교출판부.

치매관리법 제1조.

통계청(2019). 2019 사망원인 통계.

______(2022). 2021년 장래인구추계를 반영한 세계와 한국의 인구현황 및 전망.

______(2023. 12, 29). 가계동향조사.

______(각년도). 소득분배지표. http://kosis.kr에서 2020. 4. 17. 인출.

한국보건사회연구원(2015). 2015년 전국 출산력 및 가족보건 · 복지실태조사.

________________(2017). 2015년 한국의료패널 기초분석보고서(Ⅱ). 연구보고서 2017−35.

황은애 · 정영훈(2015). 2015 한국의 소비생활지표. 정책연구 15−09, 한국소비자원.

Atchley, W. R.(1972). The chromosome karyotype in estimation of lineage relationships. *Systematic Biology, 21*(2), 199−209.

B. Neugarten(Ed.)(1968). *Middle age and aging*(pp. 173−177). Chicago : University of Chicago.

Bengtson, H.(1969). *Griechische Geschichte*(pp. 297−300). Beck.

Bowlby, J.(1982). *Attachment and loss : Vol. I. Attachment*(2nd ed.). New York : Basic Books.

Bradford, D. F., & Max, D. A.(1996). Implicit budget deficits : the case of a mandated shift to community−rated health insurance. NBER Working Paper No. 5514, National Bureau of Economic Research.

Breen, L. B.(1976). *Aging and the Field of Medicine*. New Jersey : Wiley.

Carlsen, M. B.(1991). *Creative Aging : A Meaning−making Perspective*. New York : Norton.

Cho, K. H., & Kim, Y. K.(2008). Influencing factors on depression, suicidal thought, and life satisfaction of Korean Elders. *The Journal of Korean Academic Society Nursing Education, 14*(2), 176−187.

Choi, S. J.(1996). The family and ageing in Korea : A new concern and challenge. *Ageing & Society, 16*(1), 1−25.

Corso, J. F.(1984). Auditory processes and aging : Significant problems for research. *Experimental Aging Research, 10*(3), 171−174.

Covey, G. H., & Stanmore, B. R.(1981). Use of the parallel−plate plastometer for the characterisation of viscous fluids with a yield stress. *Journal of Non−Newtonian fluid mechanics, 8*(3−4), 249−260.

Covey, H. C.(1981). A reconceptualization of continuity theory : Some preliminary thoughts. *The Gerontologist, 21*(6), 628−633.

Cowgill, D. O.(1974). The aging of populations and societies. *The Annals of the American Academy of Political and Social Science, 415*(1), 1−18.

Cowgill, D. O., & Holmes, L. D.(1972). Summary and conclusions : The theory in review. Aging and modernization(pp. 305−323). New York : Appleton−Century−Crofts.

Cumming, E., & Henry, W. E.(1961). *Growing old, the process of disengagement.* Basic books.

Depp, C. A., & Jeste, D. V.(2006). Definitions and predictors of successful aging : a com-prehensive review of larger quantitative studies. *The American Journal of Geriatric Psychiatry, 14*(1), 6-20.

Dowd, J. J.(1975). Aging as exchange : A preface to theory. *Journal of gerontology, 30*(5), 584-594.

Erikson, E. H.(1963). *Childhood and society*(2nd ed). Erikson-New York : Norton.

____________(1984). Reflection on The Last Stage and The First. *Psychoanalytic Study of the Child) 39*, 155-165.

Ferrini, A. F., & Ferrini, R. L.(2000). *Health in the later years.* Boston : McGraw-Hill Higher Education.

Fozard, J. L., Metter, E. J., & Brant, L. J.(1990). Next steps in describing aging and disease in longitudinal studies. *Journal of gerontology, 45*(4), 116-127.

Fries, J. F.(2002). Successful aging—an emerging paradigm of gerontology. *Clinics in Geriatric Medicine, 18*(3), 371-382.

Fuchs, V. R.(1998). Health care for the elderly : How much? Who will pay for it?. NBER Working Papers No. 6755, National Bureau of Economic Research.

Goodman, R. A., Posner, S. F., Huang, E. S., Prekh, A. K., & Koh, H. K.(2013). Defining and measuring chronic conditions : imperatives for research, policy, program, and practice. https://www.ncbi.nlm.nih.gov/pmc/articles/PMC3652713/pdf/PCD-10-E66.pdf

Harman, D.(2001). Aging : overview. *Annals of the New York Academy of Sciences, 928*(1), 1-21.

Havighurst, R. J.(1963). Successful Aging. In R. Williams, C. Tibbits, & W. Donahue(Eds.), *Process of Aging*(Vol. 1). New York : Atherton Press.

______________(1968). Personality and Patterns of Aging. *The Gerontologist*, (8) 20-23.

Havighurst, R. J., & Albrecht, R.(1953). *Older people.*

Henriksson, M. M., Aro, H. M., Marttunen, M. J., Heikkinen, M. E., Isometsa, E. T., Kuoppasalmi, K. I., & Lonnqvist, J. K.(1993). Mental disorders and comorbidity in suicide. *American journal of psychiatry, 150*, 935-935.

Homans, G. C.(1961). The humanities and the social sciences. *American Behavioral Scientist, 4*(8), 3-6.

Hooyman, N. R., & Kiyak, H. A.(2008). *Social gerontology : A multidisciplinary perspective.* Pearson Education.

Hubert, H. B., Bloch, D. A., Oehlert, J. W., & Fries, J. F.(2002). Lifestyle habits and com–pression of morbidity. *The Journals of Gerontology Series A : Biological Sciences and Medical Sciences, 57*(6), M347–M351.

Hwang, M. G., & Kim, E. J.(2008). The effect of subjective quality of life and self–esteem on suicide ideation among the older adults : Focused on the mediating effect of depression. *Journal of the Korean Gerontological Society, 28*(4), 865–885.

Ikeda, Daisuke, & Saito, Masashi(2012). The Effects of Demographic Changes on the Real Interest Rate in Japan. Bank of Japan Working Paper Series No. 12–E–3.

Ingram, D. K., Zhu, M., Mamczarz, J., Zou, S., Lane, M. A., Roth, G. S., & DeCabo, R. (2006). Calorie restriction mimetics : an emerging research field. *Aging cell, 5*(2), 97–108.

Kadushin, A.(1980). *Homemaker Services in Child Welfare Service.* New York : Mac Millian Publishing Co.

Kim, H. S.(2006). A Study epistemology of Korean elder's suicidal thought. *Journal of the Korean Gerontological Society, 22*(1), 159–172.

Kim, S. H., & Choi, Y. H.(2007). The Influence of physical health on suicidal ideation in older adults. *Journal of the Korean Gerontological Society, 27*(4), 775–788

Kim, Y. J.(2008). A comparison of the perception on successful aging of Korean and Japanese university students. *Journal of Korea Gerontological Society, 28*(3), 567–583.

Kim, Y. M., & K. S. Kim(2003). Korean Pension Reform : Social Solidarity vs. Long–term Financial Sustainability. paper presented in workshop, Social Policy Responses to Population Ageing in the Globalization Era, Hokkaido University, Sapporo, Japan, pp. 79–102.

Kirkpatrick, L. A.(1994). The role of attachment in religious belief and behavior. In K. Bartholomew & D. Perlman(Eds.), *Advances in personal relationships : Vol. 5.* Attachment processes in adulthood(pp. 239–265). London : Jessica Kingsley.

Kirkwood, T. B. L.(1995). The evolution of aging. *Reviews in Clinical Gerontology, 5*(1), 3–9.

Kleemeier, R. W.(1962). Intellectual changes in the senium. *Proceedings of the American Statistical Association, 1*(2), 181–190.

Kline, D. W., & Schieber, F.(1985). Vision and aging.

Kuypers, J. A., & Bengtson, V. L.(1973). Social breakdown and competence. *Human de–velopment, 16*(3), 181–201.

Lee, C. H., & Ok, S. H.(1994). Role activity and life satisfaction of male elders. *Journal of Korean Family Studies Association, 6*, 69-101.

Li, Z., & Dalaker, J.(2019). Poverty Among Americans Aged 65 and Older. Congressional Research Service.

Liu, Y., & Westelius, N.(2016). The Impact of Demographics on Productivity and Inflation in Japan. IMF Working Papers WP/16/237, IMF.

Lueckenotte, A. G.(1996). Gerontologic nursing. *Dimensions of Critical Care Nursing, 15*(5), 271.

Lutz, W., & V. Skirbekk(2005). Policies Addressing the Tempo Effect in Low Fertility Countries. Population and Development Review, December, 703-725.

Lutz, W., V. Skirbekk, & M. R. Testa(2006). The Low-Fertility Trap Hypothesis : Forces that May Lead to Further Postponement and Fewer Births in Europe. *Vienna Yearbook of Population Research*, 167-192.

Lynott, R. J., & Lynott, P. P.(1996). Tracing the course of theoretical development in the sociology of aging. *The gerontologist, 36*(6), 749-760.

Maddox, J. C., Levi, M., & Thompson, C.(1994). The compliance with antidepressants in general practice. *Journal of Psychopharmacology, 8*(1), 48-52.

Masoro, E. J.(2005). Overview of caloric restriction and ageing. *Mechanisms of ageing and development, 126*(9), 913-922.

McIntosh, J. L., Santos, J. F., & Hubbard, R. W.(1994). *Elderly suicide research. theory and treatment.* Washington. DC : American psychological association.

McDonald, P.(2006). Low Fertility and the State : The Efficacy of Policy. *Population and Development Review, 32*(3), 485-510.

Meerding, W. J., Bonneux, L., Polder, J. J., Koopmanschap, M. A., & van der Maas, P. J.(1998). Demographic and epidemiological determinants of healthcare costs in Netherlands : cost of illness study. *BMJ, 317*(7151), 111-115.

Meisami, J.(2003). *Structure and Meaning in Medieval Arabic and Persian Lyric Poetry : Orient Pearls.* Routledge.

Meisami, J. S.(1994). Suzanne Pinckney Stetkevych. "Abu Tamman and the Poetics of the'Abbasid Age"(Book Review). *Journal of Arabic Literature, 25*, 66.

Murphy, K. J.(1986). Incentives, learning, and compensation : A theoretical and empirical investigation of managerial labor contracts. *The Rand Journal of Economics*, 59-76.

Neugarten, B. L.(1996). New perspectives on aging and social policy. In D. A. Neugarten (Ed.), *The meanings of age : Selected papers of Bernice L. Neugarten*(pp. 366-376). Chicago : University of Chicago Press.

Neugarten, B. L., Havighaurst, & Tobin, S. S.(1968). Personality and Patterns of Aging. In Neugarten(Ed.), *Middle Age and Aging*(pp. 173－180). Chicago : University of Chicago press.

Nusberg, C.(1991). UN Takes Action on Principles for Older Persons. *Ageing International, 18*(1), 3－7.

OECD(1998). The Caring World : An Analysis, Paris.

Olsho, L. W., & Harkins, S. W., & Lenhardt, M. L.(1985). Aging and the auditory system. *Handbook of the psychology of aging,* 332－377.

Onega, L. L., & Tripp－Reimer, T.(1997). Expanding the scope of continuity theory appli－cation to gerontological nursing. *Journal of Gerontological Nursing, 23*(6), 29－35.

Riley, M. W.(1971). Social gerontology and the age stratification of society. *The gerontolo－gist, 11*(1_Part_1), 79－87.

Riley, M. W., Johnson, M., & Foner, A.(Eds.)(1972). *Aging and society : A sociology of age stratification.* Russell Sage Foundation.

Rose, H. G., & Oklander, M.(1965). Improved procedure for the extraction of lipids from human erythrocytes. *Journal of lipid research, 6*(3), 428－431.

Rosow, I.(1974). *Socialization to old age.* Univ of California Press.

Roth, G. S., Lane, M. A., & Ingram, D. K.(2005). Caloric restriction mimetics : the next phase. *Annals of the New York Academy of Sciences, 1057*(1), 365－371.

Roth, G. S., Lane, M. A., Ingram, D. K., Mattison, J. A., Elahi, D., Tobin, J. D., ... & Metter, E. J.(2002). Biomarkers of caloric restriction may predict longevity in humans. *Science, 297*(5582), 811－811.

Rowe, J. W., & Kahn, R. L.(1997). Successful aging. *The gerontologist, 37*(4), 433－440.

____________________(1998). *Successful aging.* New York : Pantheon Books.

Sabin, T. B.(1954). Role Theoy, In G. Lindzey(Eds), *Handbook of social psychology.* Addison－Wesley.

Saunders, P., & Smeeding, T. M.(1998). How Do the Elderly in Taiwan Fare Cross－na－tionally? Evidence from the Luxembourg Income Study(LIS) Project. SPRC.

Shah, A., & De, T.(1998). Suicide and the elderly. *International Journal of Psychiatry in Clinical Practice, 2*(1), 3－17.

Skirbekk, Vegard(2004). Age and Individual Productivity : A Literature Survey. MaxPlanck －Institute for Demographic Research Working Paper WP 2003－028.

Stolnitz, J.(1986). The actualities of non−aesthetic experience. *In Possibility of the Aesthetic Experience*(pp. 27−45). Springer, Dordrecht.

Summers, L. H.(2015). Demand Side Secular Stagnation. American Economic Review.

Sung, H. Y., & Yoo, J. H.(2002). A study on perception of the successful aging concept. *Journal of Korea Gerontological Society, 22*(2), 75−93.

Thomas, P. D., Goodwin, J. M., & Goodwin, J. S.(1985). Effect of social support on stress−related changes in cholesterol level, uric acid level, and immune function in an elderly sample. *The American journal of psychiatry.*

Troen, B. R.(2003). The biology of aging. *Mount Sinai Journal of Medicine, 70*(1), 3−22.

United Nations Population Division(2001). World Population Prospects : the 2000 Revision.

Vijg, J., & Wei, J. Y.(1995). Understanding the biology of aging : the key to prevention and therapy. *Journal of the American Geriatrics Society, 43*(4), 426−434.

찾아보기

[인물]

[용어]

ㅇ

ㅈ

저/자/약/력

■ **이원주**

사회복지학 박사
현 수성대학교 사회복지과 교수

[주요 저서]

인간행동과 사회환경(공저, 2023, 공동체)
사회복지학개론(공저, 2022, 공동체)
사회복지법제와 실천(2022, 공동체)
사회복지조직과 논문집필자를 위한 사회복지모형구조연구(공저, 2019, 공동체)
사회복지관 성과관리 척도집(공저, 2019, 학지사)
사회복지관 자기주도성 성과관리모형(공저, 2018, 학지사)
사회복지현장실습(공저, 2018, 공동체)
최신지역사회복지론(2016, 공동체)
최신사회문제론(공저, 2015, 학지사)
노인요양시설과 성과측정(공저, 2015, 학지사)

[주요 논문 외]

노인의 여가활동 유형과 생활만족도와의 관계(2010)
한국형 고령친화도시 점검척도 개발연구(2013)
지역사회복지관 서비스 품질관리척도 개발연구(2013)
달서구 노인친화도시조성계획(2013)
돌봄 여성노동자의 감정노동수행 정도와 직무지속의사와의 관계에서 있어 대인관계의 매개효과(2013)
노인요양시설 성과측정모형 개발 연구(2014)
지역사회복지관 성과관리측정척도 타당도 연구(2014)
노인요양시설 서비스품질 향상을 위한 자가점검관리척도 개발연구(2015)
노인요양시설 서비스품질이 이용자 만족과 선택의도에 미치는 영향(2015)
노인장기요양서비스 질 관리 개혁동향 및 정책 비교연구-일본, 독일, 영국을 중심으로-(2015)
노인요양시설 돌봄의 질 패러다임 경로분석(구조-과정-결과 인과사슬)(2015)
노인요양시설 서비스품질 우수성 관리방안 연구 : EFQM모형 접근(2015)
한국문화유산탐방을 통한 세대통합과 심리적 치유효과 연구(2015)
노인복지관 표준성과관리 매뉴얼 개발(2015)
수화통역센터 성과평가지표개발 연구(2016)
중증장애인 자립지원센터운영 실태조사 및 발전방안(2017)
고령군 제4기 지역사회보장계획수립(2019~2022). 고령군청 연구보고서(2018)
농촌 노인의 일상생활과 우울의 관계 : 사회적지지의 매개효과를 중심으로(2020)
경상북도 제5기 지역사회보장계획수립(2023~2026). 경상북도청 연구보고서(2022)
빈곤원인인식과 사회정책평가의 관계에서 복지인식 매개효과 연구(2023)

제2판
실천현장과 가까워지는
노인복지론

|저자| 이원주

|1판 1쇄| 발행 2023년 3월 10일
|2판 1쇄| 발행 2024년 3월 10일
|2판 2쇄| 발행 2025년 9월 5일

|발행인| 김 동 훈
|발행처| 공 동 체

|주소| 경기도 고양시 일산동구 호수로 358-39, 동문타워 I 905호(백석동)
|전화| 031) 814-3000(대표)
|팩스| 031) 814-3100
|홈페이지| http://www.compub.co.kr
|전자우편| compub@naver.com
|출판등록| 2005년 10월 6일
|등록번호| 제396-2005-36호

|ISBN| 979-11-6725-585-3
정가 22,000원

저자와 협의하여 인지를 생략합니다.